Michael Quante
Person

Grundthemen Philosophie

Herausgegeben von
Dieter Birnbacher
Pirmin Stekeler-Weithofer
Holm Tetens

Michael Quante

Person

2. um ein Vorwort erweiterte Auflage

DE GRUYTER

ISBN 978-3-11-027946-7
e-ISBN 978-3-11-027956-6

Library of Congress Cataloging-in-Publication Data
A CIP catalog record for this book has been applied for at the Library of Congress.

Bibliografische Information der Deutschen Nationalbibliothek
Die Deutsche Nationalbibliothek verzeichnet diese Publikation in der Deutschen Nationalbibliografie; detaillierte bibliografische Daten sind im Internet über http://dnb.d-nb.de abrufbar.

Druck und Bindung: Hubert & Co. GmbH & Co. KG, Göttingen
♾ Printed on acid-free paper
Printed in Germany

www.degruyter.com

MIX
Papier aus verantwortungsvollen Quellen
FSC® C016439

Nicht nichts
ohne dich
aber nicht dasselbe

Erich Fried

Vorwort zur zweiten Auflage

Mein Versuch, „unsere Lebensform im Grundriss philosophisch zu erhellen“ (so das Vorwort zur ersten Auflage), ist interessiert und, wie die meisten Rezensionen belegen, mit Wohlwollen und Respekt aufgenommen worden. Auch wenn, wie Georg Gasser (2009) es formuliert hat, „*Person* kein Lesestoff für zwischendurch“ ist, spricht die Tatsache, dass jetzt eine zweite Auflage erscheinen kann, doch dafür, dass auch heute philosophische Bücher dieser Art noch ihre Leser finden. Dies freut mich insbesondere, weil mein hier wieder vorgelegter Entwurf „an vielen theoretischen Scheidewegen die üblichen Theoriepfade verläßt“ (so Jan-Hendrik Heinrichs (2007) in seiner Besprechung). Wenn Kollegen, die in ihrer Beantwortung der Frage nach den Bedingungen personaler Identität zu grundsätzlich anderen Antworten gelangen, die hier entwickelten Argumente als klärend und für den einzuführenden Leser wie für den Experten „hilfreich“ (Logi Gunnarsson 2008) einschätzen, dann muss und darf man als Autor sicher zufrieden sein.

Selbstverständlich sind manche Einwände und Kritik an der hier entwickelten Position geäußert worden, die aus meiner Sicht auf Missverständnissen beruhen, sodass die Klarheit der Präsentation sicher nicht optimal ist (einige der Unklarheiten habe ich in Quante (2008a) zu beseitigen versucht). Wohlmeinende Vorschläge, von welchen Autoren aus der philosophischen Tradition und der Gegenwartsliteratur ich mich „zumindest hätte inspirieren lassen können“, so Anne Sophie Meincke (2009), habe ich zur Kenntnis genommen. Dennoch hat mich die – mir bisher bekannt gewordene – Rezeption der in *Person* entwickelten Argumente nicht zu inhaltlichen Revisionen veranlasst, sodass der Text hier in unveränderter Form erscheint. Dabei nehme ich weiterhin gerne in Kauf, dass meine Einführung in die Thematik systematisch argumentierend und damit auch Position beziehend bleibt, was zwangsläufig zu Lasten „einer ausgewogenen Präsentation“ (Gasser 2009) gehen muss. Ob meine Analyse der verschiedenen Varianten der einfachen Theorie deren wesentliche Punkte verfehlt und mein „fulminanter Übergang vom einfachen zum komplexen Theorietypus doch auf recht dünnem Eis“ (Meincke 2009) geschieht, müssen die Leser selbst entscheiden. Sollte es, wie etwa Gasser (2009) in seiner Kritik meiner Rekonstruktion der erstpersönlich-einfachen Theorien personaler Identität meint, in diesen gar nicht um ontologische Verhältnisse, sondern lediglich um den Nachweis semantischer Unterschiede gehen, dann wären meine kritischen Überlegungen in der Tat nicht zielführend. Daraus ergeben sich für die Beweisziele des vorliegenden Buches jedoch keinerlei Konsequenzen, da eine sich auf die Semantik beschränkende Analyse überhaupt keine philosophischen Züge in dem Problembereich macht, um den es in diesem Buch geht. Sobald erstpersönlich-einfache Theorien aber diesen Bereich betreten, treffen die hier vorgelegten Argumente, so zumindest die von mir aufrecht erhaltene Behauptung, zu.

Die Diagnose, eine lang tradierte Fragestellung sei zugunsten eines Bündels von Fragen aufzulösen, und mein Vorschlag, die Bedingungen nach der diachronen Einheit des Menschen nicht mit dem Begriff der Person zu ermitteln, sondern hierfür einen rein biologisch verstandenen Begriff des menschlichen Organismus heranzuziehen, provozieren zwangsläufig bestimmte klassische philosophische und theologische Positionen. Ich teile daher mit Hans-Ulrich Lessing die Einschätzung, dass die in diesem Buch entfaltete Argumentation „zweifellos auch zum Widerspruch herausfordert". Dies gilt zum einen deshalb, weil nicht jeder meine Skepsis in die ontologische Tauglichkeit des Personenbegriffs teilt, aufgrund derer in meiner Konzeption „der Organismus kompensieren" muss, „was man der Person nicht mehr zutraut" (so Meincke 2009).

Widerspruch oder Nachfragen ergeben sich zum anderen auch, weil die hier vorgelegte Konzeption philosophische Absicherungen in anderen Bereichen der Philosophie in Anspruch nehmen muss. Zu meinem eigenen Bedauern habe ich, um die sicher gravierendste Lücke zu benennen, bis heute noch keine ausgearbeitete Konzeption des Organismusbegriffs vorgelegt, sodass die Lektüre von *Person* an diesem Punkt nach wie vor auf eine Leerstelle verweist. Die Struktur der Persönlichkeit habe ich dagegen in den letzten Jahren differenzierter zu analysieren versucht (Quante 2011a); gleiches gilt für die in diesem Buch lediglich angedeutete soziale Verfasstheit der menschlichen Personalität, wenngleich ich dieses Thema primär in Auseinandersetzung mit der Philosophie Hegels weiter verfolgt habe (Quante 2011b). Mir ist bewusst, dass es von dem eher analytisch orientierten Entwurf dieses Buches zu einer systematischen Aneignungen der Philosophie Hegels ein weiter Weg ist, dennoch möchte ich die Gelegenheit nutzen, die Leser dieses Buches auf diese Berührungspunkte hinzuweisen.

Eine zentrale Weichenstellung meiner gesamten Argumentation, die von vielen Lesern, die sich mit Fragen der biomedizinischen Ethik befassen, als zutiefst problematisch angesehen wird, ist die konsequent durchgehaltene Unterscheidung der Begriffe „Mensch" und „Person". Sie hilft nicht nur, die Frage nach der praktischen

‚Identität' menschlicher Personen von der Frage nach ihrer diachronen Einheit klar zu unterscheiden. Angesichts der zentralen Bedeutung des Personenbegriffs für Ethik und Recht ergeben sich aus dieser Unterscheidung auch Folgeprobleme, die besonders im Kontext der biomedizinischen Ethik spürbar werden. Dies bringt Hans-Ulrich Lessing, aus meiner Sicht vollkommen zutreffend, so auf den Punkt: „Jeder, der für die Verwendung des deskriptiv-sortalen Personenbegriffs votiert, kommt in die Schwierigkeit, irgendwann sagen zu müssen, welche praktisch-rechtlichen Konsequenzen sich aus seiner Theorie für Menschen ergeben (können), die noch keine Personen sind oder keine Personen mehr sind".

Hier ist nicht der Ort, zu dieser Frage mehr zu sagen, als dass ich mich den diversen Folgeproblemen meiner Konzeption an anderer Stelle ausführlich gestellt und eine differenzierte Antwort vorgelegt habe; es sei daher gestattet, statt einer Antwort einfach nur auf diese anderen Arbeiten zu verweisen (Quante 2010a und 2011c).

Am Ende dieses Buches habe ich vor fünf Jahren angekündigt, eine Explikation unserer Lebensform müsse nicht nur die Frage der personale Identität, sondern auch die personale Verfasstheit von Autonomie und Verantwortung einschließen. Durch diese Ausarbeitung, so meine Vermutung, können sich Gründe dafür ergeben, die in *Person* vorgeschlagenen Kriterien der biografischen Kohärenz und des aktivischen evaluativen Selbstverhältnisses inhaltlich weiter zu spezifizieren. Dabei bin ich von der Annahme ausgegangen, dass wir in unserer Kultur diese Merkmale unserer personalen Existenz als einen zentralen Wert respektieren.

Die Antwort, die Michael Pawlik (2008) mir in seiner Rezension des vorliegenden Buches darauf gegeben hat, überrascht mich in doppelter Hinsicht: Er bekennt zum einen „freimütig, dass diese Beschreibung auf ihn nicht zutrifft". Zum anderen liest er dieses Buch als einen Beitrag zur Analyse personaler Autonomie und kommt angesichts der wenigen Aussagen, die sich zu diesem Thema hierin finden lassen, zu dem bedauerlichen Ergebnis, der Verfasser gehe „der heute gängigen Autonomierhetorik auf den Leim, die er als Philosoph doch eigentlich auf ihre innere Schlüssigkeit hätte untersuchen sollen". Bevor noch weitere Leser zu dem gleichen Ergebnis wie Michael Pawlik kommen, es sei aus diesem Grunde „schade um ein ansonsten kluges Buch", möchte ich mit der Bemerkung schließen, dass die in *Person* vorgetragenen Überlegungen keinesfalls beanspruchen, eine Analyse der personalen Autonomie zu leisten. Derzeit arbeite ich daran, eine solche Konzeption personaler Autonomie zu entwickeln; allerdings ist zu vermuten, dass die von Michael Pawlik freimütig angedeuteten Differenzen sich dadurch nicht verringern werden.

Aus technischen Gründen war es nicht möglich, in den Textbestand der ersten Auflage korrigierend einzugreifen. Daher möchte ich an dieser Stelle die Gelegenheit nutzen, auf zwei Errata hinzuweisen. In die Tabelle zu den Bedingungen der Personalität hat sich ein Fehler eingeschlichen: die Aufzählung in der Tabelle muss durchlaufen, sodass die untere Tabellenhälfte die Bedingungen 4 bis 6 enthält. Außerdem enthält die Erläuterung zur Übersicht der Verwendungsweisen des Begriffs der Person einen sinnentstellenden Fehler: Es darf nicht „referenziell sortale Verwendung“ (S. 4, Zeile 18) heißen, vielmehr ist die richtige Formulierung „referenziell deskriptive Verwendung“.

Schließlich möchte ich noch darauf hinweisen, dass in dem Verzeichnis einiger meiner eigenen Arbeiten aus den letzten Jahren, das diesem Vorwort zur zweiten Auflage angefügt ist, auch die vollständigen Angaben zweier Publikationen aufgeführt worden sind, die sich zum Zeitpunkt des Erscheinens der ersten Auflage dieses Buches noch im Druck befanden.

Senden, im April 2012 Michael Quante

Vorwort zur ersten Auflage

Das vorliegende Buch stellt den Versuch dar, unsere Lebensform im Grundriss philosophisch zu erhellen. Diese Lebensform zeichnet sich durch zwei Spannungsfelder aus: Das erste ist zwischen den Polen unseres Mensch- und Personseins aufgespannt, das zweite wird dadurch erzeugt, dass wir als genuine soziale Wesen zugleich autonome Individuen sind. Aus vielerlei Gründen, die in den folgenden Kapiteln entfaltet werden, führt diese Untersuchung entlang der Frage nach der personalen Identität vornehmlich durch das erste Spannungsfeld. Dies bedeutet aber keineswegs, dass ich das zweite Spannungsfeld für weniger grundlegend oder für eine weniger konstitutive Rahmenbedingung unseres menschlichen Personseins ansehen würde als das erste.

Ein Beleg für die konstitutive Rolle des zweiten Spannungsfeldes ist, dass auch solche Projekte, die *prima facie* Manifestationen personaler Individualität sind, genuin soziale Dimensionen ausweisen. Ganz grundlegend sind dies natürlich die eigene Sprache und die philosophischen Vorgaben in Form von Begriffen, Konzeptionen und Theorien, die auch in der vorliegenden Untersuchung den Boden meiner Analysen und Vorschläge bilden. Darüber hinaus sind das philosophische Gespräch und die philosophische Diskussion zu nennen. Auch der Dank, den ich an dieser Stelle aussprechen möchte, bringt eine genuin soziale Dimension unserer Lebensform zum Ausdruck, die nicht nur das Schreiben eines Buches, sondern unsere ganze Art und Weise, als Menschen ein personales Leben zu führen, zutiefst prägt.

In den letzten Jahren, und es wurden aus vielen Gründen mehr als zunächst geplant, konnte ich Teile dieses Buches in Vorlesungen an der Universität Duisburg-Essen und der Universität zu Köln vortragen und zur Diskussion stellen. Den Teilnehmern an diesen Veranstaltungen danke ich für konstruktive Vorschläge und hartnäckiges Nachfragen, das hoffentlich dazu geführt hat, den Argumentationsgang klarer werden zu lassen. Im Dezember 2006 hatte ich die Gelegenheit, auf einem von Logi Gunnarsson an der Universität Dortmund organisierten Workshop die Kapitel 3 bis 6 zur Diskussion zu stellen. Allen Teilnehmern sei für viele klärende und Klärungen provozierende Nachfragen und Einwände gedankt. Auch den Mitgliedern des Arbeitskreises Ethik-Rhein-Sieg, die im Februar diesen Jahres bereit waren, die Kapitel 7 bis 9 auf den Prüfstand zu stellen, möchte ich in gleicher Weise danken.

Dieter Birnbacher, Pirmin Stekeler-Weithofer und Holm Tetens danke ich für die Möglichkeit, dieses Buch in die von ihnen herausgegebene Reihe *Grundthemen Philosophie* aufzunehmen.

Schließlich danke ich Gertrud Grünkorn für die umfassende und kooperative Betreuung seitens des Verlages und Christian Blum für kompetente und rasche Hilfe bei der Endredaktion des Buches.

Senden, im März 2007

Inhalt

1. Einleitung

> Es sind die Selbstverständlichkeiten des am wenigsten entwickelten Denkens, die dennoch unabweislich den Kern für das begriffliche Rüstzeug auch des anspruchvollsten Kopfes ausmachen. Mit ihnen, ihren wechselseitigen Verbindungen und der von ihnen gebildeten Struktur wird sich eine deskriptive Metaphysik vor allem befassen.
>
> Peter F. Strawson

Der Begriff der Person steht, obwohl er in der deutschen Alltagssprache wenig Verwendung findet, für etwas, das in unserer Lebenswelt allgegenwärtig und von herausragender Bedeutung ist. Menschen, zumindest in einer modernen Gesellschaft, führen ihr Leben im Lichte von mehr oder weniger selbst gewählten Wertvorstellungen und mehr oder weniger expliziten Lebensentwürfen. Wir alle versuchen, unsere Existenz als Menschen in einer sozialen Umwelt als ein individuelles Leben zu gestalten, in dem sich manifestiert, wer wir sind und wer wir sein wollen. Die in unserer Kultur dominante Leitvorstellung besteht darin, das Leben als eigene Biografie zu führen, eine eigene Persönlichkeit zu entwickeln und in diesem Bemühen von anderen Personen als autonome Person respektiert zu werden.

1.1 Verwendungen des Begriffs „Person"

Verbunden mit dem Personsein sind zentrale Eigenschaften, durch die sich der Mensch von anderen uns bekannten Lebensformen abgrenzt. Zu nennen sind hier beispielsweise Rationalität, Selbstbewusstsein, ein Wissen um die eigene zeitlich ausgedehnte Existenz, Verständnis für die evaluativen und normativen Aspekte der Wirklichkeit, d. h. der Natur und der sozialen Welt.[1] Aufgrund dieser Fähigkeiten ist der Mensch in der Lage, komplexe soziale Gemeinschaften mit zentralen sozialen Institutionen wie z. B. Recht oder Staat auszubilden. Sie ermöglichen es ihm, Kulturleistungen zu erbringen wie z. B. Kunst, Religion oder Wissenschaft.

Diese Eigenschaften, die mit dem Personsein verbunden sind, bilden zugleich die Grundlage dafür, dass Menschen sich und anderen als Personen einen besonderen ethischen und rechtlichen Status zuschreiben.

Das Verfügen über diese Eigenschaften und Fähigkeiten wird dabei nicht nur jeweils individuell wertgeschätzt – wir schätzen Vernunft, ästhetischen Sinn und ethische Urteilsfähigkeit. Diese Eigenschaften und Fähigkeiten werden zugleich immer auch als Begründung dafür angeführt, weshalb der Mensch als autonome Person Respekt verdient und warum ihm bestimmte ethische Ansprüche und Rechte zukommen.

1.1.1 Deskriptive und präskriptive Verwendung

Schaut man auf die alltagssprachliche, diverse fachwissenschaftliche oder auf die philosophische Verwendung des Begriffs der Person, dann kann man zwei Paare von Verwendungsweisen erkennen, die sich auch miteinander kombinieren lassen. Wie nach dem bereits Gesagten zu erwarten ist, finden wir eine deskriptive und eine präskriptive Verwendung. Wer z. B. nach einer ausführlichen verhaltensbiologischen und tierpsychologischen Studie des Titelhelden aus der Fernsehserie „Unser Charlie“ zu dem Ergebnis kommt, dass Charlie eine Person ist, der verwendet den Begriff in *deskriptiver* Weise. Gemeint ist mit dieser Aussage, dass der Schimpanse Charlie die für das Personsein charakteristischen Eigenschaften und Fähigkeiten in hinreichendem Maße besitzt und somit als Person zu gelten hat. In der deskriptiven Verwendung gilt auch die umgekehrte Begründungsbeziehung: Wenn vorausgesetzt ist, dass Flipper im deskriptiven Sinne eine Person ist, dann lässt sich daraus ableiten, dass er die für das Personsein notwendigen Eigenschaften und Fähigkeiten in hinreichendem Maße aufweist. Über den ethischen Status von Charlie, Flipper oder anderen Personen ist damit jedoch so lange noch nichts gesagt, wie die zugrunde gelegte ethische Bewertung des Personseins oder der mit dem Personsein einhergehenden Eigenschaften und Fähigkeiten nicht expliziert worden ist.

Als Beispiel für die *präskriptive* Verwendung kann folgende Aussage dienen: Experimente mit menschlichen Embryonen sind ethisch unzulässig, weil menschliche Embryonen Personen sind. In einer solchen Aussage, die man im Kontext gegenwärtiger gesellschaftlicher und politischer Auseinandersetzung um den angemessenen Umgang mit dem beginnenden menschlichen Leben finden kann, wird der Begriff der Person in präskriptiver Weise gebraucht: Das unterstellte Personsein menschlicher Embryonen wird als Begründung für einen ethischen Anspruch herangezogen; es zeigt einen ausgezeichneten ethischen Status an. Analog zum Fall der deskriptiven Verwendung lässt sich auch bei der präskriptiven Verwendung des Begriffs der Person die umgekehrte Begründungsbeziehung finden: Wenn vorausgesetzt wird, dass z. B.

menschlichen embryonalen Stammzellen ein ethischer Status zukommt, durch den sich ausschließlich Personen auszeichnen, dann folgt daraus, dass menschliche embryonale Stammzellen Personen sind. Anders als im Falle der deskriptiven Verwendung ist damit aber noch nichts über weitere Eigenschaften oder Fähigkeiten gesagt, die mit dem Personsein einer Entität einhergehen.[2]

1.1.2 Zwei Funktionen

Neben der Unterscheidung von deskriptiver und präskriptiver Verwendung des Begriffs der Person ist auf ein zweites Paar möglicher Verwendungsweisen desselben zu achten, welche die logische oder grammatische Funktion betrifft. Auf der einen Seite wird der Begriff der Person in Verbindung mit dem bestimmten Artikel („die“) oder einem Demonstrativpronomen („diese“, „jene“) benutzt, um auf eine Entität als Einzelding zu referieren. Dies geschieht z.B. in dem Satz „Diese Person hat den Hauptgewinn in unserer Tombola gezogen“ oder in dem Satz „Die Person, die den Unfall beobachtet hat, möchte sich bitte in der Universitätsverwaltung melden!“. Genau genommen wird die Referenz hier durch das Demonstrativpronomen, eventuell in Verbindung mit einer hinweisenden Geste des Sprechers, oder durch die Kennzeichnung („die Person, die ...“) gewährleistet. Wichtiger für uns ist aber, dass in dieser *referenziellen* Verwendung der Begriff der Person nicht gebraucht wird, um eine Entität als zur Klasse oder Art der Personen zugehörige zu bestimmen. Genau diese Zuordnung wird in dem Gebrauch des Begriffs der Person, den ich die *sortale* Verwendung nennen möchte, vorgenommen – beispielsweise in dem Satz: „Dieser Menschenaffe ist eine Person“.[3]

Beide Paare von Verwendungsweisen des Begriffs der Person kann man kombinieren, sodass wir vier Möglichkeiten erhalten, die sich in folgendem Schaubild darstellen lassen:

Übersicht: Verwendungsweisen des Begriffs der Person

	Referenzielle Verwendung	*Sortale* Verwendung
Deskriptive Verwendung	(i) Referenz auf eine Entität (ii) deskriptive Bedeutungselemente sekundär	(i) Zuordnung einer Entität zur Klasse (Art) der Personen (ii) Anzeige bestimmter Eigenschaften u. Fähigkeiten
Präskriptive Verwendung	(i) Referenz auf eine Entität (ii) präskriptive Bedeutungselemente sekundär	(i) Zuordnung einer Entität zur Klasse (Art) der Personen (ii) Anzeige eines spezifischen ethischen Status

Wenn wir z. B. aus einem brennenden Auto, in dem sich ein Mensch und ein Hund befinden, nur noch ein Lebewesen retten können und danach fragen, wen wir retten sollen, dann drückt der Satz „Das Überleben dieser Person hat gegenüber dem Überleben des Hundes ethischen Vorrang" ein ethisches Urteil aus, in dem der Begriff der Person in einem präskriptiven Kontext referenziell verwendet wird. Implizit dient der Begriff der Person hier auch dazu, den ausgezeichneten ethischen Status des Menschen qua Person anzuzeigen, aber dieses präskriptive Bedeutungselement ist sekundär, wenn wir die Frage wörtlich nehmen. Fragen wir dagegen, z. B. in einem Seminar zur Tierethik, weshalb wir den Menschen und nicht den Hund retten sollten, und erhalten als Antwort: „Wir sollten den Menschen retten, weil er eine Person ist, der Hund dagegen nicht!", dann liegt eine präskriptive sortale Verwendung des Begriffs der Person vor. Analoge Beispiele im Bereich der deskriptiven Verwendung finden wir, wenn wir sagen, dass Charlie oder Flipper aufgrund ihrer besonderen Fähigkeiten Personen sind (deskriptiv sortale Verwendung). Und als Beispiel für die referenziell sortale Verwendung des Begriffs der Person kann folgende Aussage dienen: „Diese Person trägt blaue Schuhe."

1.2 Eingrenzung der Fragestellung

Obwohl der Begriff der Person in unserem alltäglichen Sprachgebrauch nicht sehr häufig verwendet wird, sind die mit ihm angesprochenen Aspekte unserer Existenzweise doch allgemein bekannt und anerkannt. Aufgrund des zentralen Stellenwerts, den die mit dem Personsein verbundenen Eigenschaften und Fähigkeiten haben, verwundert es nicht, dass der Begriff der Person z. B. in Philosophie, Recht oder Religion eine herausragende Bedeutung hat. So steht er in unserem Rechtssystem für einen ausgezeichneten evaluativen Status, mit dem viele Rechte und Pflichten einhergehen. In der christlichen Religion beispielsweise steht der Begriff der Person sogar für eines der zentralen Wesensmerkmale Gottes. Auch in der Philosophie spielt der Begriff der Person in vielen verschiedenen Kontexten sowohl der theoretischen wie der praktischen Philosophie eine große Rolle. Dies gilt vor allem dann, wenn man nicht nur die Bereiche in Betracht zieht, in denen der Begriff der Person explizit vorkommt, sondern auch solche mit einbezieht, in denen die für Personen charakteristischen Eigenschaften und Fähigkeiten relevant sind (vgl. die Beiträge in Sturma 2001).

Angesichts der sich schon im Vorverständnis abzeichnenden Komplexität des Phänomens sowie der offensichtlichen Tatsache, dass es sich in viele verschiedene Kontexte hinein erstreckt, muss jede Erörterung des Themas „Person“ mit einer Vorverständigung darüber beginnen, was behandelt werden soll und was nicht. Es soll im Folgenden um *die Identität menschlicher Personen* gehen. Aus Gründen, die im Laufe unserer Überlegungen noch ans Tageslicht kommen werden, sollen nichtmenschliche Personen wie etwa Gott, Außerirdische, Supercomputer oder auch Delfine und Menschenaffen nicht zum Gegenstand der Untersuchung gemacht werden. Lässt man darüber hinaus die gesellschaftspolitischen, juristischen und bioethischen Kontexte, in denen es z. B. um den moralischen Status menschlicher embryonaler Stammzellen und menschlicher Embryonen oder um den Status des nichtmenschlichen Lebens geht, außen vor, dann spielt der Begriff der Person im Bereich der Philosophie immer noch in eine große Anzahl philosophischer Fragestellungen hinein. Genannt seien an dieser Stelle exemplarisch vier große Bereiche:

- das Leib-Seele- oder Körper-Geist-Problem,
- das Freiheitsproblem,
- das Problem des Selbstbewusstseins,
- das Problem der Begründung der Ethik.

Es liegt auf der Hand, dass diese vier Bereiche für große Fragen bzw. Problembereiche der Philosophie stehen, die alle einer eigenständigen Untersuchung bzw. Darstellung bedürfen. Der Begriff der Person lässt sich als eine Art Knotenpunkt ansehen, in dem sich diese vier klassischen Fragen der Philosophie – neben einigen anderen – berühren und durchdringen. Je nach philosophischer Position *sind* menschliche Personen leibliche Wesen oder *haben* einen Körper, verfügen über Selbstbewusstsein, haben ein Selbst, können autonom handeln, sind für ihre Taten verantwortlich, haben Willensfreiheit oder nicht. Das Personsein des Menschen ist der Ausgangs- oder Zielpunkt, zumindest jedoch ein zentraler Bestandteil fast jeder philosophischen Ethik. Wie aber lässt sich das Verhältnis geistiger und körperlicher Eigenschaften zueinander bestimmen? Wie sind Freiheit, Autonomie und Verantwortung in einer Welt möglich, die durch Naturgesetze bestimmt wird? Weshalb verläuft zwischen den Entitäten, die zur Klasse der Personen gehören, und dem Rest des Universums eine ethisch signifikante Grenze? Sind wir überhaupt berechtigt, zwischen personalem und nichtpersonalem Leben einen solchen massiven ethischen Unterschied zu machen, wie er sich in unserem Umgang mit nichtmenschlichen Tieren oder auch den frühesten Entwicklungsstadien des menschlichen Lebens offenbart? Warum sollten nur Menschen, aber keine Mitglieder anderer Spezies Personen sein können? Weshalb sollten nur belebte Wesen Personen sein können, komplexe Maschinen aber nicht?

All dies sind berechtigte und philosophisch spannende Fragen, um die es in unserer Untersuchung jedoch nicht gehen wird. Soweit es für die Überlegungen zur Identität menschlicher Personen relevant ist, werde ich die Zusammenhänge unserer Fragestellung mit diesen anderen Problembereichen aufzeigen. Überall dort, wo unsere systematische Argumentation bezüglich der Identität menschlicher Personen Konsequenzen hat für die möglichen Antworten, die man auf diese anderen Fragen geben kann, werde ich mich darum bemühen, die jeweiligen Implikationen offen zu legen.

Es geht in diesem Buch also um die Identität menschlicher Personen. Die Frage danach wird uns als Königsweg dienen, um den Begriff der Person in seinen verschiedenen Aspekten zu verstehen. Dieser Zugriff ist aus zwei Gründen berechtigt und nahe liegend. Zum einen gilt, dass man über einen Begriff erst dann sinnvoll verfügen kann, wenn man die Identitätsbedingungen für die Entitäten kennt, die unter diesen Begriff fallen.[4] Philosophiegeschichtlich ist es zum anderen ein Faktum, dass die neuere Diskussion um den Begriff der Person zumeist von der Frage nach der diachronen oder transtemporalen Identität, d. h. von der Frage, unter welchen Bedingungen eine Person A zu einem Zeitpunkt mit einer Person B zu einem anderen Zeitpunkt identisch ist, ihren Ausgang genommen hat.[5] Die Aufarbeitung der systematischen Optionen, die sich bei der Beantwortung dieser Frage ergeben, ermöglicht es, eine eigenständige Antwort auf dieses Problem zu entwickeln. Sie eröffnet darüber hinaus aber auch die Möglichkeit, das Personsein des Menschen philosophisch näher zu bestimmen.

1.3 Identitäten der Person?

Bei unserer Untersuchung der Identität menschlicher Personen wird die Frage nach der diachronen Identität eine besondere Rolle spielen. Viele Philosophen würden, anders als soeben geschehen, die Fragen nach dem Personsein, der Identität der Person und der diachronen Identität von Personen als verschiedene Formulierungen ein und derselben Frage ansehen. Für meine eigenen Überlegungen ist es jedoch von entscheidender Bedeutung, hier genau zu differenzieren. Der Grund dafür ist eine skeptische These, die ich für richtig halte: Die Frage nach *der* personalen Identität ist nicht wohl bestimmt. Mit unserer Rede von personaler Identität beziehen wir uns weder auf ein einheitliches Phänomen noch auf ein einzelnes Problem. Vielmehr ist das, was wir als *die* Identität menschlicher Personen kennen, zu verstehen als Verschränkung verschiedener Aspekte, denen man am besten mit jeweils eigenen Fragestellungen und Lösungsvorschlägen nachgehen sollte. Um dies plausibel und damit den Aufbau der gesamten Untersuchung einsichtig zu machen, müssen wir jedoch zuerst einmal einige begriffliche Unterscheidungen mit Bezug auf den Begriff der Identität vornehmen.

Der Titel eines von Rorty (1976) herausgegebenen Buches, das zu den bekanntesten und wichtigsten Sammelbänden zu unserem Thema zählt, lautet: *The Identities of Persons.* Angesichts dieser Titelwahl ist oder sollte man geneigt sein zu fragen: Wie bitte? Identitäten? Was soll denn diese Begriffsverwendung im Plural? Der von der Herausgeberin gewählte Titel folgt einem Begriffsgebrauch, der im Kontext der philosophischen Analyse des Personbegriffs üblich geworden ist. Die aus meiner Sicht bedauerliche Tatsache ist, dass der Begriff der Identität in der uns interessierenden Debatte auf verwirrende und die Sachfragen verunklarende Weise gebraucht wird. Wir müssen daher nicht nur die verschiedenen Verwendungsweisen des Begriffs der Person auseinander halten, sondern auch die verschiedenen Bedeutungen der Rede von Identität unterscheiden, die sich hinter der Redewendung von *der* personalen Identität verbergen. Wie sich sofort zeigen wird, hat die klassische Frage nach der Identität der Person mit dem eigentlichen Begriff der Identität nur wenig zu tun.

Numerische Identität ist eine zweistellige Relation, in der jede Entität (z. B. ein Begriff oder ein Gegenstand) ausschließlich mit sich selbst steht. Neben den logischen Eigenschaften der Reflexivität und Transitivität gilt unumstritten das Identitätsprinzip, welches besagt, dass aus der Identität von A und B folgt, dass alle Eigenschaften von A zugleich auch Eigenschaften von B sind (und umgekehrt). Darüber hinaus wird in der Philosophie zumeist die These vertreten, dass die Identität zwischen A und B, wenn sie besteht, mit logischer Notwendigkeit besteht.[6] Auch in diesem Sinne wirft Identität eine Reihe philosophisch interessanter Fragen auf, die z. B. die modale Stärke der Identitätsrelation oder die Frage nach der Identität des Ununterscheidbaren, vor allem aber die Frage betreffen, welche Arten von Entitäten überhaupt in der Identitätsrelation stehen können. Wichtig für unseren Zusammenhang ist jedoch nur, dass Identität im Sinne numerischer Identität in der Redeweise von personaler Identität in aller Regel *nicht* gemeint ist. Ich werde den Begriff der Identität in dieser Untersuchung ausschließlich für die Relation der numerischen Identität reservieren und für die davon abweichenden Verwendungsweisen des Begriffs der Identität alternative Termini einführen, die alle direkt auf unsere Fragestellung nach der ‚personalen Identität' bezogen sind. Aus diesem Grunde lasse ich den Zusatz „numerisch" im Folgenden zumeist weg.

Um in den verworrenen und verwirrenden Debatten und Problemkonstellationen klarer zu sehen, ist es hilfreich, drei Fragen zu unterscheiden:

- Aufgrund welcher Eigenschaften und Fähigkeiten gehört eine Entität zur Klasse oder Art der Personen?
- Unter welchen Bedingungen handelt es sich bei einer Entität zu einem Zeitpunkt um genau eine Person und zu zwei verschiedenen Zeitpunkten um ein und dieselbe Person?
- Wie ist die ‚Identität' einer Person im Sinne eines evaluativ-normativen Selbstverhältnisses strukturiert?

(1) In der Literatur werden die Bedingungen, aufgrund derer eine Entität zur Klasse oder Art der Personen gehört, häufig als die *qualitative* Identität von Personen bezeichnet. Hierbei ist die Vorstellung leitend, dass zwei Entitäten, sofern sie beide Personen sind, hinsichtlich dieses qualitativen Merkmals des Personseins identisch sind. Dieses qualitative Merkmal möchte ich im Folgenden *Personalität* nennen, sodass die erste Frage verstanden werden kann als Frage nach den Bedingungen der Personalität.

Diese Frage nach den Bedingungen der Personalität ist für die Klärung des Begriffs der Person von großer Wichtigkeit, da mittels ihrer nach den Eigenschaften und Fähigkeiten gefragt wird, aufgrund derer einer Entität der Status des Personseins zukommt. Dabei gehe ich erstens davon aus, dass der Begriff der Person nicht auf eine einfache Eigenschaft bezogen ist, sondern sich, vielleicht ähnlich dem Begriff der Intelligenz, auf ein komplexes Bündel von Eigenschaften und Fähigkeiten bezieht. Zweitens handelt es sich bei den Bedingungen, die als Antwort auf die Frage nach den Bedingungen der Personalität genannt werden, nicht nur um epistemische, sondern um konstitutive Bedingungen. Das bedeutet, dass die Antwort nicht nur festlegt, anhand welcher Eigenschaften und Fähigkeiten wir erkennen, dass eine Entität eine Person ist. Vielmehr sollen die in unserer alltäglichen Praxis auffindbaren Bedingungen ermittelt werden, die das Personsein einer Entität konstituieren.

Deutet man die in unserer Praxis zu findenden Bedingungen der Personalität lediglich als epistemische Indikatoren, ergibt sich ein Dilemma. Denn es stellt sich sofort die Frage, was die konstitutiven Bedingungen für das Personsein sind. Auf diese Frage kann man dann entweder so antworten, dass man die konstitutiven Bedingungen nennt. Weicht diese Liste von den in unserer alltäglichen Praxis vorfindlichen Bedingungen ab, ergeben sich weit reichende Begründungslasten auf Seiten der Philosophie, die in diesem Fall einen von unserer Praxis abgelösten Bedingungskatalog begründen muss. Oder man behauptet, dass wir nicht in der Lage sind, die konstitutiven Bedingungen des Personseins zu erkennen. Bedenkt man, dass das Personsein in unserer Kultur bedeutende evaluative Konsequenzen mit sich bringt, erweisen sich beide Antworten als zutiefst unbefriedigend. Im ersteren Fall wird unterstellt, dass unsere gelebte ethische Praxis auf einem Fundament aufruht, welches in dieser Praxis selbst gar nicht thematisch ist. Im letzteren Fall wird sogar zusätzlich noch angenommen, dass wir dieses Fundament unserer ethischen Lebensform gar nicht erkennen können. Die erstere Option birgt die doppelte Gefahr einer massiven philosophischen Revision und nicht einlösbarer philosophischer Beweislasten, die Letztere die Gefahr, das rationale Potenzial unserer ethischen Praxis zu zersetzen. Um diese revisionären und unsere ethische Praxis eventuell untergrabenden Konsequenzen zu vermeiden, ist es sinnvoll, die Bedingungen des Personseins, die sich in unserer ethischen Praxis auffinden lassen und auf die wir unser Handeln gründen, als konstitutive Bedingungen anzuerkennen. Eine solche Vorgehensweise schließt, um einen möglichen Einwand gleich auszuräumen, ja nicht aus, dass die philosophische Explikation dieser Bedingungen auch Korrekturen oder Präzisierungen an dem unserer ethischen Praxis eingewobenen Vorverständnis des Personseins enthalten kann.

(2) Die Relation der Identität ist nicht mit Bezug auf die raumzeitliche Existenz konkreter Entitäten definiert, sondern stellt eine logische Relation dar. Bei dem „ist" in der Aussage „A ist numerisch identisch mit B" handelt es sich nicht um das präsentische „ist" (im Sinne „Jetzt ist es hell"), sondern um eine zeitlose Aussage (im Sinne „2 plus 2 ist 4").[7] Daraus allein ergibt sich schon, dass mit der Frage nach den Bedingungen, die gegeben sein müssen, damit eine Entität zu einem Zeitpunkt genau eine Entität ist, und mit der Frage nach den Bedingungen, die gegeben sein müssen, damit es sich bei einer Entität zu zwei verschiedenen Zeitpunkten um ein und dieselbe Person handelt, nicht nach der Identität von Personen gefragt wird. Nennen wir, da wir den Begriff der Identität für numerische Identität reservieren wollen, die Bedingungen dafür, dass eine Entität zu einem Zeitpunkt genau eine Person ist, Bedingungen für *synchrone Einheit*. Dass mit der Frage nach den Bedingungen synchroner Einheit nicht nach einer Trivialität gefragt wird, kann man sich an verschiedenen Beispielen verdeutlichen: Unter welchen Bedingungen gilt, dass eine Gruppe von Schulkindern, die in einem Klassenraum gleichzeitig singt, einen Choral aufführt? Unter welchen Bedingungen müsste man den Vorgang als das gleichzeitige Singen zweier Lieder oder als das gleichzeitige, zeitversetzt stattfindende Singen eines Liedes werten? Unter welchen Bedingungen ist ein Haufen von Sandkörnern als eine Wanderdüne zu zählen, wann als zwei? Um auf den uns interessierenden Fall der menschlichen Person einzugehen: Ab welchem Grad von Schizophrenie oder Persönlichkeitsstörung sprechen wir nicht mehr von einer Person, sondern von mehreren Personen?[8]

Nennen wir die Bedingungen dafür, dass eine Entität zu zwei verschiedenen Zeitpunkten ein und dieselbe ist, Bedingungen für *diachro-*

ne Einheit. Es ist klar, dass die Frage nach diesen Bedingungen für diachrone Einheit ebenfalls nicht leicht zu beantworten sein wird. Macht es, um gleich auf den uns interessierenden Fall der Person einzugehen, Sinn zu sagen, dass die Person, die hier als erwachsene Person vor uns steht, ein und dieselbe Person ist wie die befruchtete Eizelle, aus der sie hervorgegangen ist? Bleibt eine Person auch dann ein und dieselbe, wenn sie als irreversibel komatöser Patient auf der Intensivstation liegt? Oder können wir nach drastischen Veränderungen einer Person, z. B. durch religiösen Bewusstseinswandel, durch Gehirnwäsche oder beispielsweise nach einer Geschlechtsumwandlung immer noch von ein und derselben Person sprechen?

Wir werden im Verlauf unserer Überlegungen sehen, weshalb unsere Intuitionen hier durcheinander geraten, weil manche dieser Fragen falsch gestellt sind und in die Irre führen. Für den Moment ist erst einmal nur wichtig, sich den Zusammenhang von Identität einerseits und synchroner Einheit bzw. diachroner Einheit andererseits zu verdeutlichen. Behauptungen über Identität sind unter bestimmten Umständen wahr, unter anderen Umständen falsch. Dies gilt sowohl für synchrone wie für diachrone Einheit. Wenn man z. B. auf zwei Amöben, die gerade aus einer Teilung hervorgegangen sind, mit der Kennzeichnung „diese Amöbe" referiert, so ist die in dieser Bezugnahme enthaltene Unterstellung, es handele sich zu dem Zeitpunkt der Bezugnahme um genau einen Organismus, falsch. Und wenn man in der Gaststätte, in der man gestern seinen Regenschirm vergessen hat, auf einen Regenschirm deutet und sagt: „Das ist der Schirm, den ich gestern hier vergessen habe!", dann ist diese Aussage z. B. dann falsch, wenn jemand den vergessenen Schirm in der Nacht durch ein anderes Exemplar des gleichen Typs ausgetauscht hat. Welche Bedingungen hinreichend dafür sind, dass Behauptungen über synchrone oder diachrone Einheit wahr bzw. falsch sind, kann man dem Begriff der Identität nicht entnehmen. Diese Bedingungen für synchrone oder diachrone Einheit sind daher als Wahrheitsbedingungen für die jeweils in Frage stehende Identitätsaussage anzusehen.

So formuliert ist offensichtlich, dass die Ebene der Wahrheitsbedingungen Relationen umfasst, die ich hier Relationen synchroner und diachroner Einheit genannt habe, und dass diese Einheitsrelationen nicht identisch sind mit der Relation der Identität selbst. Aus diesem Befund können wir ein erstes, für unsere weiteren Überlegungen sehr wichtiges und folgenreiches Ergebnis gewinnen: Es ist unzulässig, die Eigenschaften der Relation Identität *ohne weiteres Argument* zu übertragen auf die Relation der synchronen oder die Relation der diachronen Einheit.

(3) Oben wurde noch eine dritte Art der Verwendung des Begriffs der Identität erwähnt, die vor allem im Kontext der Analyse des Per-

sonseins häufig anzutreffen ist. Diese Redeweise von ‚Identität' hat jedoch mit der Relation der Identität nur ganz indirekt zu tun. Vielmehr handelt es sich um eine Verwendung des Begriffs der Identität, der vor allem im Kontext der Persönlichkeitspsychologie oder im Kontext von Gesellschaftswissenschaften verbreitet ist. Wenn wir z. B. von kultureller oder nationaler ‚Identität' reden, dann haben wir nicht etwa numerische Identität im Sinn, sondern meinen eine Art evaluatives oder normatives Selbstverständnis von Mitgliedern einer sozialen Entität, aufgrund dessen sich diese Mitglieder mit geteilten Wertvorstellungen und Zielsetzungen, mit tradierten Werten, Sitten oder Gebräuchen, mit gruppenspezifischen Normen oder Zielen identifizieren. Eine ‚Identität' in diesem Sinne ist also ein evaluatives oder normatives Konzept, an dem sich einzelne Individuen oder soziale Gruppen orientieren, für dessen Beibehaltung sie eintreten oder dessen Realisierung sie anstreben.[9]

Wenn Personen sich dadurch auszeichnen, dass sie nicht einfach nur ein Leben haben, sondern darum bemüht sind, dieses im Lichte vorgegebener und selbst gewählter Werte oder Normen zu führen, dann liegt nicht nur nahe, dass Personen über bestimmte Eigenschaften und Fähigkeiten verfügen müssen. Es ist auch unmittelbar einsichtig, weshalb diese Bedeutung von ‚Identität', die häufig als ‚narrative' oder ‚biografische' ‚Identität' bezeichnet wird, im Kontext der Analyse des Personseins relevant ist. Es sollte aber an dieser Stelle ebenfalls bereits offensichtlich sein, dass ‚Identität' in diesem Sinne wenig zu tun hat mit numerischer Identität. Wir werden daher mit Bezug auf diesen Aspekt des Personseins von Persönlichkeit und biografischem Selbstverständnis sprechen.

1.4 Unterscheidungen, Dichotomien, Revisionen?

Bedenkt man, dass wir im Alltag ganz selbstverständlich davon ausgehen, dass wir menschliche Personen sind, die eine ‚Identität' im Sinne synchroner und diachroner Einheit haben sowie eine ‚Identität' im Sinne eines biografischen Selbstverständnisses ausbilden, dann kann sich ein Zweifel einstellen: Ist mein bis hierher entfalteter Vorschlag, die Frage nach ‚*der* Identität der Person' in drei verschiedene Fragen aufzulösen, sinnvoll? Die Plausibilität und Fruchtbarkeit des systematischen Ansatzes, den ich in dieser Untersuchung entfalten werde, lässt sich erst in und nach der Durchführung abschätzen. Daher kann ich einleitend nur dazu einladen, dem Gedankengang zu folgen und die getroffenen Unterscheidungen versuchsweise zu akzeptieren.

Auch wenn sich auf einer ganz allgemeinen Ebene vorab nur sehr wenig zur Rechtfertigung meiner Aufteilung des Feldes sagen lässt, möchte ich an dieser Stelle doch ein mögliches Missverständnis von Beginn an ausräumen: *Unterschiede zu machen bedeutet nicht, Dichotomien oder starre Gegensätze zu postulieren.* Es ist unbestritten, dass wir uns und andere Personen im Alltag qua Personen als ein einheitliches Phänomen wahrnehmen, erkennen und anerkennen. Dies gilt zumindest solange, wie die Dinge auf die uns vertrauten und ‚normalen' Weisen ablaufen. Gibt es hiervon abweichende Fälle wie z. B. Embryonen in Reagenzgläsern, ‚siamesische' Zwillinge, krankheitsbedingte Persönlichkeitsstörungen, medikamentös hervorgebrachte Persönlichkeitsveränderungen oder auch irreversibel komatöse Patienten, dann geraten unsere alltäglichen Intuitionen jedoch durcheinander. Diese Irritation wird noch, wenn man sich einmal auf die philosophische Literatur einlässt, verstärkt durch die scharfsinnigen Gedankenexperimente, mittels derer viele der an der Debatte um personale ‚Identität' beteiligten Philosophen gearbeitet haben und weiter arbeiten. Schon die unbestreitbare Tatsache, dass wir durch Abläufe, die vom normalen Gang der Dinge abweichen, in begriffliche und intuitive Konflikte gestürzt werden können, legt den Schluss nahe, dass *die* ‚Identität' der Person ein komplexes Phänomen ist, welches aus der Balance gerät, wenn die üblichen Standardbedingungen ausfallen, die für das gewohnte Zusammenspiel der verschiedenen Komponenten sorgen.

Die Unterscheidungen, die im Folgenden vorgeschlagen werden, sollen in konstruktiver Absicht das komplexe Zusammenspiel sichtbar und begreifbar machen, welches der von uns in aller Regel als einheitliches Phänomen erlebten ‚Identität' der Person zugrunde liegt. In zweiter Linie soll durch den hier entwickelten Ansatz auch verdeutlicht werden, an welcher Stelle die philosophische Diskussion möglicherweise in die Irre gegangen ist. Zumindest soll erkennbar werden, an welchen Stellen in der komplizierten Debatte Alternativen zur Verfügung stehen, die immer dann verdeckt bleiben, wenn die in dieser Untersuchung vorgeschlagenen Differenzierungen *nicht* in Anspruch genommen werden.

Die von mir eingangs geäußerte skeptische These, dass die Frage nach ‚*der* Identität der Person' kein wohl formuliertes philosophisches Problem darstellt, darf daher nicht als Skepsis gegenüber dem in der Lebenswelt als einheitlich erlebten Phänomen personalen Lebens verstanden werden. Ich bin weit davon entfernt, massive Revisionen an unserem alltäglichen Selbstverständnis als menschliche Personen vorzuschlagen oder zu verteidigen. Im Gegenteil glaube ich, dass die Philosophie generell gut beraten ist, wenn sie solche revisionären Konsequenzen so weit wie möglich vermeidet. Massive Umdeutungen unseres alltäglichen Selbst- und Wirklichkeitsverständnisses oder Annahmen, dass es sich eigentlich ganz anders verhalte, als wir im Alltagsverständnis unterstellen, sind nur zu rechtfertigen, wenn sehr gut begründete philosophische Argumente für eine solche revisionäre Strategie sprechen. Die im Folgenden entwickelten Unterscheidungen werden nicht nur keine Revision unseres alltäglichen Selbstverständnisses nach sich ziehen, auch wenn sie an der einen oder anderen Stelle Klarstellungen, Präzisierungen und Beseitigungen von Inkonsistenzen mit sich bringen. Sie werden im Gegenteil dazu dienen, die scheinbar zwingenden Gründe, die in so manchem philosophischen Ansatz zur personalen ‚Identität' zugunsten einer massiven Revision unseres lebensweltlichen Selbstverständnisses vorgebracht werden, als nicht gut begründete, zumindest aber als nicht alternativlose philosophische Konstruktionen zu entlarven.

1.5 Der Aufbau der Untersuchung

Im Folgenden werden wir die drei Grundfragen nacheinander erörtern und Antworten auf sie entwickeln. Dabei soll Zug um Zug ein Grundriss der personalen Lebensform entworfen werden, der insgesamt das komplexe Phänomen der Einheit der menschlichen Person verständlich werden lässt. Der Gesamtaufbau lässt sich in einem schematischen Überblick darstellen, wie in Abb. 1 gezeigt.

Im *zweiten* Kapitel werden die Bedingungen der Personalität im Ausgang eines Vorschlags, den Dennett (1976) vor drei Jahrzehnten vorgelegt hat, auf der Grundlage der deskriptiv-sortalen Verwendung des Begriffs der Person formuliert. Wichtig wird hier zum einen sein, das Verhältnis von Personalität und Persönlichkeit vorab zu bestimmen (dieser Aspekt wird dann im achten und neunten Kapitel wieder aufgenommen). Zum anderen gilt es, die doppelte intertemporale und die doppelte soziale Dimension des Personseins (zumindest im Falle menschlicher Personen) herauszuarbeiten.

Die folgenden vier Kapitel gehen der zweiten Grundfrage nach den Bedingungen der Einheit von Personen nach. Im *dritten* Kapitel werden die historischen Ursprünge der Frage nach personaler ‚Identität' anhand der Theorie Lockes und wichtiger zeitgenössischer Einwände (von Reid, Butler und Leibniz) dargestellt. Dabei wird analysiert, inwiefern diese Diskussionsbeiträge die philosophische Landschaft bis in die Gegenwart prägen. Von dieser historischen Debatte ausgehend, werden im *vierten* Kapitel drei zentrale Prämissen formuliert, mittels derer sich verschiedene Optionen, die zweite Grundfrage zu beantworten, bestimmen lassen. Anschließend wird eine dieser Optionen, welche die transtemporale Einheit der Person ausschließlich innerhalb der erstper-

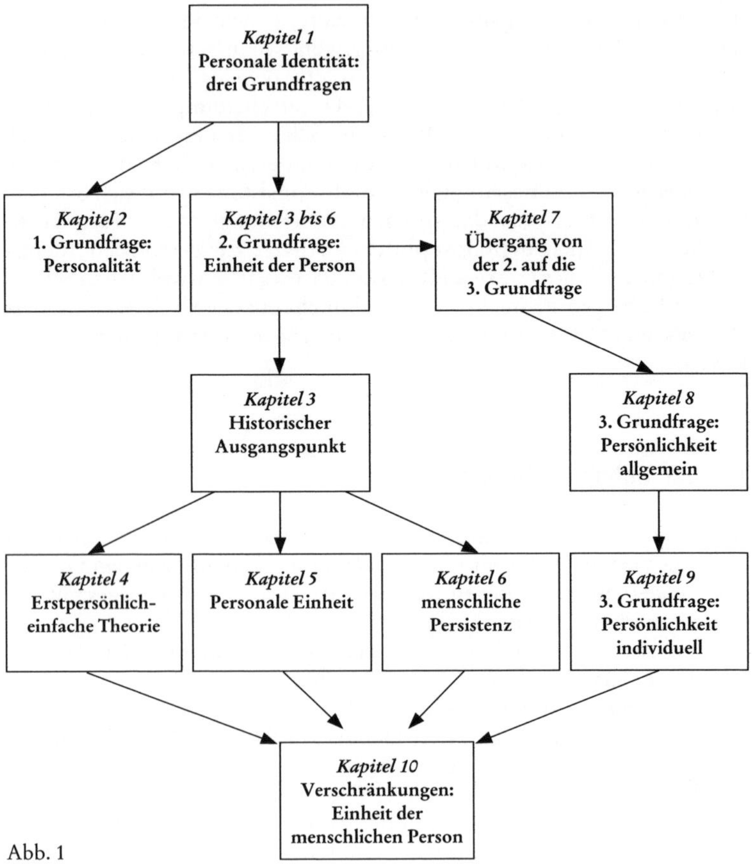

Abb. 1

sönlichen Perspektive bestimmen will, auf ihre Leistungsfähigkeit überprüft. Weil diese erstpersönlich-einfache Theorie personaler Identität auf nicht zu überwindende Schwierigkeiten stößt, werden im *fünften* Kapitel komplexe Theorien personaler Einheit diskutiert. Diese versuchen, die zweite Grundfrage innerhalb der Beobachterperspektive mittels kausaler oder funktionaler Relationen zu beantworten. Auch diese Option führt jedoch in massive Probleme, sodass wir den Versuch, Bedingungen der Einheit von Personen als solche zu entwickeln, mit einem skeptischen Resultat abbrechen. Eine solche skeptische Position ist philosophisch unbefriedigend und verlangt nach einer Alternative. Diese wird im *sechsten* Kapitel in Form eines Exkurses skizziert und besteht aus zwei Teilen: Im ersten Schritt wird vorgeschlagen, die zweite Grundfrage zu modifizieren und nicht mehr nach den Einheitsbedingungen für Personen *als solche* zu suchen, sondern die Bedingungen der transtemporalen Einheit von *menschlichen* Personen zu ermitteln. Diese aber, so der zweite Schritt, werden nicht durch den Begriff der Person, sondern durch den rein biologisch verstandenen Begriff des Menschen bereitgestellt. Wir können diese Alternative in unserer Untersuchung nicht im Detail entfalten, da die Suche nach den Einheitsbedingungen für menschliche Organismen in die Biologie und die Philosophie der Biologie führt. Aus diesem Grunde stellt das sechste Kapitel nur einen Exkurs dar, den wir mit ersten allgemeinen Überlegungen zu der Frage abschließen, wie sich das Person- und das Menschsein unter Voraussetzung unserer Alternative zueinander verhalten (einen zweiten Anlauf zur Bestimmung dieser beiden Aspekte des menschlichen Personseins unternehmen wir dann im letzten Kapitel).

Das *siebte* Kapitel ist der Diskussion einer These von Parfit gewidmet, die in den letzten Jahrzehnten viel Aufmerksamkeit auf sich gezogen hat. Parfit (1989: Kapitel 12) zufolge ist es nicht Identität, worauf es uns bei unserer Weiterexistenz ankommt (oder ankommen sollte). Die Erörterung von Parfits Behauptung und die Analyse der verschiedenen Entgegnungen, die seine These provoziert hat, dienen uns dazu, die vielfältigen Bezüge zwischen unserer zweiten und unserer dritten Grundfrage sichtbar werden zu lassen. Das Ziel ist es also nicht, die von Parfit aufgeworfene Frage zu beantworten, sondern zu demonstrieren, weshalb und wie man zwischen der zweiten und dritten Grundfrage unterscheiden muss, um zu plausiblen Antworten zu kommen.

Der Erörterung der dritten Grundfrage nach der Struktur des evaluativen Selbstverhältnisses von Personen, welches sich in deren Persönlichkeit niederschlägt, sind die nächsten beiden Kapitel gewidmet. Im *achten* Kapitel geht es um die allgemeine Grundstruktur der personalen Lebensform, die im Anschluss an einen Vorschlag von Frankfurt (1988: Kapitel 2) expliziert wird (hierbei nehmen wir einen argumentativen Faden wieder auf, den wir im zweiten Kapitel haben liegen lassen müssen). Nach einer Darstellung der durch unsere bisherigen Ergebnisse festgelegten Rahmenbedingungen wird die aktivische und evaluative Selbstbezugnahme von Personen in Willenseinstellungen als Grundstruktur der Persönlichkeit ausgewiesen. Im *neunten* Kapitel geht es dann um die Frage nach den Identitätsbedingungen für die Persönlichkeit menschlicher Personen und darum, unter welchen Bedingungen wir sagen wollen, dass ein menschliches Individuum zu einem Zeitpunkt die gleiche, eine veränderte oder eine numerisch verschiedene Persönlichkeit hat als zu einem anderen Zeitpunkt. Angesichts der großen Variabilität historisch, kulturell und sozial bedingter Deutungen von personalem Leben wird mit der aktivischen Erzeugung biografischer Kohärenz ein formales und kontextvariables Kriterium vorgeschlagen. Der Bezug auf Persönlichkeitsveränderungen und Persönlichkeitsstörungen dient dabei als lebensweltlicher Testfall, um die Plausibilität und Leistungsfähigkeit unseres Vorschlags auszuweisen.

Das *zehnte* und abschließende Kapitel stellt sich der Frage, wie wir auf der Grundlage unserer Entscheidung, die Frage nach ‚*der* personalen Identität' in drei Grundfragen aufzulösen, erklären können, dass menschliche Personen ihr personales Leben im Normalfall als eine Einheit erleben. Unsere Antwort auf diese berechtigte Nachfrage besteht darin, dass wir die verschiedenen Verschränkungen unseres Person- und Menschseins differenziert darstellen und aufzeigen, wie beides auf der Grundlage der in unserer Untersuchung in Anspruch genommenen Prämissen und aufgestellten Thesen ineinander greift. Anschließend diskutieren wir eine nahe liegende Besorgnis, der zufolge unsere Antwort auf die modifizierte zweite Grundfrage mit bestimmten religiösen oder metaphysischen Überzeugungen hinsichtlich der Unsterblichkeit oder Weiterexistenz von Menschen über den biologischen Tod hinaus unverträglich ist. Wie sich zeigen wird, schließen unsere Überlegungen in der Tat manche Konzeptionen der Weiterexistenz von menschlichen Personen aus, sind aber mit anderen Konzeptionen, die sich in der Tradition der Religionen und der Philosophie ebenfalls finden lassen, durchaus verträglich. Zum Abschluss wird auf die verschiedenen offenen Enden hingewiesen, die unsere Antwort auf die Frage nach ‚*der* personalen Identität' nicht mit abdecken kann (somit greifen wir das Thema der Eingrenzung unserer Fragestellung aus diesem ersten Kapitel wieder auf). Antworten auf diese angrenzenden Fragen werden sicherlich Verfeinerungen in Form inhaltlicher Ausgestaltungen der in dieser Untersuchung erreichten Resultate mit sich bringen. Sie werden auch Anlass zur Präzisierung der hier vorgelegten Gesamtkonzeption geben und möglicherweise sogar Korrekturen erforderlich machen. Ich bin aber optimistisch, dass der Grundriss des personalen Lebens, der in diesem Buch entfaltet wird, dabei erhalten bleibt.

2. Bedingungen der Personalität

> Ist das Verhältnis, das sich zu sich selbst verhält, durch ein anderes gesetzt, so steht es als Verhältnis zu sich selbst außerdem in einem Verhältnis zu dem Dritten, das das ganze Verhältnis gesetzt hat.
> Solch ein abgeleitetes, gesetztes Verhältnis ist das Selbst des Menschen: ein Verhältnis, das sich zu sich selbst verhält und in diesem Zusichselbstsichverhalten sich zu einem anderen verhält.
>
> Sören Kierkegaard

In diesem Kapitel beschäftigen wir uns mit dem ersten der drei Fragekomplexe, in den man das Problem der personalen ‚Identität' sinnvoll auflösen kann. Es geht um die Bedingungen der Personalität, d. h. darum herauszufinden, aufgrund welcher Eigenschaften und Fähigkeiten eine Entität als Person anzusehen ist. Im ersten Schritt soll die Fragestellung noch einmal kurz umrissen werden. Im zweiten Schritt werde ich ausführen, weshalb die Frage nach den Bedingungen der Personalität von der deskriptiv-sortalen Verwendung des Begriffs der Person ausgeht. Dabei werde ich kurz auf die ethische Relevanz dieser Entscheidung zu sprechen kommen und erläutern, in welchem Sinne auch die von der deskriptiv-sortalen Verwendung des Begriffs der Person ausgehende Analyse der Personalität für ethische Fragestellungen relevant ist. Als drittes werde ich anhand des von Dennett vorgeschlagenen Modells eine Antwort auf die Frage nach den Bedingungen der Personalität vorstellen, die für die Zwecke unserer Überlegungen hinreichend ist. Im vierten Teil geht es dann um die intertemporale Dimension der Personalität, wodurch der Zusammenhang zum zweiten der drei hier unterschiedenen Fragekomplexe sichtbar wird. Die soziale Dimension des Personseins, durch die ein erster Zusammenhang zum dritten Fragekomplex hergestellt wird, soll dann im fünften Schritt behandelt werden. Abschließend werden die Ergebnisse unserer Überlegungen zu den Bedingungen der Personalität in einem kurzen Fazit zusammengetragen.

2.1 Die erste Grundfrage: Bedingungen der Personalität

Löst man die Mehrdeutigkeit der Frage nach *der* ‚Identität' der Person auf, dann lässt sich eine der Kernfragen als die Frage nach den Bedingungen der Personalität herausdestillieren. So verstanden bezeichnet der Begriff eine Klasse von Entitäten oder möglicherweise sogar eine Art von Entitäten, denen die Eigenschaft, eine Person zu sein, zukommt.[10] Achtet man darauf, wie wir den Begriff der Person, zumindest in der deskriptiv-sortalen Verwendung, gebrauchen, so stellt man fest, dass „Person" nicht für eine einfache Eigenschaft steht, die neben anderen Eigenschaften der solchermaßen klassifizierten Entitäten (z. B. eine bestimmte Größe oder ein bestimmtes Gewicht zu haben) rangiert. Vielmehr bezieht sich der Begriff der Person auf ein Bündel von Eigenschaften und Fähigkeiten, in denen das Personsein einer Entität besteht. Wie bereits ausgeführt, verstehe ich diese Eigenschaften und Fähigkeiten, die in der philosophischen Literatur häufig als person-making characteristics bezeichnet werden, als *konstitutiv*. Während uns *epistemische* Kriterien lediglich helfen zu erkennen, ob die gesuchte Eigenschaft, in unserem Falle also die Eigenschaft der Personalität, vorliegt oder nicht, sind konstitutive Kriterien dasjenige, worin die fragliche Eigenschaft besteht. Natürlich ist die Unterscheidung zwischen konstitutiven und lediglich epistemologischen Kriterien eine philosophische. Deshalb kann man aus unserer alltäglichen Sprachverwendung kein abschließendes Argument zugunsten einer dieser beiden Interpretationen gewinnen. Unsere alltägliche Begriffsverwendung legt jedoch eher die konstitutive Deutung nahe, da wir das Personsein in der Regel nicht als eine simple Eigenschaft ansehen. Außerdem werden wir im Verlaufe unserer Untersuchung diejenigen philosophischen Prämissen und Annahmen kennen lernen, die eine rein epistemologische Deutung der *person-making characteristics* motivieren. Sie werden sich bei näherer Betrachtung allesamt als nicht plausibel, zumindest aber als nicht zwingend erweisen.

2.2 Der Ausgangspunkt: die deskriptiv-sortale Verwendung des Begriffs „Person"

Wir suchen also nach einer Liste von Eigenschaften und Fähigkeiten, durch welche das Personsein einer Entität konstituiert wird. So aufgefasst, liegt es nahe, den Begriff der Person in seinem deskriptiv-sortalen Gebrauch zu verwenden und nicht an seine präskriptive Funktion anzuschließen. Diese Entscheidung ist, da sich beide Verwendungen des Begriffs der Person finden lassen, eine theoriestrategische Entscheidung. Zur Begründung werde ich daher – mit Blick auf gegenwärtige Debatten – im ersten Schritt ausführen, welche Argumente zugunsten dieser Option sprechen (2.2.1). Im zweiten Schritt möchte ich dann erläutern, auf welche Weise die ethische oder allgemeiner: präskriptive Dimension des Begriffs der Personalität auch im Rahmen einer so verstandenen Analyse der Personalität eingefangen werden kann (2.2.2).

2.2.1 Mensch, Person und das Recht auf Leben – drei Schlüsse

Vor allem in den Auseinandersetzungen um den ethischen Status des beginnenden menschlichen Lebens, aber auch bei der Frage nach dem ethischen Status von irreversibel komatösen Patienten geht es häufig um die Frage, ob alle Menschen zu allen Zeitpunkten ihrer Existenz ein striktes Recht auf Leben haben, welches prinzipiell nicht zugunsten anderer ethisch akzeptabler oder hochrangiger Güter und Werte überstimmt werden darf. Diese Unabwägbarkeit und unbeschränkte Gültigkeit wird durch die Kennzeichnung „strikt" zum Ausdruck gebracht, wobei manche Autoren die Position vertreten, dass ein solches striktes Recht auf Leben sogar eine Pflicht zu leben begründet. In einem solchen Ansatz darf z. B. einem Wunsch nach aktiver Sterbehilfe nicht nachgekommen werden, da ein Mensch einen solchen Tötungswunsch prinzipiell nicht äußern darf. In einem nicht strikten Sinne kommt jedem empfindungsfähigen Lebewesen ein Anspruch darauf zu, nicht ohne gute Gründe getötet zu werden. Das strikte Recht auf Leben, ungeachtet der Zusatzannahme, die auch eine Pflicht zum Leben unterstellt, wird in der Regel nur Entitäten zugesprochen, die als Personen zu klassifizieren sind. Faktisch wird diese enge Verbindung dabei nicht nur zwischen dem strikten Recht auf Leben und dem Status der Personalität hergestellt, sondern zugleich auf das menschliche Leben eingeschränkt, sodass wir die begriffliche Trias Mensch, Person und striktes Recht auf Leben erhalten.

In der gesellschaftspolitischen und bioethischen Literatur lassen sich drei zentrale Argumentationslinien identifizieren, die in dieser teilweise recht polemischen und hitzigen Debatte eine prominente Rolle spielen. Wegen ihrer polarisierenden und keine Differenzierungen mehr erlaubenden Funktion habe ich den dabei unterstellten Zusammenhang an anderer Stelle einmal die „bioethische Guillotine" genannt (Quante 2002a: 94). Weil die biomedizinische Ethik oder das Tötungsverbot hier nicht unser Thema sind, möchte ich diese Argumentationsfigur nur kurz in Form dreier Schlüsse präsentieren.[11] Aus dieser knappen Darstellung wird meine Motivation verständlich werden, den Begriff der Person in der deskriptiv-sortalen Verwendung zu gebrauchen.

Erster Schluss

P1 Eine Person zu sein ist notwendig und hinreichend dafür, ein striktes Recht auf Leben zu haben.

P2 Nicht alle Menschen sind Personen und kein Mensch ist zu allen Zeitpunkten seiner Existenz eine Person.

also:

CA Nicht alle Menschen haben ein striktes Recht auf Leben und kein Mensch hat zu allen Zeitpunkten seiner Existenz ein striktes Recht auf Leben.

Zweiter Schluss

P1 Eine Person zu sein ist notwendig und hinreichend dafür, ein striktes Recht auf Leben zu haben.

P3 Alle Menschen haben zu allen Zeitpunkten ihrer Existenz ein striktes Recht auf Leben.

also:

CB Alle Menschen sind zu allen Zeitpunkten ihrer Existenz Personen.

Diese beiden Schlüsse erfordern zwei erläuternde Anmerkungen: So kann man erstens sehen, dass beide mit P1 eine Prämisse teilen, sodass der Unterschied zwischen ihnen in P2 und P3 zu finden ist. Vor allem leiden beide Schlüsse unter dem Mangel, dass in ihnen nicht deutlich gemacht wird, ob der Begriff der Person in ihnen in deskriptiv-sortaler oder in präskriptiv-sortaler Verwendung gebraucht wird.

Außerdem zeigt die philosophische und gesellschaftliche Diskussion, dass sich diejenigen, die CB vertreten, standardmäßig mit einem Dilemma konfrontiert sehen: Entweder ist CB eine unplausible Konsequenz, wenn man die deskriptiv-sortale Verwendung des Begriffs der Person unterstellt. In diesem Falle können wir leicht Beispiele für menschliches Leben finden, auf das sich der Begriff der Person nicht sinnvoll anwenden lässt. Oder CB erweist sich als eine nicht weiter informative Tautologie, wenn der Begriff der Person in präskriptiv-sortaler Weise gebraucht wird, da mit CB nur gesagt wird, dass allen Menschen zu allen Zeitpunkten ihrer Existenz ein bestimmter moralischer Status zukommt.

Anhänger von CB reagieren auf dieses Dilemma häufig so, dass sie die erste Prämisse ersetzen durch

P4 Eine aktuale oder eine potenzielle Person zu sein ist notwendig und hinreichend dafür, ein striktes Recht auf Leben zu haben.

Auf diese Weise erhalten wir einen dritten Schluss:

Dritter Schluss

P4 Eine aktuale oder eine potenzielle Person zu sein ist notwendig und hinreichend dafür, ein striktes Recht auf Leben zu haben.

P3 Alle Menschen haben zu allen Zeitpunkten ihrer Existenz ein striktes Recht auf Leben.

also:

CC Alle Menschen sind zu allen Zeitpunkten ihrer Existenz aktuale oder potenzielle Personen.

Durch dieses argumentative Manöver wird die zuvor bestehende Gemeinsamkeit des ersten und zweiten Schlusses aufgekündigt. Denn viele Philosophen verstehen nicht, weshalb das Potenzial, eine Person werden zu können, den gleichen ethischen Status begründen können soll wie das aktuale Personsein selbst. Unabhängig von dieser evaluativen Frage handelt sich ein Verteidiger von CC zusätzlich das generelle Problem ein, eine plausible und in der Praxis handhabbare Konzeption von Potenzialität vorzulegen. Dies ist eine nicht unbeträchtliche Beweislast, da der Begriff der Potenzialität ein hohes Maß an metaphysischem Gehalt aufweist.

Insgesamt führt die gesamte Diskussion, die um diese drei Schlüsse kreist, zu einer unfruchtbaren Verschiebung der Debatte, weil man nun über die Frage streitet, ob bestimmte Entitäten Personen sind oder nicht. Unbefriedigend ist diese Diskussionsrichtung, weil ein anderer Dissens im Hintergrund steht, denn eigentlich geht es um die Frage, wie man mit bestimmten Entitäten (z.B. menschlichen Embryonen, schwerstbehinderten Menschen, irreversibel komatösen Menschen) umzugehen hat und welcher ethische Status ihnen zukommt.

Der einfachste Ausweg aus dem hier drohenden argumentativen Patt und dem sich dabei auftuenden ideologischen Dilemma besteht in einem ‚Doppelschlag'. Zum einen wird sowohl die Gültigkeit von P1 als auch die von P4 bestritten. Damit wird die enge Verbindung von Personsein und striktem Recht auf Leben aufgelöst. Diese Lücke muss dann natürlich durch eine Ethik gefüllt werden (vgl. dazu Siep (2004) und Quante (2006a)). Das aber ist nicht der Gegenstand unserer Überlegungen. Zum anderen werden wir, wie bereits angekündigt, bei der Antwort auf die Frage nach den Bedingungen der Personalität den Begriff der Person in der deskriptiv-sortalen Verwendungsweise gebrauchen. Dies ist jetzt unbedenklich, weil wir die enge Verbindung zwischen dem Personsein und dem strikten Recht auf Leben aufgelöst haben. Außerdem ist es die einzige Möglichkeit, eine Antwort auf die Frage nach den Bedingungen der Personalität zu entwickeln, die nicht von vornherein durch umstrittene ethische Prämissen prä- oder deformiert ist.

2.2.2 Die indirekte ethische Relevanz der „person-making characteristics"

Doch auch wenn wir uns bei der Antwort auf die Frage nach den Bedingungen der Personalität auf die deskriptiv-sortale Verwendung des Begriffs der Person festlegen, bedeutet dies nicht, dass damit die ethische Relevanz des Personseins vollkommen verloren geht. Es gibt zwei indirekte Weisen, in denen Personalität in dem hier gewählten Zugriff weiterhin von ethischer Relevanz bleibt.

Dies kann erstens dadurch gewährleistet sein, dass einzelne der Eigenschaften und Fähigkeiten, aufgrund derer eine Entität als Person anzuerkennen ist, in einer ethischen Theorie direkt als ethisch relevant angesetzt werden. So gelten vielen ethischen Theorien Rationalität, die Ausbildung von propositionalen Einstellungen, die Präferenzen zum Ausdruck bringen, oder die Fähigkeit zur Einsicht in ethische Sachverhalte sowie zur ethischen Argumentation als hinreichend für einen ausgezeichneten ethischen Status. Außerdem ist zweitens denkbar, dass die Eigenschaften und Fähigkeiten, aufgrund derer eine Entität als Person anzuerkennen ist, zwar nicht selbst eine ethische Relevanz zuerkannt bekommen, sie aber gleichwohl notwendige Bedingungen für solche ethisch relevanten Eigenschaften und Fähigkeiten sind. So ist z.B. Selbst- und Zeitbewusstsein möglicherweise für sich genommen nicht ethisch bedeutsam. Da Entitäten aber nur aufgrund dieser Fähigkeiten dazu in der Lage sind, längere Zeiträume überspannende Handlungspläne, Lebensentwürfe oder Selbstkonzepte zu entwickeln und zu artikulieren, kommt ihnen als unverzichtbaren Voraussetzungen personaler Autonomie ein indirekter ethischer Status zu.

In der nun folgenden Darstellung einer weitgehend unkontroversen Antwort auf die Frage nach den Bedingungen der Personalität ist also die ethische Relevanz des Personseins nicht vollkommen beseitigt. Sie bildet aber weder den Zielpunkt noch die Messlatte, an der sich die zu entwickelnde Konzeption der Personalität messen lassen muss. Vielmehr soll unser intuitives Vorverständnis hinsichtlich der *deskriptiven* Bedeutungsgehalte des Begriffs der Person als Adäquatheitskriterium dienen. Ethischen Intuitionen über den Wert menschlichen oder personalen Lebens sollte dabei weder eine die Argumentation stützende noch eine sie ablenkende Funktion zukommen. Möglicherweise stellt sich bei dieser Vorgehensweise der Befund ein, dass unsere Intuitionen hinsichtlich der deskriptiven und der präskriptiven Bedeutungsaspekte des Begriffs der Person nicht konsistent sind. Wenn dies der Fall ist, dann müssen wir so oder so Revisionen an unserem intuitiven Vorverständnis vornehmen. Befreit man sich von der Drohung, die von der „bioethischen Guillotine“ ausgeht, lässt sich dies m. E. am einfachsten durch eine komplexere, nicht nur auf den Begriff der Person zugeschnittene Ethik realisieren.

2.3 Bedingungen der Personalität

Wir stehen damit vor der Aufgabe, die erste der drei Fragen, in die wir das Problem der personalen ‚Identität‘ aufgeteilt haben, zu lösen, indem wir nach den Eigenschaften und Fähigkeiten fragen, aufgrund derer eine Entität als Person zu erkennen und anzuerkennen ist. Dabei werden wir, wie im vorhergehenden Abschnitt begründet, von der deskriptiv-sortalen Verwendung des Begriffs der Person ausgehen.

Bevor wir uns, im Anschluss an einen Vorschlag von Dennett, an die Beantwortung dieser Frage begeben, möchte ich den Anspruch, den die folgenden Überlegungen erheben, in zweierlei Hinsicht eingrenzen. *Erstens* erheben die Ausführungen zu den Bedingungen der Personalität nicht den Anspruch auf philosophische Originalität. Dies ist deshalb nicht der Fall, weil die wesentlichen materialen Bestimmungen, die zu den Bedingungen der Personalität zählen, philosophisch unstrittig sind. Außerdem geht es darum, unser alltägliches Vorverständnis zu artikulieren. So verstanden verbietet es sich fast schon von selbst, nach einer originellen philosophischen Konzeption zu streben. Denn diese müsste zwangsläufig gegenüber unserem Vorverständnis revisionär sein.

Zweitens werden die Bedingungen der Personalität im Folgenden nur im Sinne einer unabgeschlossenen, intern nur geringfügig strukturierten Liste aufgeführt. Weder soll gezeigt werden, dass diese Liste alle notwendigen oder hinreichenden Bedingungen enthält. Wie ich ausführen werde, sind zentrale notwendige Bedingungen genannt sowie die meiner Ansicht nach im Zusammenspiel hinreichenden Bedingungen. Dies gilt zumindest, sofern man die vorgeschlagenen Bedingungen in geeigneter Weise interpretiert; aber ich werde mich nicht um den Nachweis bemühen, dass es keine weiteren hinreichenden Bedingungen geben kann, und auch nicht versuchen zu zeigen, dass *alle* notwendigen Bedingungen auf meiner Liste stehen. Noch werde ich versuchen, die Abhängigkeitsverhältnisse zwischen diesen Bedingungen exakt zu bestimmen.

Anders als Dennett selbst dies tut, möchte ich die jetzt vorzustellende Liste nicht mit diesen gegenüber unserem alltäglichen Vorverständnis externen philosophischen Anspruch auf Systematizität belasten. Für die Zwecke unserer Überlegungen reicht es vollkommen aus, wenn wir die anderen beiden Fragen, in die wir das Problem der personalen Identität zerlegt haben, an unsere Antwort auf die erste Frage anschließen und aus ihr relevante Einsichten für die Antworten auf die zwei anderen Fragen gewinnen können.

Mit seinem Aufsatz über die „Bedingungen der Personalität“ erhebt Dennett (1976) nicht den Anspruch, eine originelle philosophische Theorie vorzulegen. Vielmehr versteht er seinen Aufsatz so, dass darin ein weitestgehend geteilter philosophischer Konsens hinsichtlich der Bedingungen personaler Identität zum Ausdruck gebracht wird. Die Darstellung weicht im Folgenden von Dennetts ursprünglicher Position ab, weil ich – darin den Analysen von Rovane (1994) folgend – erstens die insgesamt sechs Bedingungen in zwei Gruppen jeweils interdependenter Bedingungen zusammenfasse. Neben dieser die Abhängigkeitsverhältnisse betreffenden Modifikation verzichte ich zweitens darauf, diese Abhängigkeitsverhältnisse ausführlich zu begründen. Vor allem übernehme ich drittens den bei Dennett durchgehend vorherrschenden Instrumentalismus bezüglich propositionaler Einstellungen nicht.[12] Da Fragen, die in die Philosophie des Geistes hineinführen, hier nicht weiter behandelt werden, blende ich diesen Strang der Argumentation Dennetts aus.

Bedingungen der Personalität

1. Personen sind rational 2. Personen sind Subjekte propositionaler Einstellungen 3. Personen sind Objekte einer spezifischen Einstellung	interdependent & notwendig
3. Personen können die (in 3 genannte) spezifische Einstellung erwidern 4. Personen können kommunizieren 5. Personen verfügen über Selbstbewusstsein sowie ein aktivisches und evaluatives Selbstverhältnis	interdependent & hinreichend

Es ist sinnvoll, den Bereich des Mentalen zu untergliedern in das phänomenale Bewusstsein, welches z.B. akustisches oder visuelles Erleben, Empfindungen, emotionales Erleben und ähnliches erfasst, und propositionale Einstellungen. Phänomenales Bewusstsein hat allgemein eine Erlebnis- oder Empfindungsqualität: Es fühlt sich, wie Nagel (1984: Kapitel 12) es einmal umschrieben hat, irgendwie an, in diesem Zustand zu sein. Propositionale Einstellungen dagegen zeichnen sich dadurch aus, dass man ihren kognitiven Gehalt in Form eines Dass-Satzes in Verbindung mit einem Verb, welches eine intentionale Einstellung zum Ausdruck bringt, wiedergeben kann (also z.B. „Petra glaubt, dass p“ oder „Paul fürchtet, dass q“).

Während es keinen Sinn macht, von unbewussten phänomenalen Zuständen zu sprechen, kann es durchaus sein, dass ein Subjekt eine

Überzeugung hat, derer es sich nicht bewusst ist (z. B. werden die meisten Leser dieses Buches glauben, dass es – außer in der Sendung mit der Maus – keine blauen Elefanten gibt, aber ich bin sicher, dass bis jetzt gerade kaum einer von ihnen sich dieser Tatsache bewusst gewesen ist). Allerdings überlappen sich diese beiden Arten mentaler Episoden auch. So sind z. B. Affekte philosophisch erklärbar als Zusammenspiel von Empfindungen und Überzeugungen. Es fühlt sich auf spezifische Weise an, stolz zu sein oder sich zu schämen; gleichzeitig implizieren diese phänomenalen Zustände, dass das Subjekt dieser Zustände bestimmte Überzeugungen hat: Es schreibt sich Eigenschaften zu, von denen es nicht möchte, dass andere wissen, dass sie ihm zukommen (Scham), oder es schreibt sich Eigenschaften zu, von denen es glaubt, dass es wertvoll ist, sie zu haben (Stolz).

Wir können die vielen sich hier anschließenden komplizierten Fragen der Philosophie des Geistes unbeantwortet lassen, müssen aber für unsere Fragestellung nach den Bedingungen der Personalität zweierlei explizit feststellen. Erstens stehen propositionale Einstellungen aufgrund des propositionalen Gehaltes in begrifflichen bzw. logischen Beziehungen zueinander. Überzeugungen können logisch widersprüchlich sein, eine Überzeugung p kann aus einer Überzeugung q folgen, r kann als Begründung für s angeführt werden, etc. Damit ist auf der einen Seite Rationalität als konstitutives Prinzip propositionaler Einstellungen im Spiel. Wir verlangen von Überzeugungssystemen Konsistenz und Kohärenz, von Begründungen logische Schlüssigkeit etc. Wenn wir eine Entität als Subjekt propositionaler Einstellungen ansehen, dann unterstellen wir, dass diese Einstellungen den logischen Gesetzen genügen. Natürlich ist dies bei keinem endlichen Wesen vollständig gegeben. Aber wenn einem Subjekt propositionaler Einstellungen nachgewiesen werden kann, dass es widersprüchliche Überzeugungen für wahr hält, dann ist es als rationales Wesen aufgefordert, diese Inkonsistenz zu beseitigen. Mit anderen Worten: Aufgrund der begrifflich-logischen Verfasstheit propositionaler Einstellungen stehen Entitäten, die als Subjekte solcher propositionaler Einstellungen erkannt und anerkannt werden, unter dem normativen Ideal der Rationalität.

Zweitens folgt daraus, dass die Zuschreibung propositionaler Einstellungen niemals nur mittels einer rein beobachtenden bzw. rein auf kausale oder funktionale Zusammenhänge ausgerichteten Erkenntnishaltung des zuschreibenden Subjekts erfolgen kann, sondern vielmehr einer Art hermeneutischer Grundhaltung bedarf (wir suchen nach rationalen Bezügen und machen Sinnunterstellungen). Ob man, wie Dennett dies annimmt, das Verhalten von Entitäten immer *auch* in der rein beobachtenden Perspektive kausaler oder funktionaler Erklärungen erschöpfend erfassen kann, oder nicht, können wir hier offen lassen.

Wichtig ist, dass die hermeneutische Perspektive – Dennett spricht vom *intentional stance*, ich selbst verwende dafür den Begriff der Teilnehmerperspektive – konstitutiv dafür ist, einem Subjekt propositionale Einstellungen zuzuschreiben.

Propositionale Einstellungen sind also *erstens* durch eine normative und evaluative Einstellung konstituiert, sodass die Zuschreibung und Selbstzuschreibung von propositionalen Einstellungen damit eine inhärent evaluative und normative Dimension aufweist. Diese wird jedoch nur implizit erwähnt und erst dann explizit eingefordert, wenn z. B. ein Subjekt darauf hingewiesen wird, dass es als rationales Wesen nicht zugleich p und non-p für wahr halten oder eine Überzeugung q als Begründung für eine andere Überzeugung r anführen kann, obwohl zwischen q und r nicht die unterstellte logische Beziehung besteht.

Zweitens schließt die evaluative und normative Verfasstheit propositionaler Einstellungen, davon gehe ich in unserer Untersuchung ohne weitere Begründung aus, nicht aus, diese propositionalen Einstellungen realistisch zu deuten. Anders als Dennett, der den inhärent normativen Charakter dieser Einstellungen zum Anlass nimmt, sie gegenüber rein kausal oder funktional erfassbaren Eigenschaften als ‚weniger' real, nämlich als nur instrumentell nützliche und für uns unverzichtbare Werkzeuge der Verhaltensprognose einzustufen, sehe ich keinen überzeugenden Grund, die Differenz in den Konstitutionsbedingungen (normativ-evaluativ vs. kausal-funktional) im Sinne einer ontologischen Degradierung zu interpretieren.[13] Außerdem schließt der hier in den Vordergrund gestellte evaluative und normative Charakter propositionaler Einstellungen nicht aus, dass eine Zuschreibung nur dann gerechtfertigt ist, wenn andere Bedingungen, die sich kausal oder funktional bestimmen lassen, vorliegen (die so genannten *enabling conditions*; vgl. Kapitel 10.1). Genauso wenig ist mit dem bisher Gesagten bestritten, dass auch die Selbstzuschreibung propositionaler Einstellungen oder die Fähigkeit, anderen Entitäten propositionale Einstellungen zuzuschreiben, ebenfalls Eigenschaften oder Fähigkeiten voraussetzt, die in die Domäne der beobachtenden Einstellung fallen, also kausal oder funktional erfassbar sind.

All dies ist nicht unumstritten und eine ausführliche Diskussion würde uns nicht nur tief in die Philosophie des Geistes führen, sondern letztlich auf die Frage nach der Realität des Evaluativen und Normativen (und seiner Beziehung zu den anderen Aspekten der Wirklichkeit) hinauslaufen, die ich hier nicht behandeln kann. Daher gehen wir im Folgenden ganz naiv davon aus, dass evaluativ oder normativ konstituierte Eigenschaften und Fähigkeiten einen realen Aspekt der Wirklichkeit bilden und mit den anderen Aspekten derselben Wirklichkeit in verschiedenartigen Relationen stehen können.

Damit können wir uns nun der Frage zuwenden, was wir über das Personsein erfahren oder festgelegt haben, wenn wir die ersten drei von Dennett genannten Bedingungen als notwendige und interdependente Bedingungen der Personalität akzeptieren. Zur Interdependenz der drei Bedingungen muss nach den obigen Ausführungen nicht mehr viel gesagt werden, da die konstitutive Funktion der verstehenden Interpretation und die darin operativ wirksame Rolle von Rationalitäts- und Sinnunterstellungen bereits explizit gemacht worden sind.

Wenn man diese drei interdependenten Eigenschaften bzw. Fähigkeiten als notwendig für das Personsein einer Entität ansetzt, dann können nur solche Entitäten Personen sein, die von anderen als Subjekte propositionaler Einstellungen erkannt und anerkannt werden können. Dazu müssen diese Entitäten Objekte einer spezifischen verstehenden oder interpretierenden Einstellung sein; ihre propositionalen Zustände müssen dabei so miteinander und dem Verhalten dieser Entitäten verbunden sein, dass Rationalitätsprinzipien als Leitfaden der verstehenden Interpretation sinnvoll und erfolgreich angewendet werden können.

Um von hier aus zu einer plausiblen Liste der *person-making characteristics* zu gelangen, müssen wir uns nun den drei interdependenten hinreichenden Bedingungen zuwenden. Wenn eine Entität X Subjekt einer propositionalen Einstellung ist (Bedingung 2), dann gilt z. B. von ihr: „X glaubt, dass auf dem Ast ein Vogel sitzt." Dies wird erkannt und konstituiert dadurch, dass eine von X verschiedene Entität Y durch die interpretierende Einstellung das Verhalten von X entsprechend deutet (Bedingung 3). Mit diesen beiden Bedingungen ist noch nicht gesagt, dass X selbst von sich weiß, dass sie Subjekt einer propositionalen Einstellung ist. Selbstverständlich ist dies nicht ausreichend, um eine Entität als Person ansehen zu können. Von Personen verlangen wir vielmehr, dass sie sich selbst und andere als Subjekte propositionaler Einstellungen erkennen und anerkennen. Sie müssen die interpretierende Haltung erwidern und über Selbstbewusstsein verfügen.

Die Komplexität, die durch das zweite Set von interdependenten und gemeinsam hinreichenden Bedingungen der Personalität erreicht wird, lässt sich am einfachsten verdeutlichen, wenn wir unterschiedliche Grade von propositionalen Einstellungen unterscheiden.

Nennen wir einen Satz, in dem einer Entität X eine propositionale Einstellung, die nicht ihrerseits von einer propositionalen Einstellung handelt, zugeschrieben wird, eine propositionale Einstellung ersten Grades (z. B. X glaubt, dass es draußen regnet). Eine propositionale Einstellung zweiten Grades liegt vor, wenn eine Entität X einer Entität Y eine propositionale Einstellung ersten Grades zuschreibt (z. B. Y glaubt, dass X glaubt, dass es draußen regnet). Entsprechend können wir beliebig viele Komplexitätsstufen propositionaler Einstellungen definieren. Entscheidend ist, dass ab der propositionalen Einstellung zweiten Grades das Subjekt dieser Einstellung (also Y) über den Begriff einer propositionalen Einstellung verfügen muss, weil eine solche ja X von Y zugeschrieben wird. Damit sind wir auf dem Weg zu expliziten reflexiven Einstellungen, die für Personen charakteristisch sind. Dies ist auch einer der Gründe, weshalb die Reziprozitätsbedingung (Bedingung 4) für unsere Liste von basaler Bedeutung ist. Durch diese Bedingung wird sichergestellt, dass Personen nicht nur Subjekte propositionaler Einstellungen sind, sondern selbst auch über den Begriff der propositionalen Einstellung verfügen. Mit anderen Worten: dass sie im Prinzip in der Lage sind, in einigen Vorgängen der Wirklichkeit Expressionen oder Manifestationen propositionaler Einstellungen zu erkennen.

Schauen wir uns nun die fünfte Bedingung (Kommunikationsfähigkeit) an. Diese ist selbstverständlich in einem weiten Sinne zu verstehen, sodass z.B. auch ein stummer Mensch kommunizieren kann. Eine Begründung dafür, dass diese Bedingung für das Personsein zentral ist, liegt auf der Hand: Durch Kommunikation eröffnen wir anderen, dass wir Subjekte höherstufiger propositionaler Einstellungen sind. Denn wenn X einen Satz p mit der Absicht äußert, dass Y glaubt, dass p der Fall ist, weil X dies mit seiner Äußerung intendiert, dann ist darin eine propositionale Einstellung dritten Grades enthalten: X muss intendieren, dass Y erkennt, dass X intendiert, dass Y aufgrund seines kommunikativen Aktes p für wahr hält. Auf diese Weise erhalten wir als Grundschema von kommunikativen Akten propositionale Einstellungen dritten Grades, die zudem noch die Besonderheit haben, dass X darin auch auf sich selbst Bezug nehmen muss.

Bevor wir diesen Aspekt im Kontext der Erörterung der sechsten Bedingung wieder aufgreifen, sei eine kurze Nebenbemerkung gestattet. Grice, auf den die soeben skizzierte Analyse kommunikativer Akte im Wesentlichen zurückgeht, ist später durch eine ganze Reihe von Einwänden gezwungen worden, seine intentionalistische Analyse der Kommunikation und der sprachlichen Bedeutung komplexer zu gestalten, wobei das Merkmal der propositionalen Einstellung dritten Grades durchweg erhalten bleibt. Außerdem stellt dieses Modell nicht nur die Grundstruktur kommunikativer Absichten dar, sondern analysiert auch, worin eine nicht-natürliche, d.h. nicht auf kausale oder funktionale Beziehungen reduzierbare Bedeutungsbeziehung besteht. Mit anderen Worten: Während eine Rauchwolke im natürlichen, weil kausalen Sinne, Feuer bedeutet, bezeichnen Wörter oder Sätze ihre Gegenstände und Sachverhalte auf nicht-natürliche Weise. Die Grundidee von Grice ist es, diese nicht-natürliche Bedeutung als propositionale Einstellungen dritten Grades zu analysieren. Ohne diesen Strang hier weiter zu vertiefen, der uns tief in die Sprachphilosophie führen würde, kann man sagen, dass durch die fünfte Bedingung der Bereich der nicht-natürlichen Bedeutung, und damit auch die Dimension der Sinn- und Wertaspekte, zugänglich werden.[14]

Bisher haben wir nicht festgelegt, in welcher Form eine Entität, die eine Kommunikationsabsicht hegt, auf sich selbst Bezug nimmt. Gemeint ist natürlich die spezifische Form des Bewusstseins, die wir in der deutschen Sprache mit dem indexikalischen Terminus „ich" zum Ausdruck bringen. Die Verwendung des Personalpronomens in dem Erste-Person-Singular ist nur dann korrekt, wenn ein Sprecher sich damit auf sich selbst bezieht und auch weiß, dass er sich damit auf sich selbst bezieht. In jeder echten (oder direkten) Verwendung von „ich" liegt ein solcher Fall vor. Wenn uns dies klar geworden ist, sehen wir sofort, weshalb die fünfte Bedingung den ersten Teil der sechsten Bedingung impliziert. Mit der Selbstbewusstseinsklausel (Bedingung 6) ist, über die bloße wissende Selbstbezugnahme hinaus, auch gemeint, dass ein solches Subjekt erstpersönlicher propositionaler Einstellungen über Zeitbewusstsein verfügt und ein Wissen um die eigene ausgedehnte Existenz in der Zeit hat. Dieser intertemporale Aspekt des Selbstbewusstseins, der für Personalität ganz entscheidend ist, liegt der zweiten unserer drei Kernfragen zugrunde (vgl. Kapitel 3 bis 5).

Die sechste Bedingung enthält darüber hinaus noch eine weitere Klausel, die mit dem Begriff „evaluatives Selbstverhältnis" eher umschrieben als charakterisiert ist. Damit eine Entität sich selbst als Subjekt propositionaler Einstellungen verstehen kann, muss sie ein gewisses Maß an Konsistenz und Kohärenz aufweisen und ihre eigenen propositionalen Einstellungen unter den Maßstäben der für propositionale Einstellungen konstitutiven Prinzipien der Rationalität und der Sinnhaftigkeit prüfen bzw. bei Aufforderung oder nach Kritik rechtfertigen können. Dies setzt voraus, dass ein solches Subjekt über Selbstbewusstsein verfügt. Es impliziert darüber hinaus, dass es zu sich und seinen eigenen propositionalen Einstellungen eine bewertende, gegebenenfalls begründende oder rechtfertigende, möglicherweise aber auch eine selbstkritische Haltung einnehmen kann. Subjekte, die ein solches praktisches, d. h. auf Werte und Normen bezogenes Selbstverhältnis ausbilden, nennen wir Personen. Sie haben nicht nur ein Leben, sondern führen es im Lichte ihrer Wünsche und Wertvorstellungen. Zumindest bemühen sie sich darum und stellen sich selbst unter das Ideal, in ihrem Leben ihren eigenen Weg zu finden, eine eigene Persönlichkeit auszubilden oder sich selbst treu zu bleiben. Die dritte unserer Kernfragen nach dem praktischen Wesen personaler Identität in Form eines evaluativen Selbstverhältnisses, wodurch sich die individuelle Persönlichkeit einer Entität konstituiert, zielt auf diese sechste Bedingung ab. Bevor ich nun zu einem ganz kurzen Zwischenfazit komme, sei noch herausgestellt, dass diese Fähigkeit zu einem evaluativen Selbstverhältnis sich als erstpersönliche propositionale Einstellung zweiten Grades analysieren lässt – ich bewerte es positiv (oder negativ), dass ich p für wertvoll (oder verabscheuenswert), für moralisch geboten (oder verboten) halte. Oder auch: Ich will, dass ich nicht q, sondern r möchte, obwohl ich faktisch q möchte (mir passt mein eigener Wunsch nicht). Auch dieses Modell, welches vor allem auf Dworkin (1988) und Frankfurt (1988) zurückgeht, lässt sich noch vielfältig verfeinern und bleibt von philosophischen Komplikationen, die zu Modifikationen zwingen, nicht verschont. Die reflexive Form erstpersönlicher propositionaler Einstellungen zweiter Stufe mit explizit bewertendem Charakter bleibt aber durchgehend erhalten (mehr dazu in den Kapiteln 8 und 9).

2.4 Personalität, Persönlichkeit und die Einheit der Person

Unsere Liste der Eigenschaften und Fähigkeiten, aufgrund derer eine Entität als Person anzusehen ist, erlaubt es, die beiden anderen Problembereiche einzuführen, die wir als die zweite und die dritte Frage nach der personalen ‚Identität' unterschieden haben – beide schließen an die sechste unserer Bedingungen an, die sich bereits als die komplexeste unter ihnen erwiesen hat.

2.4.1 Die doppelte intertemporale Dimension des Personseins

In der Einleitung hatten wir den Begriff der Identität reserviert für logische oder numerische Identität. Anschließend hatten wir die Frage nach der ‚Identität' der Person in drei Fragen zerlegt. Dies ist sinnvoll, weil für das Personsein der Bezug auf Zeit und auf ein praktisches Selbstverhältnis zentrale Merkmale sind, die beide nicht mit der Relation der Identität verwechselt werden dürfen. Erschwerend kommt hinzu, dass die Zeit auf eine doppelte Weise in unsere Thematik hineinspielt. Auf der einen Seite kommt sie in der Frage, unter welchen Bedingungen X zu einem Zeitpunkt ein und dieselbe Person ist wie Y zu einem anderen Zeitpunkt, als Dimension der zeitlichen Ausdehnung ins Spiel. Auf der anderen Seite ist es für Personen charakteristisch, dass sie von ihrer eigenen zeitlichen Ausgedehntheit ein besonderes Wissen haben und dieses in einer besonderen Form – als Biografie oder evaluativ-normatives Selbstverständnis – inhaltlich strukturieren. Hier kommt die erlebte Zeit, d.h. das Zeitbewusstsein, welches mit personalem Selbstbewusstsein unauflöslich verknüpft ist, ins Spiel.

Beide Aspekte der intertemporalen Dimension des Personseins finden sich schon an dem philosophiehistorischen Ort, den man vielleicht als den Ursprung der modernen Debatte um das Problem personaler

‚Identität' bezeichnen kann. Gemeint ist die berühmte Definition der Person von Locke – ihm zufolge bezeichnet „Person" ein

> denkendes, verständiges Wesen, das Vernunft und Überlegung besitzt und sich selbst als sich selbst betrachten kann. Das heißt, es erfaßt sich als dasselbe Ding, das zu verschiedenen Zeiten und an verschiedenen Orten denkt (1981: 419).

Wir werden uns mit Lockes Vorschlag und den Reaktionen, die er hervorgerufen hat, im nächsten Kapitel ausführlich beschäftigen, da er uns als Einstieg in die zweite unserer drei Problemstellungen, die der Einheit der Person, dienen wird.

2.4.2 Die doppelte soziale Dimension des Personseins

Unsere sechste Bedingung der Personalität verweist aber nicht nur auf die intertemporale Dimension des Personseins, sondern auch auf seinen essenziell evaluativ-normativen Charakter, den wir in der Einleitung mittels der Kategorie der Persönlichkeit als dritten Problemkontext von den anderen beiden Fragestellungen unterschieden haben.

Die praktische Dimension des Begriffs der Person – Locke spricht z. B. von einem „juristischen Ausdruck" (1981: 435) – und die ethische Relevanz der im Selbstbewusstsein gegebenen diachronen Einheit von Personen, die z. B. Leibniz (1985: 87) ausdrücklich hervorhebt, sind schon zu Beginn der modernen Debatte thematisch. Auch die soziale Dimension des Personseins, die sich vor allem in der Reziprozitätsbedingung in unserer Analyse der Bedingungen der Personalität niederschlägt, wird bereits in den Anerkennungstheorien von Fichte und Hegel als Grundstruktur des evaluativen Selbstverständnisses einer Person bestimmt.

2.5 Fazit

Wenn man diesen Vorschlag zur Bestimmung der Bedingungen der Personalität akzeptiert, sind einige wichtige Entscheidungen gefallen, die ich hier kurz festhalten möchte:

- Subjekt phänomenaler Bewusstseinszustände zu sein ist weder eine notwendige noch eine hinreichende Bedingung für Personalität.
- Menschsein ist weder eine notwendige noch eine hinreichende Bedingung für Personalität.
- Personalität konstituiert sich in einem reziproken Interpretations- und Anerkennungsmodus (Personalität ist eine sozial-relationale Bestimmung).[15]

Dies bedeutet zuerst einmal, dass nicht alle Lebensformen, die zu Lust- und Schmerzempfindungen fähig sind, zum Kreis der Personen zählen. Wichtig ist zweitens, darauf zu achten, dass unsere Liste die Eigenschaften und Fähigkeiten von aktualen Personen aufführt. Die Frage nach den Eigenschaften und Fähigkeiten von potenziellen Personen dagegen lasse ich, vor allem aufgrund der Probleme, die mit dem Begriff der Potenzialität einhergehen, außer Betracht. Drittens darf der reziproke Interpretations- und Anerkennungsmodus, in dem und durch den Personalität konstituiert wird, nicht automatisch gleichgesetzt werden mit ethischen Vorstellungen der Gleichheit oder anderen ethischen Prinzipien. Die Zusammenhänge zwischen dieser für Personalität konstitutiven Wechselbeziehung und ethischen Prinzipien gleicher Achtung oder gleichen Respekts müssen in einer Ethik eigens entfaltet werden.

In der philosophischen Diskussion um den Begriff der Personalität ist die gleiche Unklarheit zu beobachten wie in der Debatte um Autonomie. Meiner Auffassung nach wurzelt sie darin, dass beide Begriffe, Personalität und Autonomie, sowohl zur Anzeige eines präskriptiven Status gebraucht werden können als auch in einem deskriptiven Sinn verwendet werden. In Letzterem wird auf Eigenschaften oder Fähigkeiten verwiesen, aufgrund derer eine Entität als autonom bzw. als eine Person zu zählen ist.

(a.) Im Falle des Begriffs der Personalität, wie auch im Falle des Begriffs der Autonomie, sind unter diesen in der deskriptiv-sortalen Verwendung gemeinten Eigenschaften und Fähigkeiten solche, die eine interne Normativität bzw. einen internen Bezug auf die Sinn- und Wertdimension aufweisen. Um hier nicht die Unterscheidung zwischen der deskriptiv-sortalen und der präskriptiv-sortalen Verwendung der Begriffe wieder zu verwischen, ist es sinnvoll, auf der Ebene der Sprechakte die Differenz noch einmal klar zu benennen:

In deskriptiv-sortaler Verwendung werden die normativen oder evaluativen Aspekte des Personseins nur erwähnt, nicht aber gebraucht. Wer sagt: „X ist als Person anzusehen, weil X über die relevanten Eigenschaften und Fähigkeiten in ausreichendem Maße verfügt", der stellt keine Norm auf, der es zu folgen gilt. Wer dagegen sagt: „Respektiere X, weil X eine Person ist!", der stellt eine Norm auf, deren Befolgung er einfordert.

(b.) Wenn eine Bestimmung als konstitutives Element Rationalitätsanforderungen (z. B. der Konsistenz) enthält, dann liegt auf der Hand, dass endliche empirische Subjekte dieser inhärenten Norm nicht vollkommen genügen können. Würde man die vollständige Erfüllung der Rationalitäts- oder anderer impliziter Norm- und Wertstandards fordern, um von X als Person sprechen zu können, dann gäbe es keine menschlichen Personen.

Eine solche Forderung ist jedoch mit dem bisher Gesagten weder erhoben noch in dem bisher Ausgeführten implizit enthalten. Es muss sicher ein ausreichendes Maß an Rationalität geben, damit die Bestimmung der Personalität greifen kann. Perfektion über dieses, letztlich im gesellschaftlichen Kontext zu ermittelnde Maß hinaus stellt dagegen das Ideal der Personalität dar, nicht den realistischerweise zu erwartenden Normalfall. Unterscheidet man auf diese Weise zwischen dem Ideal und dem Normalfall, dann lässt sich behaupten, dass es real existierende, endliche Personen gibt. Man kann zugleich erklären, weshalb die Zuerkennung der Personalität der solchermaßen ausgezeichneten Entität eine Norm auferlegt, der sie um ihres Selbstverständnisses als Person willen nacheifern sollte.

Unserer Analyse zufolge ist der Begriff der Person am besten zu begreifen als ein Bündelbegriff, der eine offene Liste von konstitutiven Kriterien für Personalität enthält, unter denen sich einige als Kernelemente ausweisen lassen, die jedoch formal bleiben und der inhaltlichen Füllung bedürfen. Diese Füllung wird auf anthropologische und kulturvariante Merkmale angewiesen sein. So wird es sicher auf der einen Seite eine große Bandbreite dessen geben, was als rational, als Begründung oder als evaluatives Selbstbild in einer Kultur akzeptiert wird. Auf der anderen Seite sollten wir nicht vergessen, dass wir mit unserem Vorschlag primär *unseren* Zugang zum Personsein rekonstruiert haben. Es ist daher immer in Rechnung zu stellen, dass er von anthropologischen Konstanten geprägt ist, die sich bei anderen personalen Lebensformen so nicht finden lassen müssen. Deshalb sollte die Philosophie sich vor einer Art „fehlplatzierter philosophischer Exaktheit“ hüten. Ein solches Vorgehen führt entweder zu einer inhaltlichen Ausdünnung des Begriffs der Person. Auf diese Weise gehen deskriptive Bedeutungsaspekte, die für ein Verständnis unserer ethischen Praxis wichtig sind, verloren. Oder diese deskriptiven Gehalte werden übergeneralisiert, sodass sich die Gefahr einer Verengung des Begriffs der Person ergibt, dessen Anwendung auf andere Lebensformen zu paternalistischen Konsequenzen führen kann, indem diesen Dinge abverlangt und vorgeschrieben werden, die (nur) für unsere Art des Personseins charakteristisch sind.

Bei unserem Vorgehen haben wir uns dafür entschieden, an die deskriptiv-sortale Verwendung des Begriffs der Person anzuschließen. Die Bedingungen der Personalität, die wir dabei gefunden haben, sind graduierbar, können also mehr oder weniger stark ausgeprägt vorliegen. Welches Muster und welcher Grad der Ausprägung im Einzelfall hinreichend dafür sind, dass eine Entität als Person anzuerkennen ist, lässt sich nicht in allgemeiner Weise festlegen und wird vermutlich in Grenzfällen mit guten Gründen strittig sein können. Daher ist es wichtig festzuhalten, dass „Personalität“ ein Schwellenwertkonzept und nicht graduierbar ist. Wenn eine Entität als Person anzuerkennen ist, dann ist sie es im Vollsinne, sodass die ethischen Ansprüche, die mit diesem Status verbunden sind, ebenfalls nicht zu graduieren sind. Die Persönlichkeit einer Person dagegen kann mehr oder weniger stark entwickelt, stabil oder ausgearbeitet sein. Es macht daher Sinn zu sagen, dass die Persönlichkeit graduierbar ist. Dies kann dazu führen, dass ethische Ansprüche, die sich aus der Persönlichkeit heraus ableiten, von dem Grad ihrer Entwickeltheit abhängen (z. B. Respekt vor Integrität). Die genauere Bestimmung dieser Verhältnisse muss jedoch der philosophischen Ethik vorbehalten bleiben und wird daher im weiteren Verlauf unserer Überlegungen keine Rolle mehr spielen. Solange wir im Gedächtnis behalten, dass wir in der Ethik nicht alles auf den Begriff der Person stützen müssen, folgen hieraus keine gravierenden ethischen Konsequenzen.

3. Der Vorschlag von John Locke

> Why take the problems from Locke, since none of them in fact originated with him, and all of them have been discussed by many philosophers both before and after Locke? Well, his treatment gave a fresh impetus to these controversies, and much of the later discussion takes his views as its starting point.
>
> John L. Mackie

Auf einen Vorschlag von Molyneux hin hat Locke der zweiten Auflage seines *Essay Concerning Human Understanding* ein Kapitel über Identität und Verschiedenheit hinzugefügt. In diesem 1694 erstmals publizierten Text wird die Frage nach der diachronen Identität der Person behandelt. Lockes Analysevorschlag hat zahlreiche zeitgenössische Einwände hervorgerufen und dazu geführt, dass es im 18. Jahrhundert eine heftige und vielschichtige Diskussion des Themas „personale Identität" gegeben hat (vgl. Martin/Barresi 2000 und Thiel 2001). Man kann ohne Übertreibung sagen, dass sowohl Lockes Ansatz selbst als auch die zentralen Einwände und die damit verbundenen Alternativen bis heute die philosophische Landkarte, in die das Problem der ‚Identität' der Person eingezeichnet ist, maßgeblich prägen. Aus diesem Grunde ist es sinnvoll, die Erörterung der zweiten unserer drei Grundfragen, also die Frage nach der Einheit der Person, mit einer Darstellung dieser historischen Diskussion zu eröffnen. Wie sich zeigen wird, sind die drei von uns hier unterschiedenen Fragen, in die sich das Problem der personalen Identität einteilen lässt, bei Locke noch eng miteinander verwoben. Dennoch ist es sinnvoll, seine Überlegungen – wie auch die seiner zeitgenössischen Kritiker – als Antwortversuche auf das Problem der diachronen Einheit von Personen zu lesen.

3.1 Drei philosophiegeschichtliche und systematische Kontexte

Der Ursprung dieses metaphysischen Problems liegt nicht in der Metaphysik selbst, sondern ist in ethischen und theologischen Fragen zu sehen. Ganz konkret hat Locke seine Theorie vermutlich vor dem Hintergrund einer Auseinandersetzung um die Dreifaltigkeitslehre entwickelt, obwohl er diesen Bezug selbst nicht herstellt. Außerdem spielt die Frage nach der Möglichkeit und den Bedingungen für die metaphysische ‚Identität' einer Person über den Tod hinaus in den Debatten seiner Zeit eine entscheidende Rolle. Der Vorschlag, die Einheit der Person von dem Konzept der Substanz abzulösen und als bewusstseinsimmanente Relation zu analysieren sowie die Identitätsbedingungen für Menschen und Personen zu unterscheiden, kann erstens als Versuch Lockes verstanden werden, das Problem personaler ‚Identität' von umstrittenen theologischen und metaphysischen Voraussetzungen zu befreien. Wichtig ist hierbei zu beachten, dass Locke zufolge Bewusstsein immer mit einem erstpersönlichen Gewahrsein einhergeht. Mit anderen Worten: Ein bewusster Zustand wird immer von Selbstbewusstsein begleitet. Daher werde ich im Folgenden auch durchgängig von Selbstbewusstsein oder erstpersönlichen mentalen Zuständen sprechen.[16] Dies deckt sich damit, dass wir Selbstbewusstsein als einen konstitutiven Bestandteil der hinreichenden Bedingungen für Personalität betrachten.

Ein *zweiter* zentraler Kontext, der sich an den Substanzbegriff anschließt, ist der Streit um Materialismus und Immaterialismus, der, ausgehend von Descartes' Zwei-Substanzen-Lehre, die Philosophie bis heute beschäftigt. Auch an dieser Stelle versucht Locke, die Frage nach der Einheit der Person von dieser metaphysischen Grundsatzdiskussion abzulösen. Einerseits trifft seiner Auffassung nach die philosophische Position wahrscheinlicher zu, dass das Denken mit einer immateriellen Substanz verbunden ist. Andererseits räumt er ausdrücklich ein, dass der Begriff einer denkenden Materie nicht widersprüchlich ist. Da Locke die Einheit der Person von der Einheit einer zugrunde liegenden Substanz ablöst und ausschließlich dem Selbstbewusstsein zuordnet, kann er neutral gegenüber dem Streit zwischen Materialisten und Immaterialisten bleiben. Er verfährt dabei so, dass er beiden Lagern die unplausiblen Konsequenzen ihrer eigenen Position nachweist und dann darauf hinweist, dass beide von der Prämisse ausgehen, die Einheit der Person müsse von der Einheit einer zugrunde liegenden Substanz abhängen. Der Streit, ob diese Substanz materieller oder immaterieller Natur sei, lässt sich – zumindest für die Frage nach der Einheit der Person – jedoch als irrelevant zurückweisen, wenn man, wie Locke, die These vertritt, dass die Einheit der Person nicht von der Einheit einer zugrunde liegenden Substanz abhängt. Dieses Vorgehen erlaubt es Locke zum einen, neutral gegenüber dem Disput um Materialismus und Immaterialismus zu bleiben, und ermöglicht ihm auf diese Weise, die Frage nach der Einheit der Person nicht mit zusätzlichen philosophischen Beweislasten hinsichtlich dieser Streitfrage zu belasten. Der Nachweis der internen Probleme, in die sich materialistische und immaterialistische Positionen bei der Antwort auf die Frage nach der Einheit der Person jeweils verwickeln, dient Locke zum anderen dazu, seine eigene These plausibel und attraktiv erscheinen zu lassen, wonach die Einheit der Person nicht von einer zugrunde liegenden Substanz, sondern ausschließlich vom Selbstbewusstsein der Person abhängt.

Schließlich ist *drittens* die ethische Prägung der Fragestellung sowohl bei Locke wie auch bei seinen zeitgenössischen Kritikern unverkennbar. Die personale ‚Identität' stellt nicht nur eine notwendige Bedingung dafür dar, dass Gott am jüngsten Tag Lohn und Strafe angemessen zuteilen kann. Dies ist der zweite Bezugspunkt der Debatte um personale ‚Identität' zu spezifisch theologischen Fragestellungen. Denn mit dieser Überlegung steht sofort das Problem im Raum, Identitätsbedingungen für eine mögliche Weiterexistenz nach dem Tode zu entwickeln.

Auch in Bezug auf die menschliche Praxis von moralischem Lob und Tadel sowie von unserer juristischer Praxis von Verantwortungszuschreibung und Strafe ist die Frage nach der diachronen Einheit der Person von entscheidender Bedeutung. In diesem Punkt weisen die Überlegungen von Locke und Leibniz zum Problem der Einheit der Person, die ansonsten gegensätzlich ausfallen, in die gleiche Richtung. So schreibt Leibniz (1958: 87) in seiner „Metaphysischen Abhandlung", die ungefähr 1685-86, also zeitlich vor Lockes Entwurf, entsteht:

> Die vernünftige Seele, die ein Bewusstsein dessen hat, was sie ist, und die das vielsagende Wort ICH sagen kann, sie hat Dauer und Bestand in viel größerem Maße als die anderen, nicht nur im metaphysischen Sinne, sondern sie bleibt auch im moralischen Sinne dieselbe und macht dieselbe Person aus. Denn die Erinnerung oder das Wissen um dieses *Ich* befähigt sie zu Strafe und Belohnung.

Und bei Locke (1981: 435 f.) lesen wir:

> Überall, wo jemand das findet, was er sein ‚Ich-Selbst' nennt, kann meiner Meinung nach ein anderer sagen, es sei dieselbe Person vorhanden. Es ist ein juristischer Ausdruck, der sich auf Handlungen und ihren Lohn bezieht; er findet also nur bei vernunftbegabten Wesen Anwendung, für die es Gesetze geben kann und die glücklich oder unglücklich sein können.

Lassen wir die tief greifenden Unterschiede, die sich hinter der These von Leibniz, dass Entitäten mit Selbstbewusstsein über ein viel größeres Maß an Dauer und Bestand im metaphysischen Sinne verfügen als andere Entitäten, für den Augenblick beiseite. Dann sehen wir die großen Gemeinsamkeiten zwischen Locke und Leibniz hinsichtlich zweier Punkte: Zum einen sind Personen primär Adressaten von Lohn und Strafe, also Gegenstände juristischer und ethischer Bewertung, die sich durch Selbst- und Zeitbewusstsein auszeichnen. Und zum anderen ist ihr Erinnerungsvermögen eine unverzichtbare Größe bei der Beantwortung der Frage, ob jemand zu Recht für eine vergangene Handlung getadelt oder gar bestraft wird.

Bevor wir nun zu einer Darstellung der Grundzüge von Lockes Vorschlag übergehen, möchte ich noch ein mögliches Missverständnis ausräumen. Es ist zwar der Fall, dass Locke und Leibniz die praktische Bedeutung des Begriffs der Person betonen. Dies darf jedoch nicht mit dem evaluativen Selbstverhältnis von Personen gleichgesetzt werden, welches in unserer Konzeption sowohl einen konstitutiven Bestandteil der sechsten Bedingung der Personalität bildet, als auch – qua Persönlichkeit – die dritte eigenständige Dimension des Problems personaler ‚Identität' ausmacht. Sowohl Locke als auch Leibniz sind der Meinung, dass die metaphysische ‚Identität', d. h. die Einheit der Person, eine metaphysische Grundlage für unsere ethische und juristische Praxis bildet. Dass sie diese Einheit selbst als genuin praktische im Sinne eines evaluativen Selbstverhältnisses aufgefasst haben, muss dagegen bezweifelt werden.

3.2 Der Vorschlag von John Locke

Das 27. Kapitel des zweiten Buches aus der zweiten Auflage des *Essay Concerning Human Understanding*, in dem Locke das Problem der personalen ‚Identität' im Kontext seiner Analyse von „Identität" und „Verschiedenheit" abhandelt, ist komplex, kompliziert und in einigen Passagen nicht sehr klar. So sind, wie wir bereits gesehen haben, sowohl das Phänomen wie auch die Frage nach der ‚Identität' der Person komplex; außerdem beschreitet Locke mit seinem Vorschlag in gewissem Sinne philosophisches Neuland. Im Folgenden beanspruche ich daher weder, eine umfassende noch eine den philosophiegeschichtlichen Aspekten des Textes gerecht werdende Auslegung zu entwickeln. Mein Augenmerk liegt vielmehr darauf, die Grundzüge der Argumentation von Locke offen zu legen, die für die weitere Behandlung des Problems personaler ‚Identität' historisch bedeutsam wurden und systematisch nach wie vor bedeutsam sind.

3.2.1 Vorbereitende Überlegungen

Locke führt die Analyse der ‚Identität' der Person im Kontext einer empiristischen Analyse der Relationen „Identität" und „Verschiedenheit" durch; dabei bemüht er sich darum, die Frage nach der Einheit der Person von bestimmten theologischen und metaphysischen Problemstellungen abzulösen. Daher beginnt er seine Ausführungen mit allgemeinen Überlegungen zu Identität und Verschiedenheit, wobei er sogleich die diachrone Einheit von Entitäten vor Augen hat, da er von der Tätigkeit des Verstandes ausgeht, Dinge miteinander zu vergleichen:

> Wir betrachten ein Ding als zu einer bestimmten Zeit und an einem bestimmten Ort existierend und vergleichen es dann mit sich selbst, wie es zu anderer Zeit existiert; danach bilden wir die Ideen der Identität und Verschiedenheit. (Locke 1981: 410)[17]

Damit ist schon ganz zu Anfang die Entscheidung gefallen, dass es nicht um Identität geht, sondern um die Frage nach der diachronen Einheit von Entitäten.

Mit Bezug auf die synchrone Einheit vertritt Locke die Ansicht, dass zwei Dinge der gleichen Art nicht zur gleichen Zeit den gleichen Ort einnehmen können, sodass die Raum-Zeit-Stelle als Bedingung der synchronen Einheit anzusehen ist, da auch kein Ding gleichzeitig an verschiedenen Orten existieren kann. Aus beidem zusammen ergibt sich dann, dass weder zwei Dinge (der gleichen Art) einen gemeinsamen Anfang haben können, noch dass ein Ding „einen doppelten Anfang seiner Existenz" (410) haben kann.

Im nächsten Schritt führt Locke aus, dass wir nur von drei Arten von Substanzen „Ideen", d.h. klare Begriffe, besitzen: von Gott, von endlichen vernunftbegabten Wesen und von Körpern. Hinsichtlich der Identität Gottes kann es keine Probleme geben, da er „ohne Anfang, ewig, unveränderlich und allgegenwärtig" (411) ist. Für endliche geistige Wesen und materielle Partikel gilt, dass der Raum-Zeit-Punkt ihrer Entstehung die Identität bestimmt. Körper definiert Locke dabei als Aggregate von Partikeln, wobei es auf die Konfiguration bzw. Organisation dieser Partikel nicht ankommt. Diese drei Arten von Substanzen schließen sich gegenseitig nicht aus, sodass sie gleichzeitig am gleichen Ort existieren können. Unmöglich ist es aber, dass Substanzen der gleichen Art die gleiche Raum-Zeit-Stelle einnehmen.

Bei dieser Auflistung fehlt eine ontologische Kategorie, die für Lockes weitere Argumentation noch wichtig wird, nämlich Ereignisse oder Prozesse, zu denen meiner Auffassung nach auch Organismen gehören (vgl. dazu Kapitel 6). Mit Bezug auf diese Entitäten vertritt Locke die These, dass sie keine zeitliche Ausdehnung haben, sondern ihre Existenz „schon in dem Augenblick endet, in dem sie beginnt" (412). Modern gesprochen: Locke vertritt für Ereignisse und Prozesse eine Ontologie zeitlicher Teile, sodass streng genommen der Begriff der Identität (im Lockeschen Sinne, nicht im Sinne numerischer Identität) auf sie keine Anwendung finden kann, da sie nicht zu zwei verschiedenen Zeitpunkten existieren können. Konsequent heißt es bei ihm dann auch: „Bei Dingen, deren Existenz in einer Aufeinanderfolge besteht (…), kann hinsichtlich ihrer Verschiedenheit keinerlei Zweifel herrschen" (412).

Im Unterschied zu Körpern, deren Identität allein durch die Menge der Partikel festgelegt wird, aus der sie bestehen, muss die Identität eines, wie Locke sagt, lebendigen Körpers anders gefasst werden. Denn, wie er am Beispiel der Eiche ausführt, bei Organismen kommt es auf die funktionale, strukturale Anordnung der Partikel an. Es ist für die Identität einer Eiche nicht bedeutsam, dass sie immer aus den gleichen Partikeln besteht. Ganz im Gegenteil: Für Organismen ist entscheidend, dass die Partikel ausgetauscht werden. Was einen Organismus individuiert, ist vielmehr folgendes:

> Diese Organisation, die in jedem Augenblick in jeder Ansammlung von Materie anzutreffen ist, unterscheidet sich im besonderen Einzelfall von allen anderen. Sie macht das individuelle Leben aus, das von jenem Augenblick an vorwärts und rückwärts gerechnet in derselben Kontinuität fortdauert, in der die mit dem lebenden Pflanzenkörper verbundenen Teile unmerklich aufeinander folgen. (414)

Dies gilt für Pflanzen und Tiere gleichermaßen. Auch Artefakte weisen, im Unterschied zu bloßen Körpern, diese Parallele auf, die Locke entsprechend herausstreicht: Maschinen haben eine „sinnvolle Organisation“ (414), sodass der Austausch von Partikeln unter Bewahrung des funktionalen Zusammenhangs mit der Identität eines Artefakts verträglich ist.

Es ist an dieser Stelle nicht möglich, auf die komplizierten Fragen näher einzugehen, die sich stellen, wenn man Lockes Vorschläge im Detail weiter ausarbeitet. So würde eine nähere Analyse zeigen, dass die Bedingungen diachroner Einheit von Organismen und Artefakten in entscheidenden Punkten voneinander abweichen. Außerdem zeigt sich schnell, dass die ontologische Bestimmung von Organismen bei Locke letztlich unbefriedigend bleiben muss, weil er den Prozesscharakter des Organismus von dem Körper als der materiellen Basis dieses Prozesses nicht genügend unterscheidet.

Für das Weitere ist wichtig, dass Locke die Einheit des Menschen als Unterfall des Organismus deutet, d. h. als die Einheit eines zweckmäßig organisierten Körpers von bestimmter Gestalt. Noch entscheidender ist Lockes Hinweis, dass die Identitätsbedingungen, d. h. die Kriterien für die Einheit einer Entität, abhängen von der Art, zu der diese Entität gehört (vgl. 411). Die verschiedenen philosophischen Puzzles, von denen uns gleich noch einige begegnen werden, lösen sich Locke zufolge auf, wenn man genau darauf achtet, über welche Art von Entität eine Identitätsaussage gefällt wird. Beschreibt man z. B. eine Eiche als Körper, dann ist klar, dass sie nach Verlust auch nur eines Materiepartikels nicht mehr weiterexistiert, da ihre Identitätsbedingung nicht erfüllt ist. Fasst man sie dagegen als Organismus auf, dann existiert die Eiche solange weiter, wie der einheitliche, organisierte Lebensprozess kontinuierlich aufrechterhalten bleibt. Was auf den ersten Blick aussieht wie die

Kontradiktion zweier Aussagen (Die Eiche existiert zu t weiter/existiert zu t nicht weiter), erweist sich bei näherer philosophischer Analyse, so Locke, als kompatibel: Qua Körper existiert die Eiche nicht weiter, wohl aber qua Organismus. Seine Zusammenfassung dieses Punktes lautet:

> Nicht die Einheit der Substanz also umfasst alle Arten von Identität oder bestimmt diese in jedem einzelnen Fall. Um sie richtig zu verstehen und zu beurteilen, müssen wir vielmehr erwägen, was für eine Idee das Wort bezeichnet, auf das sie angewendet wird. Denn ‚dieselbe Substanz sein', ‚derselbe Mensch sein' und ‚dieselbe Person sein' sind drei ganz verschiedene Dinge, wenn Person, Mensch und Substanz Bezeichnungen für drei verschiedene Ideen sind. Denn die Identität muss ebenso beschaffen sein wie die Idee, die zu dem Namen gehört. (416)

An dieser Stelle ist eine Nebenbemerkung erforderlich: Aus den obigen Ausführungen Lockes haben manche Philosophen den Schluss gezogen, er vertrete die Position der sortalen Relativität der Identität. Dieser Konzeption zufolge wird Identität von Individuen relativ zu Sortalen ausgesagt: Die Aussage „A ist identisch mit B" ist dann unvollständig und lautet eigentlich „ A qua Y ist identisch mit B qua Y". Die Position der sortalen Relativität hat zwei Konsequenzen: Zum einen machen Identitätsaussagen, in denen A und B verschiedenen Sortalen zugeordnet werden, keinen Sinn. Zum anderen sind die beiden Aussagen „A qua Y ist identisch mit B qua Y" und „A qua Z ist nicht identisch mit B qua Z" verträglich miteinander, da A und B in ihnen jeweils relativ zu verschiedenen Sortalen (Y und Z) Gegenstand der Aussage sind.

Man kann und muss von der vollkommen liberalen Auffassung der sortalen Relativität eine limitiertere Konzeption der sortalen Dependenz unterscheiden. Letztere behauptet auch, dass Identitätsaussagen implizit immer einen Bezug zu Sortalen herstellen. Im Gegensatz zu Anhängern der These der sortalen Relativität vertreten Anhänger der These der sortalen Dependenz jedoch nicht die These, dass die Identitätsrelation selbst einen Bezug zu Sortalen enthält (als dritte Argumentstelle; vgl. dazu Kapitel 6.2.3). Sie behaupten ferner, dass nicht alle Sortale gleichermaßen in Identitätsaussagen involviert sind. A und B stehen, anders als es die Konzeption der sortalen Relativität impliziert, nicht in genau so vielen Identitätsbeziehungen wie es Sortale gibt, die auf A und B gleichermaßen zutreffen. Die Konzeption der sortalen Dependenz impliziert also, dass man die Sortale unterscheiden kann in solche, auf die in Identitätsaussagen implizit Bezug genommen wird, und solche, denen keine solche Funktion zukommt. Damit sind Anhänger der These der sortalen Dependenz in der Pflicht, Kriterien dafür zu benennen, weshalb bestimmte Sortale diese Rolle spielen können und andere nicht (vgl. hierzu Wiggins 2001).

Mit Bezug auf Lockes Konzeption ist es entscheidend festzuhalten, dass er nicht die Relativität der Identitätsrelation selbst behauptet, sondern auf die Ebene der Wahrheitsbedingungen für die synchrone und diachrone Einheit von Entitäten abzielt. Welche Umstände der Fall sein müssen, damit zu einem bestimmten Zeitpunkt an einer bestimmten Raum-Zeit-Stelle genau ein Ding einer bestimmten Art vorliegt, hängt von der Art dieses Dinges ab (man denke nur an den Unterschied zwischen einem in 1.000 nicht zusammengesetzten Teilen vorliegenden 1.000-Teile-Puzzle und einer in 1.000 Teile zerbrochenen Vase). Anders als die Relativierung der Identitätsrelation ist diese Relativierung der Einheitsrelationen durchaus plausibel. Wir sollten die Möglichkeit offen halten, dass sich die Ausführungen Lockes im Sinne einer Theorie der sortalen Dependenz deuten lassen. Die Bemerkung Lockes, es gebe nur eine bestimmte Anzahl von Substanzarten, lässt sich auf jeden Fall so deuten, dass Locke nicht für jedes Sortale eigene Wahrheitsbedingungen der Einheit angenommen hat. Daher spreche ich im Folgenden von der sortalen Dependenz der Einheitsbedingungen.

Bereits an dieser Stelle seines übergeordneten Gedankenganges bereitet Locke die These von der Autonomie der Einheitsbedingungen für Personen vor, indem er sie von den Einheitsbedingungen für Menschen abgrenzt. Ein „Embryo, ein Erwachsener, ein Wahnsinniger und ein Vernünftiger" (415) können derselbe Mensch sein, wenn man die Identitätsbedingungen für Organismen annimmt, obwohl dieser Mensch nicht in allen Stadien seiner Existenz die Bedingungen der Personalität erfüllt, also nicht zu allen Zeitpunkten seiner Existenz eine Person ist. Bereits hier beginnt Locke, die Einheit der Person von der Einheit einer Seelensubstanz abzulösen. Denn im Falle der Seelenwanderung wären raum-zeitlich verschiedene Menschen – Locke nennt Seth, Ismael, Sokrates, Pilatus, St. Augustin und Cäsar Borgia – möglicherweise ein und dieselbe Person, wenn die Einheit der Seele hinreichend wäre für personale Einheit. Da es sich aber klarerweise um verschiedene Menschen gehandelt hat, können die Kriterien für die diachrone Einheit von Personen und Menschen nicht die gleichen sein. Ein vernünftiger Papagei, so Locke mit Bezug auf einen als Reisebericht dargestellten puzzle case, kann vielleicht als Person gelten. Er wird dadurch aber nicht, so sein nächster Einwand, zu einem Menschen, da ihm die für diese Lebensform charakteristische Gestalt fehlt.

Mit dieser Überlegung entfernt Locke nicht nur die Begriffe „Mensch" und „Person" weiter voneinander. Sie dient ihm auch dazu, eine Balance zwischen der immaterialistischen und der materialistischen Analyse der menschlichen Person herzustellen:

> Nicht die Idee eines denkenden oder vernünftigen Wesens allein macht nach der Auffassung der meisten Leute die Idee des Menschen aus, sondern die Idee eines damit verbundenen Körpers von bestimmter Gestalt. Wenn das die Idee des Menschen ist, so gehört derselbe, sich nicht auf einmal verändernde Körper ebenso gut zur Identität des Menschen wie derselbe immaterielle Geist. (419)

3.2.2 Lockes Analyse personaler Einheit

Die Grundidee von Locke ist es also, die Bedingungen der Einheit von Personen sowohl von der Konzeption einer Seelensubstanz als auch von den Einheitsbedingungen für Menschen qua Organismen abzulösen und ausschließlich in das Selbstbewusstsein zu verlegen. Nach den bisher dargestellten vorbereitenden Überlegungen kann er sich nun seinem zentralen Beweisziel zuwenden. Gemäß seinen eigenen Vorgaben von der sortalen Dependenz der Einheitsbedingungen, so Locke (419),

> müssen wir, um festzustellen, worin die Identität der Person besteht, zunächst untersuchen, was *Person* bedeutet.

Dann folgt, im § 9 des 27. Kapitels von Buch II des *Essay*, einer der berühmtesten und folgenreichsten Definitionsvorschläge der Philosophiegeschichte. Locke schreibt – ich zitiere die Passage erst einmal im Zusammenhang (Einfügungen in [ ] vom Verfasser):

> [1] Meiner Meinung nach bezeichnet dieses Wort ein denkendes, verständiges Wesen, das Vernunft und Überlegung besitzt und sich selbst als sich selbst betrachten kann. Das heißt, es erfaßt sich als dasselbe Ding, das zu verschiedenen Zeiten und an verschiedenen Orten denkt.
> [2] Das geschieht lediglich durch das Bewußtsein, das vom Denken untrennbar ist und, wie mir scheint, zu dessen Wesen gehört. Denn unmöglich kann jemand wahrnehmen, ohne *wahrzunehmen*, daß er es tut. Wenn wir etwas sehen, hören, riechen, schmecken, fühlen, überlegen oder wollen, so wissen wir, daß wir das tun. Das gilt jederzeit hinsichtlich unserer gegenwärtigen Sensationen und Wahrnehmungen; jeder wird dadurch für sich selbst zu dem, was er *sein eigenes Ich* nennt.
> [3] Hierbei kommt es in diesem Falle nicht darauf an, ob dasselbe Selbst in derselben oder in verschiedenen Substanzen weiterbesteht. Denn da das Bewußtsein das Denken stets begleitet und jeden zu dem macht, was er sein Selbst nennt und wodurch er sich von allen anderen denkenden Wesen unterscheidet, so besteht hierin allein die Identität der Person, das heißt das Sich-Selbst-Gleich-Bleiben eines vernünftigen Wesens.
> [4] Soweit nun dieses Bewußtsein rückwärts auf vergangene Taten oder Gedanken ausgedehnt werden kann, so weit reicht die Identität dieser Person. Sie ist jetzt dasselbe Selbst wie damals; jene Handlung wurde von demselben Selbst ausgeführt, das jetzt über sie nachdenkt. (419 f.)

Mit dieser Passage liegt der Kern der lockeschen Konzeption personaler Einheit vor uns. Ich möchte diesen Text nun in vier Abschnitten mit Blick auf unsere übergeordnete Fragestellung kommentieren.

Ad [1] Locke beginnt mit einer Definition des Begriffs der Person und damit nicht mit einer Bestimmung der Bedingungen für die Einheit, sondern mit einer Angabe der Bedingungen der Personalität. Bereits hier kann man beobachten, wie die erste und die zweite unserer drei Grundfragen ineinander geschoben bzw. noch nicht klar differenziert werden. Personen sind, so kann man Lockes Aussage zusammenfassen, rationale Entitäten, die über Zeitbewusstsein sowie über ein Bewusstsein der eigenen zeitlich ausgedehnten Existenz, und damit über Selbstbewusstsein, verfügen. Dass Locke die synchrone und die diachrone Einheit in der erstpersönlichen Perspektive nicht weiter unterscheidet, ergibt sich zwingend aus der Art, wie er den Begriff der Identität eingeführt hat. Das Wissen um die eigene Identität ist demnach ein im Selbstbewusstsein stattfindender Vergleich der Existenz des gegenwärtigen Ich mit dem früheren Ich, sodass eine diachrone Komponente enthalten sein muss. Wichtig ist zu beachten, dass Locke hier ausschließlich die Perspektive des Erste-Person-Singulars vor Augen hat, also Personen über die Fähigkeit definiert, ein erstpersönliches Wissen um die eigene Existenz über Zeiträume hinweg zu haben.

Wenn wir diese Definition auf die von uns aufgestellte Liste der *person-making characteristics* beziehen, können wir festhalten, dass durch Lockes Rationalitätsbedingung unsere ersten drei Bedingungen abgedeckt werden. Und die Forderung nach Selbstbewusstsein und erstpersönlichem Wissen um die eigene diachrone Existenz deckt sich in Teilen mit unserer sechsten Bedingung. Allerdings fehlt bei Locke dasjenige Element, das wir als „evaluatives Selbstverhältnis“ umschrieben haben und welches das Zentrum unserer dritten Grundfrage ausmachen wird.

Ad [2] Im zweiten Schritt legt Locke offen, dass Selbstbewusstsein die Basis für dieses erstpersönliche Wissen um die eigene diachrone Einheit ist. Wir finden hier den Sonderfall einer erstpersönlichen propositionalen Einstellung zweiter Stufe wieder, der in unserer Liste der Bedingungen der Personalität von entscheidender Bedeutung gewesen ist (dort haben wir darauf hingewiesen, dass diese Struktur für die Entwicklung eines evaluativen Selbstverhältnisses unverzichtbar ist; bei Locke erfahren wir, dass auch ein erstpersönliches Wissen um die eigenen mentalen Zustände, welches jedes Bewusstsein eines denkenden Wesens auszeichnet, von dieser Art ist). Durch dieses Selbstbewusstsein wird das jeweils eigene Ich eines denkenden, rationalen Wesens konstituiert.

Ad [3] Im dritten Schritt leitet Locke aus dieser erstpersönlichen propositionalen Einstellung zweiter Ordnung mit darin enthaltenem erstpersönlich gegebenem Ich[18] die Folgerung ab, dass dieses jeweils eigene Selbst seiner Identität allein in der erstpersönlichen Perspektive gewiss ist, sodass sich die Frage nach seiner Grundlage, d. h. die Frage nach einer basalen Substanz, in Bezug auf die Bedingungen seiner Einheit gar nicht stellt. Dies schließt nicht aus, dass man fragen kann, ob es zwischen der Substanz, egal ob materiell oder immateriell gedacht, und diesem Selbst bestimmte Abhängigkeitsrelationen gibt (z. B. Kausalbeziehungen, Supervenienz- oder Emergenzrelationen). Wichtig ist für

Locke nur, dass die Bedingungen für die synchrone und diachrone Einheit allein in der erstpersönlichen Perspektive gegeben sind, wenn es um die Einheit einer Person geht.

Ad [4] Im letzten Schritt spezifiziert Locke dieses Kriterium der diachronen Einheit von Personen genauer: Soweit es einer Person zu einem bestimmten Zeitpunkt möglich ist, ihr Bewusstsein durch Erinnerungen auf vergangene Taten oder Gedanken, man muss noch Erlebnisse ergänzen, auszudehnen, so weit reicht Locke zufolge die diachrone Einheit dieser Person in die Vergangenheit zurück. Durch das aktuale Erinnern wird sichergestellt, dass das sich jetzt erinnernde Selbst identisch ist mit dem damaligen Subjekt des Handelns, Denkens oder Erlebens. Entscheidend ist, dass es sich hierbei um ein konstitutives, nicht um ein bloß epistemisches Kriterium handelt. Durch das erstpersönliche Erinnern wird die Einheit zwischen dem damaligen Handlungs- oder Erlebnissubjekt und dem aktualen Subjekt des Erinnerns hergestellt, nicht etwa nur entdeckt. Es gibt, so muss man Lockes These von der Autonomie der Kriterien der Einheit der Person verstehen, keine jenseits des Selbstbewusstseins liegende Tatsache, welche als Wahrheitsbedingung für die in der erstpersönlichen propositionalen Einstellung zweiter Stufe konstituierte Einheit fungiert.

Im Rest des 27. Kapitels versucht Locke, vor allem unter Verwendung von Gedankenexperimenten, die Plausibilität und die Vorteile seines Vorschlags auszuweisen. Für unsere Zwecke ist es nicht notwendig, den teilweise sehr verschachtelten Beweisgang seiner Argumentation nachzuzeichnen. Locke bemüht sich stets darum, die Unabhängigkeit der Einheit der Person von der Einheit einer zugrunde liegenden Substanz nachzuweisen. Dabei verwendet er seine zentrale Einsicht, dass die Bedingungen der Einheit von der Art der Entität abhängen, und bezieht in der Frage nach der Materialität oder Immaterialität der zugrunde liegenden Substanz einen neutralen Standpunkt, sodass er die materialistische und die dualistische Analyse der Einheit der Person, die jeweils mit einer zugrunde liegenden Substanz argumentieren, gegeneinander ausspielen kann. Auf diese Weise gelingt es ihm, seinen Vorschlag als echte Alternative erscheinen zu lassen. Außerdem zielt Locke darauf ab, den Leser davon zu überzeugen, dass sein Erinnerungskriterium am besten zu unserer Praxis der Zuschreibung von Lohn und Strafe passt.

Es ist offensichtlich, dass dieser geniale Vorschlag Lockes mindestens so viele Probleme aufwirft wie er zu lösen erlaubt. Einige dieser Schwierigkeiten sind schon von den Zeitgenossen Lockes aufgezeigt worden und haben die Verteidiger seines Modells zu Modifikationen gezwungen. Auf diese Debatte werden wir im Rest dieses Kapitels näher eingehen. Darüber hinaus haben Weiterentwicklungen zu teilweise gravierenden Modifikationen und ganz neuen Theoriekonstellationen geführt, die wir uns im Laufe der systematischen Beantwortung unserer zweiten Grundfrage nach den Bedingungen der Einheit der Person in den nächsten drei Kapiteln ausführlich anschauen werden.

3.3 Reid, Butler und Leibniz: zeitgenössische Einwände

Lockes Vorschlag, personale Einheit über die Zeit hinweg als eine von der Einheit einer Substanz abgekoppelte, autonome Relation zu deuten, die auf Erinnerungen basiert, hat schon unter seinen Zeitgenossen und zeitnahen Nachfolgern massive Kritik hervorgerufen. Die wichtigsten Namen, die mit dieser zeitgenössischen Diskussion bis heute verbunden geblieben sind, sind Leibniz, Butler und Reid. Diese drei Philosophen haben Probleme formuliert, welche die gegenwärtige Diskussion und Theoriebildung nachhaltig geprägt haben. Aufgrund dieses philosophiegeschichtlich tradierten Zusammenhangs werde ich mich im Folgenden auf diese drei Autoren beschränken, obwohl es noch eine Vielzahl anderer gegeben hat, die ähnliche Einwände gegen Lockes Vorschlag formuliert haben. Dabei werde ich mich auf drei Einwände konzentrieren, weil diese für die systematische Frage nach der Einheit der Person bis heute bedeutsam geblieben sind.

3.3.1 Das Transitivitätsproblem

Identität ist eine transitive Relation: Wenn A identisch ist mit B und wenn B identisch ist mit C, dann ist A auch identisch mit C. Auf der Grundlage dieser Prämisse formuliert Reid (1983: 217 f.) einen Einwand gegen Lockes Erinnerungskriterium, den ich aufgrund seiner Berühmtheit im Zusammenhang zitieren möchte:

> Suppose a brave officer to have been flogged when a boy at school, for robbing an orchard, to have taken a standard from the enemy in his first campaign, and to have been made a general in advanced life: Suppose also, which must be admitted to be possible, that, when he took the standard, he was conscious of his having been flogged at school, and that when made a general he was conscious of his taking the standard, but had absolutely lost the consciousness of his flogging.

Nach der Schilderung dieses Falles beginnt Reid, die Konsequenzen daraus für Lockes Vorschlag zu ziehen:

> These things being supposed, it follows, from Mr. Locke's doctrine, that he who was flogged at school is the same person who took the standard, and that he who took the standard is the same person who was made a general. Whence it follows, if there be any truth in logic, that the general is the same person with him who was flogged at school.

Dies folgt, wie Reid zu Recht bemerkt, aus der Tatsache, dass der Relation der Identität Transitivität zukommt. Mit Bezug auf Lockes Kriterium der diachronen Einheit von Personen führt dies jedoch zu einem Widerspruch:

> But the general's consciousness does not reach so far back as his flogging – therefore, according to Mr Locke's doctrine, he is not the person who was flogged. Therefore, the general is, and at the same time is not the same person with him who was flogged at school.

Die Standardreaktion auf diesen Einwand lautet, dass dieser Einwand Lockes Konzeption zwar trifft, jedoch nicht sehr weit reicht, sondern durch eine Verfeinerung der Theorie leicht und ohne tiefer gehende Modifikationen zu parieren ist. Bevor ich die beiden Punkte ansprechen kann, aufgrund derer dieser Eingriff meines Erachtens doch philosophisch folgenreich ist, sei dieser Reparaturvorschlag kurz skizziert.

Locke analysiert die diachrone Einheit der Person als eine der jeweiligen Person in der erstpersönlichen Perspektive zugängliche psychologische Relation zwischen einem aktualen Erinnerungszustand und einem vergangenen Erlebniszustand, von dem das gegenwärtige Erinnern handelt. Als „psychologisch“ ist diese Relation zu qualifizieren, weil sie zwischen mentalen Episoden besteht und nicht darauf eingeht, ob und wie diese mentalen Episoden vom einer Seelensubstanz oder ihren Zuständen bzw. einem Körper oder Körperzuständen abhängen. In Lockes Ansatz gilt nun: So weit dieses durch die Erinnerung geknüpfte psychologische Band reicht, so weit reicht die diachrone Einheit dieser Person.

Nennen wir diese Relation psychologische *Verbundenheit* („connectedness“), dann können wir von ihr eine schwächere psychologische Relation der psychologischen *Kontinuität* („continuity“) unterscheiden, die sich wie folgt definieren lässt: Zwischen dem Bewusstseinszustand einer Person zum Zeitpunkt t_0 und dem Bewusstseinszustand einer Person zum Zeitpunkt t_1 besteht genau dann psychologische Kontinuität, wenn es zwischen diesen beiden Bewusstseinszuständen ein stetiges Band von Bewusstseinszuständen gibt, die untereinander in der Relation der psychologischen Verbundenheit stehen. Gibt es ein solches Band, dann handelt es sich bei den beiden Bewusstseinszuständen zu t_0 und t_1 um die Bewusstseinszustände ein und derselben Person.

Wir können nun Lockes Vorschlag dahingehend korrigieren, dass die diachrone Einheit der Person nicht in der Relation der psychologischen Verbundenheit zwischen aktualem Erinnern und vergangenem Erleben bestehen muss, sondern lediglich die Relation der psychologischen Kontinuität erfordert. Auf diese Weise lässt sich, wie unschwer zu erkennen ist, der Einwand von Reid parieren. Denn für die Relation der psychologischen Kontinuität gilt das Transitivitätsprinzip auch unter den Bedingungen, die Thomas Reid in seinem Beispiel schildert.[19]

Diese Überlegung ist, so könnte man sagen, zu einer Art philosophischem Gemeinplatz für alle diejenigen geworden, welche die Frage nach der personalen Einheit in der Tradition von Locke zu beantworten versuchen. Ich denke allerdings, dass diese Verteidigungsstrategie unter zwei Gesichtspunkten weniger folgenlos ist als gemeinhin angenommen.

Erstens ist mit Bezug auf Lockes eigene Theorie festzuhalten, dass durch diese Modifikation ein wesentliches Merkmal von Lockes ursprünglichem Vorschlag preisgegeben wird. Locke war ganz entschieden daran gelegen, die diachrone Einheit der Person als eine der jeweiligen Person im Selbstbewusstsein, also erstpersönlich zugängliche Größe zu konzipieren. Für die Relation der psychologischen Verknüpfung ist diese Bedingung offensichtlich erfüllt. Für die Relation der psychologischen Kontinuität dagegen ist diese Bedingung genauso offensichtlich nicht mehr erfüllt. Damit erhalten wir, anders als bei Locke vorgesehen, ein Modell, in dem zwar ein psychologisches Kriterium die diachrone Einheit der Person konstituiert, diese diachrone Einheit selbst der jeweiligen Person jedoch nicht erstpersönlich gegeben sein muss. Dies wird sich in der gegenwärtigen Debatte darin widerspiegeln, dass in Theorien, welche auf ein psychologisches Kriterium aufbauen, die erstpersönliche Perspektive zwar erwähnt wird, bei der Entwicklung dieser Theorien aber aus der Beobachterperspektive auf funktionale oder kausale Beziehungen zwischen den mentalen Zuständen und nicht auf die erstpersönliche Perspektive der jeweiligen Person rekurriert wird.

Systematisch mindestens genauso folgenreich ist die soeben dargestellte Verteidigungsstrategie *zweitens* deshalb, weil sie eine Prämisse des Einwands von Reid ungeprüft übernimmt. Diese Prämisse besagt, dass ein Kriterium für die synchrone oder diachrone Einheit der Person alle die Eigenschaften aufweisen muss, welche die Relation der Identität aufweist. In dieser gesamten Diskussion wird häufig – und bis heute andauernd – nicht zwischen der Ebene von Identitätsaussagen („Person A zu t_1 ist mit Person B zu t_2 identisch") und der Ebene der Wahrheitsbedingungen für diese Identitätsaussagen unterschieden. Trifft man diese Unterscheidung, dann kann man den Einwand von Thomas Reid (und vielen anderen) zurückweisen, indem man für die Relationen, welche die Wahrheitsbedingungen für Identitätsaussagen über Personen zu verschiedenen Zeitpunkten bilden, nicht die gleichen logischen Eigenschaften fordert wie für die Identitätsrelation, deren Instantiiertheit in diesen Aussagen behauptet wird.

Eine solche Entgegnung wird auf Reids Einwand jedoch nicht vorgebracht; vielmehr wird eine neue Relation definiert, die der Transitivitätsbedingung Rechnung trägt. Dies muss als Symptom dafür gelten, dass die soeben benannten beiden Ebenen nicht klar voneinander unterschieden werden. Systematisch schlägt sich dies darin nieder, dass in vielen Antwortversuchen, Einwänden wie Verteidigungen, das Ziel verfolgt wird, Relationen als Wahrheitsbedingungen zu finden oder zu konstruieren, die selbst die logischen Merkmale der Identität aufweisen.

3.3.2 Das Zirkularitätsproblem

Lockes Kernidee lässt sich in Kurzform so wiedergeben: Das in Erinnerungen gegebene erstpersönliche Wissen einer Person um vergangene Erlebnisse ist die konstitutive Relation, worin die diachrone Einheit dieser Person besteht. Hiergegen ist der Einwand erhoben worden, eine solche Definition der diachronen Einheit von Personen sei zirkulär: Es wird behauptet, dass das vorgeschlagene konstitutive Kriterium voraussetze, was konstituiert werden soll – die diachrone Einheit der Person. So lesen wir z. B. bei Butler (1836: 252):

> One should really think it self-evident, that consciousness of personal identity pre-supposes, and therefore cannot constitute personal identity, any more than knowledge, in any other case, can constitute truth, which it presupposes.

Und bei Reid (1983: 215 f.) heißt es:

> It may here be observed, (though the observation would have been unnecessary if some great philosophers had not contradicted it), that it is not my remembering any action of mine that makes me to be the person who did it. This remembrance makes me to know assuredly that I did it; but I might have done it though I did not remember it. That relation to me, which is expressed by saying that I did it, would be the same though I had not the least remembrance of it. To say that my remembering that I did such a thing, or, as some choose to express it, my being conscious that I did it, makes me to have done it, appears to me as great an absurdity as it would be to say, that my belief that the world was created made it to be created.

Wer der große Philosoph ist, von dem Reid spricht, und gegen wen diese Argumente von Butler und Reid gerichtet sind, ist klar. Weniger eindeutig ist, was mit diesem Einwand genau besagt werden, oder besser: wie dieser Einwand funktionieren soll. Als Konsequenz daraus gibt es in der Literatur zwei unterschiedliche Deutungen, wobei den ursprünglichen Autoren, vor allem Butler, unterschiedlich komplexe Argumentationen zugeordnet werden.

Bevor wir diesen Einwand genauer analysieren, möchte ich zwei Punkte kurz ansprechen, die ich bei der Erörterung des dritten Einwandes gleich noch ausführlicher behandeln werde. Zum einen greifen sowohl Butler als auch Reid Lockes zentrale Prämisse an, die diachrone

Einheit der Person sei unabhängig von der diachronen Einheit einer ihr zugrunde liegenden Substanz. Ihr Hinweis, dass das erstpersönliche Wissen um die eigene diachrone Einheit nur dann ein Fall von Wissen sein kann, wenn es ein diesem Wissen zugrunde liegendes Faktum der Einheit gibt, lässt sich unter dieser Voraussetzung leicht nachvollziehen. Zum anderen, und das wird gleich noch bedeutsam werden, gehen Butler und Reid offensichtlich davon aus, dass man auch im Fall erstpersönlichen Wissens zwischen der epistemischen Dimension und der ontologischen Dimension klar trennen kann. Ob sich diese Trennung für den Sonderfall des Selbstbewusstseins wirklich aufrechterhalten lässt, wird uns zu einem späteren Zeitpunkt noch beschäftigen.

Doch kommen wir nun erst einmal auf den Kern des Zirkularitätseinwands selbst zu sprechen. Dieser kann in einer schlichten und in einer komplexen Variante vorgebracht werden. In der *schlichten* Variante besagt der Einwand von Butler lediglich, dass wir den Begriff der Erinnerung nur für solche mentalen Episoden verwenden, in denen es eine Tatsache ist, dass das sich aktual erinnernde Subjekt und das damalige Subjekt, welchem das vergangene Erlebnis als sein eigenes Erlebnis bewusst war, ein und dasselbe Subjekt gewesen sind. So aufgefasst, handelt es sich lediglich um eine linguistische Tatsache ohne weiteren philosophischen Tiefgang. Die Reaktion auf diese Version des Zirkularitätseinwands besteht schlicht darin, einen modifizierten Begriff zu definieren, diesen Begriff an die Stelle des Erinnerungsbegriffs zu setzen und das lockesche Kriterium für die diachrone Einheit von Personen mittels dieses neuen Begriffs umzuformulieren. Entscheidend ist dabei, dass dieser neue Begriff nicht mittels des Begriffs des Erinnerns definiert wird und weder diesen Begriff noch die Einheit der Person auf versteckte Weise impliziert.

Gegen diese Verteidigungsstrategie lässt sich jedoch ein zweiter Einwand formulieren, dessen Voraussetzungen in den Äußerungen von Reid zumindest angedeutet werden. Wir können die Frage, ob Butler oder Reid ihren Einwand selbst in dieser komplexen Lesart intendiert haben, beiseite lassen und uns gleich der Frage widmen, wie er in dieser komplexen Lesart zu formulieren ist.

Der *komplexe* Zirkularitätseinwand geht von der Tatsache aus, dass wir uns bei Erinnerungen täuschen können. Wir erinnern uns manchmal daran, etwas getan zu haben, obwohl wir es gar nicht getan haben. Gelegentlich meinen wir uns daran zu erinnern, etwas selbst getan zu haben, was in Wirklichkeit jemand anderes getan hat. So heißt es etwa bei Reid (1983: 209):

> When I believe that I washed my hands and face this morning, there appears no necessity in the truth of this proposition. It might be, or it might not be. A man may distinctly conceive it without believing it at all. How then do I come to believe it? I remember it distinctly. This is all I can say. This remembrance is an act

> of my mind. Is it impossible that this act should be, if the event had not happened? I confess I do not see any necessary connection between the one and the other.

Aus dem Gesagten ergibt sich die Konsequenz, dass Erinnerungen kein unfehlbares Wissen darstellen, sondern irrtumsanfällig sind (aus diesem Grunde konnte sich der Zirkularitätseinwand in der ersten Lesart auch nur auf eine linguistische Tatsache berufen, die man durch entsprechende Entwicklung eines neuen Konzepts aushebeln kann). Außerdem ist es evident, dass ich mir im Falle des Erinnerns nicht der Identität zwischen mir als aktualem, mich hier und jetzt erinnerndem Subjekt einerseits und dem Subjekt des damaligen Erlebnisses, an welches ich mich jetzt gerade erinnere, bewusst bin. Wäre uns eine solche Identität unmittelbar im Selbstbewusstsein evident, fielen Erinnern und diachrone Einheit zweifelsohne zusammen. Ein solches Wissen um die Wahrheit der Identitätsbehauptung ist jedoch im Erinnern nicht enthalten. Daher folgert Reid, dass unser Wissen um die eigene diachrone Einheit auf einem anderen Faktum beruhen muss als dem Erinnerungsvermögen, wobei er einräumt, dass dieses Faktum im Selbstbewusstsein der Person nicht gegeben sein muss.

Damit sind wir in der Lage, den komplexen Zirkularitätseinwand zu formulieren: Wenn es der Fall ist, dass im Erinnern kein Wissen hinsichtlich der Identität von erinnerndem Subjekt und damaligem Erlebnissubjekt enthalten ist, und wenn es der Fall ist, dass es sowohl wahre als auch falsche Erinnerungen gibt, und wenn es der Fall ist, dass sich wahre von falschen Erinnerungen nicht phänomenal, d. h. in ihrer Gegebenheitsweise für das sich erinnernde Subjekt unterscheiden, dann benötigen wir ein zusätzliches Kriterium, welches uns sowohl in konstitutiver als auch in epistemischer Hinsicht erlaubt, zwischen wahren und falschen Erinnerungen zu unterscheiden. Ein solches Kriterium aber, so der komplexe Zirkularitätseinwand, kann nur die diachrone Einheit der Person selbst sein. Sie liefert das zusätzliche konstitutive Kriterium, welches den Unterschied zwischen wahren und falschen Erinnerungen zu konzipieren erlaubt (die epistemische Dimension, d. h. die Frage, wie wir von diesem Unterschied wissen können, kann an dieser Stelle vernachlässigt werden).

Will man diesen Einwand vermeiden, dann muss man einen neuen Begriff definieren, der im Gegensatz zu „erinnern“ nicht die diachrone Einheit der Person voraussetzt. Außerdem muss man ein konstitutives Kriterium dieser diachronen Einheit der Person entwickeln, welches selbst nicht bereits wieder vom Erinnern und der darin enthaltenen Voraussetzung diachroner personaler Einheit abhängt. In der neueren Diskussion ist, wie wir später noch sehen werden, mit dem Konzept der Quasi-Erinnerungen versucht worden, dieses Desiderat zu entwickeln (vgl. dazu Kapitel 5.1.1).

Für unsere jetzigen Zwecke können wir die Diskussion des Zirkularitätseinwands beenden. Allerdings ist es wichtig, noch einmal explizit festzuhalten, dass auch der komplexe Zirkularitätseinwand akzeptiert, dass die diachrone Einheit der Person keine in der erstpersönlichen Perspektive gegebene Tatsache darstellt, sondern philosophisch durch eine die Einheit konstituierende Relation zu bestimmen ist, welche das Selbstbewusstsein der sich erinnernden Person transzendiert. Der komplexe Zirkularitätseinwand darf daher nicht mit der gelegentlich ebenfalls vertretenen These verwechselt werden, wir wären uns in der erstpersönlichen Perspektive doch unserer diachronen Einheit zweifelsfrei gewiss. Mit den Gründen, die gegen diesen Vorschlag sprechen, werden wir uns im nächsten Kapitel ausführlich beschäftigen. Jetzt müssen wir auf den dritten prinzipiellen Einwand der zeitgenössischen Kritiker Lockes zu sprechen zu kommen, der bis heute die Auseinandersetzung um die Einheit der Person nachhaltig prägt.

3.3.3 Selbstbewusstsein als Substanz der Person

Bei allen drei der hier vorgestellten zeitgenössischen Kritiker von Locke findet sich ein weiteres Argument, welches aber nur in der Metaphysik von Leibniz systematisch entfaltet wird. Alle drei reden in der einen oder anderen Weise davon, dass man die Kontinuität von raum-zeitlich existierenden Entitäten oder die diachrone Einheit von Entitäten, die nicht über Selbstbewusstsein verfügen, nicht mit Identität verwechseln dürfe. So unterscheidet Butler zwischen einem „loose and popular" und einem „strict and philosophical sense" des Wortes „Identität" (Butler 1836: 252 f.); auch Reid (vgl. 1983: 212 ff.) unterscheidet Identität, die keine Ambiguität und keine Grade zulasse, von einer unvollkommenen ‚Identität', die natürlichen oder künstlichen Ursprungs sein kann. Schließlich heißt es bei Leibniz (1958: 87) an einer prominenten Stelle, die ich bereits zitiert habe:

> Die vernünftige Seele, die ein Bewusstsein dessen hat, was sie ist, und die das vielsagende Wort ICH sagen kann, sie hat Dauer und Bestand in viel größerem Maße als die anderen, nicht nur im metaphysischen Sinne, sondern sie bleibt auch im moralischen Sinne dieselbe und macht dieselbe Person aus. Denn die Erinnerung oder das Wissen um dieses *Ich* befähigt sie zu Strafe und Belohnung.

Bei dieser Unterscheidung zwischen strikter und philosophischer, perfekter oder in höherem Maße vorliegender Identität auf der einen Seite und in minderem Maße vorliegender, imperfekter oder nachlässig und populär gefasster Identität auf der anderen Seite handelt es sich, soviel ist klar, *nicht* um den Unterschied zwischen den Relationen, welche die Wahrheitsbedingungen für Identitätsaussagen darstellen, einerseits und der Relation der Identität andererseits. Vielmehr sind Butler, Reid und

Leibniz der Meinung, dass diese Einheitsrelation, welche als Wahrheitsbedingung für die Identitätsaussagen fungiert, selbst im Falle von Personen die Qualität der Identität aufweist, während dies bei anderen Entitäten nicht der Fall ist. Butler, Reid und Leibniz unterstellen, dass es eine der personalen Einheit zugrunde liegende Substanz gibt, deren Einheit von der angesprochenen logischen Qualität ist. So lesen wir bei Reid (1983: 214 f.):

> My personal identity, therefore, implies the continued existence of that indivisible thing which I call myself. Whatever this self may be, it is something which thinks, and deliberates, and resolves, and acts, and suffers. I am not thought, I am not action, I am not feeling; I am something that thinks, and acts, and suffers. My thoughts, and actions, and feelings, change every moment – they have no continued, but a successive existence; but that *self* or *I*, to which they belong, is permanent, and has the same relation to all the succeeding thoughts, actions, and feelings, which I call mine.

Butler und Reid äußern sich nicht weiter dazu, welcher Art diese Substanz ist und weshalb sie im Gegensatz zu materiellen, raum-zeitlich ausgedehnten Dingen eine andere Art der Einheit aufweist, die nicht ambig, nicht konventionell und nicht graduell ist. Es liegt zwar die Vermutung nahe, dass durch diese Unterscheidung die Möglichkeit, die grundlegende Substanz könne materieller Natur sein, ausgeschlossen werden soll. Auf diese Frage müssen wir für unsere Zwecke jedoch nicht weiter eingehen.

Bei Leibniz finden wir, wie in dem Zitat zu sehen, die prima facie erstaunliche Vorstellung, dass es zwischen der strikten und den anderen Kontinuitäten einen graduellen Unterschied, jedoch keine prinzipielle oder kategorische Differenz gebe (er benutzt die Wendung „in viel größerem Maße"). Dies markiert einen entscheidenden Unterschied zu den Ansätzen von Butler und Reid, der sich aus der Metaphysik von Leibniz heraus erklären lässt. Für Leibniz sind alle basalen Bausteine der Wirklichkeit mentale Entitäten, die über ein mehr oder weniger deutliches Bewusstsein oder Selbstbewusstsein verfügen. Je expliziter diese Monaden, wie Leibniz die basalen ontologischen Einheiten nennt, über Selbstbewusstsein verfügen, in desto größerem Maße verfügen sie auch über eine Einheit, die im Fluchtpunkt des reinen Selbstbewusstseins die Merkmale der Identität gewinnt.

In seiner *Neue Abhandlungen über den menschlichen Verstand* genannten Schrift, die erst 1765, also fast 50 Jahre nach Leibniz Tod veröffentlicht worden ist, hat er einen Kommentar zum *Essay* von Locke vorgelegt, in dem er Abschnitt für Abschnitt Philalethes die Argumente von Locke referieren und durch den Dialogpartner Theophilus kommentieren lässt. Im Vorwort, welches keine Dialogstruktur aufweist, stellt Leibniz den entscheidenden Unterschied zwischen seinem rationalistischen und dem empiristischen System Lockes heraus:

> Ich nehme nämlich an, dass eine Substanz von Natur aus nicht ohne Tätigkeit sein kann, und daß es selbst niemals einen Körper ohne Bewegung gibt. Schon die Erfahrung unterstützt mich, und man braucht nur das Buch des berühmten Herrn Boyle gegen die absolute Ruhe zu Rate zu ziehen, um sich davon zu überzeugen. Aber ich glaube auch, daß die Vernunft dafür ist, und dies ist einer der Gründe, die ich habe, um die Existenz der Atome zu widerlegen. (Leibniz 1996: XXI)

Von hier aus ergeben sich fundamentale Unterschiede in der metaphysischen Gesamtanlage der Systeme von Locke und Leibniz. So stellt Leibniz (1996: 391 ff.) in seinem Pendant zu Lockes Kapitel über Identität und Verschiedenheit klar, dass er bezüglich Identität und Individuation von diametral entgegen gesetzten Prämissen ausgeht:

> Es ist immer nötig, dass es außer dem Unterschiede von Ort und Zeit auch ein inneres *Unterscheidungsprinzip* gibt (...). Obgleich uns derart Zeit und Ort (das heißt die Beziehungen auf die Außenwelt) dazu dienen, die Dinge zu unterscheiden, welche wir nicht gut aus sich heraus unterscheiden können, so bleiben die Dinge doch in sich unterscheidbar. Der genaue Begriff der Identität und Verschiedenheit besteht also nicht in Zeit und Ort, obwohl es zutrifft, daß die Verschiedenheit der Dinge mit einer solchen von Zeit und Ort verbunden ist, weil sie verschiedene Eindrücke auf die Sache nach sich ziehen. Man könnte eher sagen, daß man durch die Dinge einen Ort oder eine Zeit von anderen Orten und Zeiten unterscheiden müsse, weil sie selbst untereinander vollkommen ähnlich sind, aber keine Substanzen oder vollständige Realitäten darstellen.

Dieses innere Unterscheidungsprinzip, von Leibniz „Monade" (1996: 395) genannt, ist die notwendige Bedingung für Individuation und Einheit. Es hat die Struktur des Bewusstseins als Tätigkeit – von Leibniz „Perzeption" genannt – und kommt in unterschiedlicher Intensität vor. Die expliziteste Form ist das Selbstbewusstsein, welches sich im Gebrauch des Wortes „ich" manifestiert, sodass Leibniz Personen, die über erstpersönliches Wissen verfügen, einen höheren Grad an Einheit zusprechen kann als anderen Entitäten.

Für seine Überlegungen ist von entscheidender Bedeutung, dass dieses monadische Lebensprinzip der Perzeptionen nicht mit Selbstbewusstsein gleichgesetzt werden kann, da es Leibniz (1996: XXI) zufolge

> eine unendliche Menge von Perzeptionen ohne bewusste Wahrnehmung und Reflexion gibt, d.h. Veränderungen in der Seele selbst, deren wir uns nicht bewusst werden.

Auch Leibniz behält sich für seine Analyse der diachronen Einheit von Personen vor, die erstpersönliche Ebene zu verlassen, wenn er auch davon ausgeht, dass diese unbewussten Perzeptionen aufgrund ihres Zusammenwirkens zumindest „in verworrener Weise zur Wahrnehmung" (XXI) gelangen können. Weil er in seiner Ontologie keinen Dualismus von mentaler und materieller Substanz, von *res cogitans* und *res extensa* annimmt, sondern Substanzen nach dem monadischen Prinzip als Bewusstseine deutet, kann Leibniz sich hinsichtlich der Frage, worin sich personale Einheit und die Einheit anderer Entitäten unterscheiden, auf graduelle Unterschiede beschränken. Butler und Reid dagegen haben mit ihrer Unterscheidung zweier Arten von Identität vermutlich unterschiedlichen Einheitsrelationen im Sinne, die auf die klassische Konzeption zweier unterschiedlicher Arten von Substanzen hindeuten.

Die leibnizsche Metaphysik findet in dieser generellen Form gegenwärtig wenige Verteidiger. Mit Bezug auf die These, dass die Einheit von Personen aufgrund des Selbstbewusstseins von anderer Art ist als die anderer Entitäten, haben Butler, Reid und Leibniz jedoch eine Position formuliert, die bis heute in der Diskussion eine zentrale Rolle spielt.

Wichtig ist daher festzuhalten, dass im Gegensatz zu Leibniz weder Butler noch Reid den Versuch unternehmen, diese besondere Einheit von Personen aus dem Selbstbewusstsein heraus zu erklären. Allerdings spricht Reid selbst an einer Stelle, wo er die These, das personale Identität von besonderer Art sei, begründet, vermutlich unter Bezug auf Leibniz davon, dass „a person is a monad, and is not divisible into parts" (Reid 1983: 214). Unabhängig von der speziellen Ontologie der leibnizschen Metaphysik wird die systematisch relevante Frage sein, ob folgende beide Behauptungen plausibel gemacht werden können: (1.) Selbstbewusstsein, d. h. die erstpersönliche Perspektive einer Person, ist hinreichend für die Bestimmung der diachronen Einheit von Personen; und (2.) die Besonderheiten des Selbstbewusstseins begründen, weshalb die diachrone Einheit der Person die für strikte und philosophische Identität geforderten Merkmale hat und haben muss.

3.4 Überleitung auf die Frage nach der Einheit der Person in systematischer Perspektive

Insgesamt sind mit den Argumenten von Butler, Reid und Leibniz verschiedene auch für die gegenwärtige Diskussion relevante Fragestellungen und Diskussionsstränge in die philosophische Landschaft eingeführt worden, denen wir uns ab jetzt wieder in systematischer Perspektive zuwenden werden.

Als besonders folgenreich haben sich dabei Lockes Vermengung von Identität und Einheitsrelation sowie seine Verwendung von Gedankenexperimenten erwiesen, mittels derer er versucht, Annahmen über den begrifflichen Zusammenhang von personaler und Substanzeinheit zu widerlegen. Damit hat er die gesamte Diskussion dazu verführt, die Einheitsrelation mit den Merkmalen der Relation Identität auszustatten, und den Fokus von den empirischen Gegebenheiten mit Bezug auf menschliche Personen verlagert auf die Ebene sprachlicher Intuitionen und begrifflicher Zusammenhänge. Seine Betonung der erstpersönlichen Perspektive ruft darüber hinaus viele spezielle Intuitionen auf den Plan, die sich unserem Selbsterleben verdanken und damit das komplexe Phänomen von Selbstbewusstsein und Zeiterleben ins Spiel bringen.

Anknüpfend an Letzteres bringen dann Leibniz, Butler und Reid nicht nur Einwände in die Diskussion ein, welche Anhänger von Lockes psychologischem Kriterium personaler Identität zu Modifikationen zwingen, die durchaus folgenreich sind. Mit Bezug auf unsere aus dem Selbstbewusstsein herrührenden Intuitionen schaffen sie es auch, die These plausibel zu machen, dass die diachrone Einheit von Personen von besonderer Art sein muss. Zusätzlich kompliziert wird die Gesamtlage dadurch, dass einige Intuitionen hinsichtlich der modalen Eigenschaften Identität und zentrale Intuitionen hinsichtlich der spezifischen Beschaffenheit des erstpersönlich gegebenen Wissens der diachronen Einheit von Personen sich wechselseitig stärken. Um hier klarer zu sehen und einer befriedigenden Antwort auf unsere zweite Grundfrage näher zu kommen, müssen wir uns daher der These zuwenden, dass die diachrone Einheit der Person eine basale, nicht weiter rückführbare Relation besonderer Art ist. Wegen dieser Kernthese fasst man die verschiedenen Varianten dieses Theorietyps als „einfache Position“ zusammen.

4. Die erstpersönlich-einfache Theorie personaler Identität

> Ich habe nicht die Absicht, das Selbstbewusstsein im Allgemeinen zu erörtern. In diesem Abschnitt habe ich innerhalb bestimmter Grenzen zu zeigen versucht, dass man bei ausschließlicher Betrachtung des Selbstbewusstseins zwar vielleicht das Gefühl hat, den Schlüssel zur Personidentität zu besitzen, dies aber in Wirklichkeit eine Täuschung ist. (...) Geben wir dies zugunsten eines realistischeren Standpunkts auf, so stellt sich heraus, dass die Fakten des Selbstbewusstseins das Geheimnis der Personidentität nicht erschließen können, so dass wir in die Welt der öffentlichen Kriterien zurückgedrängt werden.
>
> Bernard Williams

Unsere Erörterung von Lockes Theorie personaler Identität und die Analyse der sich daran entzündenden zeitgenössischen Kritik im letzten Kapitel hatte nicht nur einen philosophiegeschichtlichen Akzent. Vielmehr hat sie auch einen systematischen Ertrag abgeworfen, der uns nicht nur helfen wird, die gegenwärtige Diskussionslage besser zu verstehen, sondern uns auch in die Lage versetzt, die verschiedenen möglichen Antworten auf unsere zweite Grundfrage nach der Einheit der menschlichen Person systematisch zu strukturieren.

Lockes Vorschlag erfolgt in der Absicht, die Frage nach der Einheit der Person von metaphysischen und theologischen Streitfragen abzukoppeln. Sein Ziel ist es, auf diese Weise eine neutrale und tragfähige ontologische Basis für unsere ethische und rechtliche Praxis zu gewinnen. Locke geht davon aus, dass der Begriff der Person seinen Sitz in unserer Praxis der Zurechnung und Bewertung von Handlungen hat.

Um dieses Ziel zu erreichen, schlägt Locke *erstens* vor, die diachrone Einheit der Person ausschließlich in das Selbstbewusstsein der Person zu verlagern. Wir können dies die *These der erstpersönlichen Natur personaler Einheit* nennen (kurz: *Erstpersönlichkeitsthese*).

Auf diese Weise wird *zweitens* die Frage nach dem Wesen der zugrunde liegenden Substanz von der Frage nach der Einheit der Person abgekoppelt. Von Lockes Standpunkt aus teilen Theorien, in denen die Einheit der Person in einer immateriellen Substanz verortet wird, und Theorien, die eine materielle Substanz zugrunde legen, eine gemeinsame Prämisse – die Annahme, dass die diachrone Einheit von etwas abhängt, was nicht in der erstpersönlichen Perspektive gegeben ist. Locke kann seine Theorie von diesem Streit ablösen, da er die fragliche geteilte Prämisse bestreitet – wir können dies als die *These der Unabhängigkeit personaler Einheit von Substanzidentität* bezeichnen (kurz: *Unabhängigkeitsthese*).

Drittens ist Locke der Meinung, dass man – unter Beachtung der Erstpersönlichkeitsthese – eine informative und nicht zirkuläre Analyse personaler Einheit vornehmen kann, da personale Einheit ein komplexes Phänomen ist; Locke bietet ja mit dem Erinnerungskriterium einen Analysevorschlag an. Wir können dies die *These der internen Komplexität personaler Einheit* – kurz: die *Komplexitätsthese* – nennen („*intern*" ist diese Komplexität deshalb, weil die Erstpersönlichkeitsthese gilt).

Die Auswertung der Einwände von Leibniz, Butler und Reid bringt drei wichtige Resultate: *Erstens* provozieren der Transitivitäts- und der Zirkularitätseinwand Weiterentwicklungen von Lockes Vorschlag, in denen die Erstpersönlichkeitsthese – implizit oder explizit – preisgegeben wird: Lockes Forderung, die Einheit der Person müsse vollständig erstpersönlich konstituiert sein, wird nicht mehr erfüllt. Wir erhalten auf diesem Wege *externe* Analysen personaler Einheit.[20]

Zweitens wird die Komplexitätsthese bestritten und behauptet, dass sich im Selbstbewusstsein eine strikte oder perfekte Identität finde, die keine weitere Zerlegung in basalere Relationen zulasse: Personale Identität ist ein erstpersönliches und einfaches Faktum. Da in diesem Ansatz Einheit und Identität qua Prämisse zusammenfallen, werde ich bei der Erörterung *dieses* Theorietyps im Folgenden die Redeweise von personaler Identität beibehalten.

Drittens wird Lockes *Unabhängigkeitsthese* bestritten und behauptet, dass sich im Selbstbewusstsein nicht nur ein basales Faktum personaler Einheit offenbart, welches nicht weiter reduzierbar ist. Diese im Selbstbewusstsein gegebene Einfachheit personaler Identität zeige auch, dass die Einheit der Person in der Einfachheit einer zugrunde liegenden Substanz besteht.

Mit Bezug auf den zweiten und dritten Punkt beginnen die Dinge, auch in der historischen Debatte, kompliziert und in systematischer Hinsicht unklar zu werden. Deshalb ist es notwendig, sich über den Zusammenhang beider Punkte Klarheit zu verschaffen, und sinnvoll, eine systematische Einteilung zu wählen, die der Komplexität des Gegenstandsbereiches Rechnung trägt. Fangen wir mit der näheren Beleuchtung des Zusammenhangs der drei Kernthesen von Lockes Position an, die wir so bestimmt haben:

– *Erstpersönlichkeitsthese* (E-These): Die Einheit der Person ist ausschließlich im Selbstbewusstsein konstituiert und vollständig im Selbstbewusstsein epistemisch zugänglich.

- *Unabhängigkeitsthese* (U-These): Personale Einheit ist unabhängig von der Identität einer selbstbewusstseinstranszendenten Substanz.
- *Komplexitätsthese* (K-These): Es gibt eine informative, d. h. nicht zirkuläre Analyse personaler Einheit, d. h. konstitutive (und nicht nur epistemische) Kriterien personaler Einheit.[21]

Lockes Theorie personaler Einheit wird durch diese drei Thesen charakterisiert, sodass wir in Abgrenzung davon alternative Positionen definieren können. Die Negation der E-These legt die Negation der U-These nahe: Ohne die Erstpersönlichkeitsthese lässt sich nur dann sinnvoll von der Einheit einer Person sprechen, wenn man eine selbstbewusstseinstranszendente Substanz postuliert. Offen bleibt dabei allerdings, womit Lockes Neutralitätsgebot erfüllt wird, ob diese Substanz geistiger oder materieller Natur sein muss.

Man kann *erstens* die Komplexitätsthese bestreiten, ohne die Erstpersönlichkeitsthese aufzugeben, und auch die Unabhängigkeitsthese weiter aufrechterhalten. Varianten dieses Typs werden wir im Folgenden unter dem Stichwort *„erstpersönlich-einfache* Position" ausführlicher diskutieren.

Zweitens kann man die Komplexitätsthese bestreiten und die Erstpersönlichkeitsthese aufrechterhalten, aber zusätzlich der Meinung sein, dass damit nur eine bestimmte Art von Substanz vereinbar ist, wobei diese basale Substanz zugleich so gedacht wird, dass sie notwendig Selbstbewusstsein einschließt. Diese Position gibt die Unabhängigkeitsthese auf und versucht zu zeigen, dass die ersten beiden Adäquatheitsbedingungen für eine Analyse personaler Einheit (Festhalten an der Erstpersönlichkeitsthese; Ablehnung der Komplexitätsthese) nur mit einer bestimmten Art von zugrunde liegender Substanz möglich ist. Wir können diese Zusatzannahme die *qualifizierte Abhängigkeitsthese* nennen (qualifiziert, da nur eine bestimmte Art von Substanz zugelassen wird). Klassischer- obwohl nicht notwendigerweise wird diese qualifizierte Abhängigkeitsthese zur Annahme einer immateriellen Substanz, der Seele, spezifiziert, denkbar sind aber auch Konzeptionen, wie sie mit Fichtes und Hegels Selbstbewusstseinstheorie vorliegen, in denen die grundlegende Substanz als Tätigkeit und nicht als beharrendes Substrat gedacht wird.[22]

Gibt man *drittens* sowohl die Komplexitätsthese als auch die Erstpersönlichkeitsthese auf, dann *muss* man die Unabhängigkeitsthese bestreiten: Die Einheit der Person muss dann in der selbstbewusstseinstranszendenten einfachen Einheit einer basalen Substanz bestehen. Hierbei ist es wiederum egal, ob diese als immateriell oder materiell gedacht wird.

Zusätzlich kann man dann eine qualifizierte Abhängigkeitsthese aufstellen: Dies scheint mir die Position von Leibniz, oder gegenwärtig die von Swinburne (1986) zu sein, die beide für eine immaterielle Substanz plädieren, deren Einheit die Einheit der Person garantiert, ohne dass die Einheit der Substanz der Person im Selbstbewusstsein zugänglich sein muss. Im Prinzip ließe sich auch eine Theorie denken, in der die Abhängigkeit personaler Einheit von einer basalen und einfachen materiellen Substanz behauptet wird. Diese Option wird, wenn ich richtig sehe, von Chisholm (1986: 73 ff.) als eine mögliche Alternative erwogen.

Viertens ist eine Konzeption denkbar, in der die Erstpersönlichkeitsthese aufgegeben und an der Komplexitätsthese festgehalten wird. Da die Einheit der Person dadurch auf etwas zurückgeführt wird, was nicht vollständig erstpersönlich zugänglich ist, ist die Unabhängigkeitsthese nicht mehr erfüllt (aus der Negation der E-These folgt also die Negation der U-These). Dieses ‚Etwas' – wie auch immer es philosophisch weiter bestimmt wird – fungiert in diesem Modell als Substanz. Wie wir in den nächsten beiden Kapiteln sehen werden, ist mit der vierten Option einer der gegenwärtig dominanten Theorietypen skizziert, den man dann hinsichtlich der konkreteren Bestimmung der basalen Substanz weiter differenzieren kann.

Denkbar wäre nun noch eine *fünfte* Konzeption, in der die Erstpersönlichkeitsthese und die Komplexitätsthese akzeptiert, die Unabhängigkeitsthese aber bestritten wird. Da wir im Folgenden sehen werden, dass es fundamentale Einwände gegen die E-These gibt, wird dieser Theorietyp nicht eigens behandelt.

Aus Gründen der argumentativen Ökonomie ist es sinnvoll, zuerst die Erstpersönlichkeitsthese zu überprüfen. Lassen sich gegen diese Annahme gravierende Bedenken formulieren oder, wie im Folgenden behauptet, sogar zwingende Einwände vorbringen, dann fallen neben der ursprünglichen Konzeption von Locke auch die erste, zweite und fünfte Option weg.

Bevor im nächsten Abschnitt eine systematisch sinnvolle Einteilung vorgeschlagen und das argumentative Vorgehen in den nächsten Kapiteln kurz skizziert wird, seien hier abschließend die denkbaren Optionen noch einmal im Überblick zusammengestellt.

	E-These	K-These	U-These	Merkmale
Lockes Position	Ja	Ja	Ja	Erstpersönlich (intern) & komplex
1	Ja	Nein	Ja	Erstpersönlich (intern) & einfach
2	Ja	Nein	Nein	Erstpersönlich (intern) & einfach Qualifizierte Abhängigkeitsthese notwendig
3	Nein	Nein	Nein	Beobachterperspektivisch (extern) & einfach Qualifizierte Abhängigkeits-These möglich (Nihilistische Position als Option möglich)
4	Nein	Ja	Nein	Beobachterperspektivisch (extern) & komplex Qualifizierte Abhängigkeitsthese notwendig
5	Ja	Ja	Nein	(Wird im Folgenden ignoriert)
6	Nein	Ja	Ja	(Inkonsistent, da non U-These aus non E-These folgt)
7	Nein	Nein	Ja	(Inkonsistent, da non U-These aus non E-These folgt)

Die bisher nicht erwähnten Positionen 6 und 7, die in dieser Tabelle abschließend aufgeführt werden, sind inkonsistent, da jede Theorie personaler Einheit, die sich nicht auf die interne Perspektive des Selbstbewusstseins beschränkt, eine ontologische Verpflichtung eingeht. Diese Verpflichtung besteht darin anzugeben, worin die Einheit der Person besteht, wobei die Entität oder die Art von Entitäten, die an dieser Stelle genannt werden, innerhalb des jeweiligen Ansatzes dann als Substanz fungiert.

Als letzte Möglichkeit ist noch die *nihilistische* Antwort auf das Problem der Einheit von Personen zu erwähnen. Sie besagt, dass der Begriff der Person inkonsistent ist oder aber ein inkonsistentes Set von Einheitsbedingungen erforderlich macht, so dass es keine Personen geben kann. Vertritt man diese Position (zu finden in Unger 1979a und 1979b), dann muss man einerseits die drei von Locke aufgestellten Thesen bestreiten, da in ihnen die Existenz von Personen und damit auch die der Einheit von Personen behauptet wird. Andererseits muss in diesem Falle keine Antwort auf die Frage gegeben werden, von welcher selbstbewusstseinstranszendenten Substanz die Einheit der Person abhängt. Da sich unsere Untersuchung zum Ziel gesetzt hat, eine philosophische Deutung des Problems personaler ‚Identität' zu entwickeln, in der unser alltägliches Vorverständnis von uns als Personen bewahrt wird, werde ich die nihilistische Position nicht eigens diskutieren. Sie ist vielmehr, wenn man so will, der implizite argumentative Gegenspieler unserer gesamten Überlegungen.

Nachdem wir uns jetzt einen Überblick über den Zusammenhang der drei von Locke formulierten Kernthesen sowie der sich im Ausgang von seinem Vorschlag ergebenden Optionen verschafft haben, können wir uns der zweiten Aufgabe zuwenden. Diese besteht darin, eine systematisch sinnvolle Einteilung zu wählen und eine Argumentationsstrategie zu verfolgen, die es uns erlaubt, das komplexe Problemfeld möglichst effektiv zu bearbeiten. Wir werden mit der erstpersönlich-einfachen Antwort auf die Frage nach der Einheit der Person beginnen und zeigen, dass jedes Modell, welches sich an Lockes Erstpersönlichkeitsthese orientiert, mit einem unlösbaren Problem konfrontiert ist. Auf diese Weise können wir uns, wenn wir dieses Beweisziel erreicht haben, in den nächsten Kapiteln auf die beobachterperspektivischen Alternativen 3 und 4 konzentrieren.

4.1 Die Grundidee der erstpersönlich-einfachen Position

Die verschiedenen Ansätze, die im Folgenden unter der Überschrift „erstpersönlich-einfache Theorie personaler Identität" zusammengefasst werden, zeichnen sich dadurch aus, dass sie die erstpersönliche Perspektive zum Ausgangspunkt nehmen und aus den epistemischen Besonderheiten dieser erstpersönlichen Selbstbezugnahme ontologische Konsequenzen ziehen. Aufgrund von Überlegungen, die gleich noch ausführlicher auseinandergelegt werden sollen, kommen sie zu dem Ergebnis, dass die Einheit von Personen, worunter Wesen mit Selbst- und Zeitbewusstsein verstanden werden, von einer ontologisch besonderen Art ist; diese Einheitsrelation weist die gleichen Merkmale auf wie die Relation der Identität. Daher ist es angemessen, im Kontext der Erörterung *dieses* Theorietyps die Redeweise von personaler *Identität* beizubehalten. Auf diese Weise wird auf den besonderen Charakter der Einheit von Personen aufmerksam gemacht, der in diesen Theorien behauptet wird; außerdem wird vermieden, durch die Wahl des neutralen Begriffs der Einheit die spezielle These der erstpersönlich-einfachen Position parteiisch zu unterlaufen.[23]

Die Grundidee der erstpersönlich-einfachen Theorie personaler Identität lässt sich durch folgende Annahmen wiedergeben:

- Die diachrone Identität von Personen ist nicht reduzierbar auf empirisch beobachtbare Relationen.
- Empirische Kriterien personaler Identität sind lediglich epistemische, keine konstitutiven Kriterien.
- Konstitutiv für die diachrone Identität von Personen sind synchrone und diachrone Einheitsrelationen, die vollständig in der erstpersönlichen Perspektive erfassbar sind.
- Die Identität der Person ist damit ein basales und essenziell in der erstpersönlichen Selbstbezugnahme konstituiertes Faktum.

In den Kernbestand von Theorien dieses Typs gehen neben der Unterscheidung von epistemischen und konstitutiven Kriterien zwei weitere wichtige Elemente ein: So werden erstens die epistemischen, bzw. die an der Semantik von „ich“ festzumachenden Besonderheiten der erstpersönlichen Selbstbezugnahme zur Begründung ontologischer Annahmen herangezogen. Dies schlägt sich darin nieder, dass diese erstpersönlichen Kriterien nicht nur als epistemische, sondern darüber hinaus als konstitutive Kriterien gelten. Außerdem wird zweitens ein epistemisches Gefälle zwischen erstpersönlichen Überzeugungen (z. B. „Ich weiß, dass ich gerade diesen Text lese“) und anderen Überzeugungen (z. B. „Ich glaube, dass das Wetter draußen schmuddelig ist“) vorausgesetzt. Überzeugungen des ersten Typs sind epistemisch infallibel oder zumindest von einem höheren Gewissheitsgrad als Letztere. Fallible Überzeugungen können dieser Auffassung zufolge nicht als Begründungs- oder Rechtfertigungsbasis für infallible Überzeugungen dienen, da sie gerade umgekehrt als das epistemische Fundament für solche empirischen Beobachtungssätze gelten. Überzeugungen, die empirisch beobachtbare Relationen betreffen, können der erstpersönlich-einfachen Theorie zufolge lediglich epistemische Anhaltspunkte sein, mittels derer wir auf die erstpersönlich konstituierte Identität einer Person schließen. Sie können diese strikte oder perfekte Identität jedoch weder konstituieren noch begründen.

Die erstpersönliche Selbstbezugnahme, die sich in der Verwendung von „ich“ manifestiert, wird in Theorien dieses Typs als rein epistemische Relation kognitivistisch gedeutet: Sie stellt einen Sonderfall von „wissen“ dar. Ein evaluativ-hermeneutisches oder Wollensverhältnis, wie es der Konzeption des praktischen Selbstverhältnisses zugrunde liegt, wird damit nicht verbunden. Zusätzlich wird das erstpersönliche *Erleben* zeitlicher Vorgänge (z. B. dass jetzt gerade ein Sonnenstrahl durch die Wolkendecke bricht, oder dass der Gitarrist seit drei Minuten ein Solo spielt) zu einer entscheidenden Größe. In letzter Konsequenz führt diese Konzeption zu einer Ontologie des Ichs (oder, wie ich gleichbedeutend auch sagen werde, des Selbsts), wobei die ontologische Beschaffenheit dieses Selbsts dann unterschiedlich weiter bestimmt werden kann.

Die gesamte Diskussion der Frage nach der Einheit von Personen zeichnet sich durch die diskursive Situation aus, dass Theorien des erstpersönlich-einfachen Typs stets als Kritik an Vorschlägen eines anderen Theorietyps, dem die beobachterperspektivische Strategie zugrunde liegt, formuliert werden. Bevor ich auf die Konsequenzen, die aus dieser argumentativen Konstellation erwachsen, zu sprechen komme, sei auch die Grundidee dieser beobachterperspektivischen Theorie personaler Einheit kurz skizziert; wir werden sie in ihren verschiedenen Spielarten in den nächsten beiden Kapiteln ausführlich diskutieren. Diese Konzeption lässt sich mittels folgender Annahmen grob umreißen:

- Die diachrone Einheit von Personen ist reduzierbar in dem Sinne, dass sie durch empirisch beobachtbare Kontinuitätsrelationen konstituiert wird.
- Die synchrone und diachrone Einheit von Personen ist ein komplexer Anwendungsfall von Persistenz, d.h. der Einheit von raumzeitlich ausgedehnten Entitäten zu einem Zeitpunkt und über die Zeit hinweg.
- Die Einheit von Personen ist weder epistemologisch noch konstitutiv an die erstpersönliche Perspektive gebunden.
- Die Identität der Person ist damit zwar ein reales, aber weder ein außerordentliches noch ein unanalysierbares Faktum.

Zum Verständnis dieses beobachterperspektivischen Theorietyps[24] ist es wichtig, den Begriff der Reduzierbarkeit nicht so aufzufassen, als würde damit die Existenz, Relevanz oder Robustheit des fraglichen Phänomens bestritten. Abgelehnt wird nur die von erstpersönlich-einfachen Theorien aufgestellte Behauptung, dass es sich bei der Identität von Personen um einen Sonderfall, um ein nicht weiter analysierbares zusätzliches Faktum handelt.

Der epistemische Standpunkt dieses Theorietyps ist die Beobachterperspektive, die sich auf rein kausale und funktionale Zusammenhänge beschränkt und dabei weder die erstpersönliche Perspektive einnimmt, noch evaluative oder normative Zusammenhänge erfasst. Auch die zeitliche Dimension wird nur als zeitliche Ausdehnung, nicht aber als erlebte Zeit berücksichtigt. In dieser epistemischen Haltung lässt sich zwar formulieren, dass ein Gitarrensolo von 21.17 Uhr bis 21.20 Uhr gedauert hat und nach dem Solo des Bassisten und vor dem Solo des Saxophonisten stattfand; die Aussage jedoch, dass ich seit zwei Minuten ein Gitarrensolo höre, lässt sich in der Beobachterperspektive nicht formulieren, da dieser Bericht erstpersönlich verfasst ist und das Erleben einer zeitlich ausgedehnten Episode, also das ‚Verfließen' der Zeit, zum Ausdruck bringt.

Beobachterperspektivische Analysen personaler Einheit erscheinen prima facie als kontraintuitiv, da sie Intuitionen, die aus dem erstpersönlichen Erleben gespeist werden, nicht einfangen oder gar verletzen. Vertreter dieses Theorietyps sind daher gezwungen, ihren Ansatz zu motivieren und argumentativ ausführlich abzusichern, um den Anschein des Kontraintuitiven und Unplausiblen zu beseitigen. Anhänger der erstpersönlich-einfachen Theorie dagegen überzeugen auf den ersten Blick genau deshalb, weil sie den erstpersönlichen Zugang zur Einheit der Person zur Grundlage haben. Sie begründen ihre eigene Konzeption in erster Linie durch den Versuch nachzuweisen, dass Konzeptionen des beobachterperspektivischen Theorietyps unvermeidlich kontraintuitive Konsequenzen haben. Dabei bedienen sie sich basaler Intuitionen, die dem erstpersönlichen Erleben entstammen, ohne diese selbst weiter zu entfalten oder zu begründen. Die erstpersönlich-einfache Position erscheint allein schon durch den Nachweis der Unplausibilität der Alternativen als hinreichend begründet.

Wegen dieser Verteilung der Beweislasten und der Inanspruchnahme basaler Intuitionen werden die Grundannahmen der erstpersönlich-einfachen Position selten problematisiert. Um dieses Defizit der gesamten Debatte in unserer Untersuchung zu beheben, werden wir im Folgenden die Beweislasten umkehren, die Grundlagen und basalen Intuitionen der erstpersönlich-einfachen Position prüfen sowie zeigen, dass Theorien dieses Typs mit einem für sie unlösbaren Problem konfrontiert sind. In den nächsten Kapiteln können wir dann die verschiedenen Varianten des beobachterperspektivischen Theorietyps, die in folgendem Schaubild ebenfalls zusammengestellt sind, auf ihre Tragfähigkeit prüfen.

Strategie	**Erstpersönlich-einfach**	**Beobachterperspektivisch***				
Epistemische Dimension	Erstpersönliche Perspektive	Beobachterperspektive				
Ontologische Dimension	Das Selbst Das Ich	Seele	*Physisch:* Körper (Gehirn)	*Psychisch:* Mentale Zustände	*Psychophysisch:* Körper & mentale Zustände	*Biologisch:* Organismus
	Esse-est-percipi	*Res cogitans*	*Res extensa*	Funktional	Kombiniert	Prozess

* Unter diese Rubrik fallen sowohl die Theorien der dritten wie auch die der vierten Option: Theorien der dritten Option bestreiten hinsichtlich der ontologischen Dimension die Komplexitätsthese, während in den Ansätzen, die zur vierten Option zu rechnen sind, die ontologische Grundlage als eine komplexe Entität angesehen wird.

Bevor ich zur Analyse der Grundannahmen des erstpersönlich-einfachen Theorietyps übergehe, sind noch drei Anmerkungen erforderlich: *Erstens* gibt es neben den im Schaubild erwähnten beiden Perspektiven eine weitere – die Teilnehmerperspektive. Diese schließt den erstpersönlichen Standpunkt als Sonderfall der sozialen Perspektive des „wir" mit ein, ist zugleich aber hermeneutisch auf die evaluative und normative Dimension des sozialen Miteinanders von Personen ausgerichtet. Da die Teilnehmerperspektive nicht für die Beantwortung unserer zweiten Grundfrage nach der Einheit von Personen einschlägig ist, sondern erst für die Analyse der Persönlichkeit, also des evaluativen und normativen Selbstverhältnisses, relevant wird, brauchen wir sie an dieser Stelle unseres Gedankenganges noch nicht zu berücksichtigen.

Zweitens sieht man an der im obigen Schaubild vorgeschlagenen Klassifikation der Ansätze, dass auch solche Konzeptionen zum beobachterperspektivischen Theorietyp gerechnet werden, die eine immaterielle Substanz postulieren. Dies gilt für alle Varianten, in denen eine Seele nicht notwendigerweise durch und in erstpersönlichen Selbstbezugnahmen konstituiert wird (dies ist der Unterschied gegenüber Ichen oder Selbsten).

Schließlich sei *drittens* noch einmal explizit darauf hingewiesen, dass die Theorie von Locke sich weder unter den erstpersönlich-einfachen noch unter den beobachterperspektivischen Typ einordnen lässt, da Locke eine erstpersönlich-komplexe Variante vorgeschlagen hat. Weil wir im Verlauf dieses Kapitels sehen werden, dass sich die Erstpersönlichkeitsthese generell nicht halten lässt, brauchen wir auch die Lockesche Theorie nicht als weiteren Sonderfall zu behandeln. Unsere Einwände gegen die erstpersönlich-einfache Theorie gelten auch für seinen Vorschlag.

4.2 Transtemporale Selbstzuschreibungen: Erinnern und Antizipieren

4.2.1 Erinnerung und Antizipation

Die erstpersönlich-einfache Theorie personaler Identität beansprucht, die Frage nach der Einheit von Personen vollständig innerhalb der erstpersönlichen Perspektive, d.h. durch die Analyse von erstpersönlichen Aussagen beantworten zu können. Traditionell hat sich die Frage nach der Einheit von Personen auf das Problem der diachronen Einheit konzentriert. Deshalb werden wir im Folgenden ebenfalls primär nach den Wahrheitsbedingungen für solche erstpersönlichen Aussagen fragen, in denen die Identität einer Entität zu zwei verschiedenen Zeitpunkten –

explizit oder implizit – behauptet wird. Im Rahmen der erstpersönlich-einfachen Theorie geht es dabei um Aussagen in der ersten Person Singular, also solche Aussagen, in denen „ich" zur Selbstbezugnahme verwendet wird.

An dieser Stelle kommen epistemische und ontologische Besonderheiten der erstpersönlichen Selbstbezugnahme ins Spiel, die sich zum großen Teil in der Semantik von „ich" niederschlagen. Im Rahmen unserer Fragestellung ist es nicht möglich, auf das Problem des (propositionalen) Selbstbewusstseins ausführlicher einzugehen. Da das Ziel der folgenden Überlegungen darin besteht, die Untauglichkeit der erstpersönlich-einfachen Theorie personaler Identität aufzuzeigen, werden wir der kritisierten Position so weit wie möglich entgegenkommen. Dies bedeutet, dass wir der erstpersönlich-einfachen Theorie – zumindest für den Beginn unserer Überlegungen – zugestehen, dass sie eine adäquate Antwort auf die synchrone Einheit von Personen bereithält. Unsere Einwände werden sich auf den Fall der diachronen Einheit von Personen beschränken. Abschließend werden wir uns dann noch einmal dem Problem der synchronen Einheit zuwenden und das eingangs gemachte Zugeständnis in einigen Hinsichten revidieren.

Personen sind Wesen, die Überzeugungen hinsichtlich der Fortdauer ihrer eigenen Existenz zu verschiedenen Zeitpunkten haben. Selbstbewusstsein und Zeitbewusstsein sind zwei wesentliche Bedingungen der Personalität, wie wir bei der Beantwortung der ersten Grundfrage festgehalten haben. Bei Locke selbst, und im Anschluss an seine Behandlung des Problems, haben Erinnerungen als die zeitlich rückwärts gewandte Form dieses Zeitbewusstseins im Zentrum des Interesses gestanden. Die für unsere Lebensform zentralen sozialen Praktiken von Handlungs- und Verantwortungszuschreibung, von Lob und Tadel, von Belohnung und Strafe beruhen, wie wir schon bei Locke und Leibniz haben sehen können, darauf, dass Personen sich vergangene Handlungen und Erlebnisse als *ihre eigenen* zuschreiben können.

Zu den essenziellen Merkmalen von Personen gehört aber auch eine Orientierung hin auf ihre zukünftige Existenz, die sich vor allem im Kontext des evaluativ-normativen Selbstverhältnisses manifestiert. Personen führen ihr Leben im Lichte ihrer Werte, Normen und Lebenspläne, sie sorgen sich um *ihre eigene* Zukunft. Es ist daher mit Blick auf die Bedingungen der Personalität plausibel, Erinnerungen und Antizipationen als die beiden Grundformen des erstpersönlichen ‚Wissens' von Personen um die jeweils eigene diachrone ‚Identität' gelten zu lassen. Da es uns hier nur um die transtemporale Einheit von Personen geht, können wir uns auf personale Erinnerungen (Selbstzuschreibung vergangener Erlebnisse und Handlungen) sowie auf personale Antizipationen (Selbstzuschreibung zukünftiger Zustände) beziehen, für die es charakteristisch ist, dass sie in der Regel in erstpersönlicher Perspektive formuliert sind. Vertreter der erstpersönlich-einfachen Theorie gehen sogar davon aus, dass sie unter Verwendung von „ich" formuliert werden müssen, wie unsere Analyse des Zirkularitätseinwands gezeigt hat. Wenn ich mich daran erinnere, letzte Woche ein Jazz-Konzert besucht zu haben, dann sind mir – in der Deutung der erstpersönlich-einfachen Theorie – in einem solchen Fall *personalen Erinnerns* zwei Fakten unmittelbar und zweifelsfrei gewiss: *Erstens* die Tatsache, dass es sich um *meine* Erinnerung handelt, mich zum Veranstaltungsort aufgemacht, eine Eintrittskarte erworben und einen Sitzplatz gesucht zu haben sowie anschließend der Musik der Band zugehört zu haben; und *zweitens* die Tatsache, dass ich selbst es *war*, der dies alles getan und erlebt hat. Der Inhalt meiner personalen Erinnerung besteht nicht nur in den Fakten, derer ich mir bewusst bin. Vielmehr gehört zum Gehalt der Erinnerung auch das ‚Wie-es-war-diese-Erfahrung-gemacht-zu-haben' bzw. ‚Wie-es-war-diese-Handlung-ausgeführt-zu-haben'; beides ist mir in erstpersönlicher Weise präsent. In einem solchen Erinnerungssatz, so die Lesart der erstpersönlich-einfachen Theorie, wird – im Alltag zumeist implizit – eine Aussage über die diachrone Identität der Person unter Verwendung von „ich" formuliert. Diese Erinnerungsaussage lässt sich schematisch so wiedergeben:

(E-S 1) Ich erinnere mich jetzt daran, dass ich zu einem vergangenen Zeitpunkt f getan (oder g erlebt) habe.

Der Fall von *personalen Antizipationen* liegt nun ganz analog: Ich kann antizipieren, wie es sein wird, wenn ich morgen meinem Zahnarzt einen Besuch abstatte, um eine schmerzhafte und langwierige Behandlung über mich ergehen zu lassen. Ich sehe mich zögernd die Arztpraxis betreten, bis zum letzten Moment im Wartezimmer die Möglichkeit der Flucht erwägen und dann, wenn die Zahnarzthelferin die Tür öffnet, mich in mein Schicksal fügen. Den Einstich der Betäubungsspritze kann ich fast schon spüren und das Geräusch des Bohrers scheint schon an mein Ohr zu dringen. In einer solchen Antizipationssequenz, so die Lesart der erstpersönlich-einfachen Theorie, wird – im Alltag zumeist implizit – eine Aussage über die diachrone Identität der Person unter Verwendung von „ich" formuliert. Diese Antizipationsaussage lässt sich schematisch so wiedergeben:

(A-S 1) Ich antizipiere jetzt, dass ich zu einem zukünftigen Zeitpunkt f tun (oder g erleben) werde.

An dieser Stelle kommen nun die epistemischen Besonderheiten der erstpersönlichen Selbstbezugnahme ins Spiel, die sich mit der Verwendung von „ich" ergeben. Da wir sie, zumindest vorläufig, für den Fall der synchronen Einheit akzeptiert haben, müssen wir uns nun ein Bild über diese Besonderheiten verschaffen.

4.2.2 Die epistemischen Besonderheiten der erstpersönlichen Selbstbezugnahme

Die erstpersönlich-einfache Position geht von zwei fundamentalen Annahmen aus, die man als zwei Prinzipien formulieren kann: Das *Prinzip der kriterienlosen Selbstreferenz im Selbstbewusstsein* und das *Prinzip des Primats der Selbstzuschreibung*.

Dem *ersten* Prinzip zufolge zeichnet sich die erstpersönliche Selbstbezugnahme dadurch aus, dass dieser Selbstbezug nicht über Identitätskriterien bzw. eine der Bezugnahme vorgängige Identifikation hergestellt wird. Wer mit „ich" auf sich selbst referiert, kann dies direkt tun: Ich muss dazu nicht in einem ersten Schritt eine Entität X unter Anwendung von Identitätskriterien identifizieren, um dann im zweiten Schritt zu dem Ergebnis zu kommen, dass ich selbst mit X identisch bin.

Die epistemologische Besonderheit der erstpersönlichen Selbstbezugnahme besteht nach einer weit geteilten und von uns hier akzeptierten Auffassung in der *Immunität gegen Fehlreferenz*. Für unsere Zwecke ist es jedoch wichtig, zwei Aspekte dieser Immunität zu unterscheiden: Zum einen kann die Referenz nicht in dem Sinne fehlgehen, dass ich ein X fälschlicherweise mit mir identifiziere – wir können dies als die *Immunität gegen Fehlidentifikation* bezeichnen. Zum anderen ist ausgeschlossen, dass die Bezugnahme scheitert, weil es gar kein geeignetes Referenzobjekt gibt – dies lässt sich als *Immunität gegen leer laufende Bezugnahme* charakterisieren. Der erste Aspekt der vielfach konstatierten Immunität gegen Fehlreferenz, die Immunität gegen Fehlidentifikation, erklärt sich daraus, dass im Fall der erstpersönlichen Selbstbezugnahme überhaupt keine Identifikation im Sinne der Anwendung von Identitätskriterien und damit auch kein Schluss von dieser Anwendung auf eine Identitätsaussage („ich bin mit X identisch") vorliegt. Wo aber solche epistemischen Leistungen nicht erbracht werden müssen, eröffnet sich die Möglichkeit des Irrtums nicht. Den Aspekt der Immunität gegen leer laufende Bezugnahme müssen wir noch für einen Moment zurückstellen, da wir uns zu seiner Erörterung erst das Prinzip des Primats der Selbstzuschreibung näher anschauen sowie einen Blick auf die semantischen Besonderheiten von „ich" werfen müssen. Danach kommen wir auch auf diesen Aspekt der Immunität gegen Fehlreferenz noch einmal zurück.

Die *zweite* grundlegende Annahme der erstpersönlich-einfachen Position ist das Prinzip des Primats der Selbstzuschreibung. Es besagt, dass die erstpersönliche Selbstzuschreibung einer aktualen mentalen Episode (z. B. „*mein* Erleben" oder „*mein* Beabsichtigen") primär ist gegenüber der Anwendung von Identitätskriterien für personale Einheit. Um mir eine mentale Episode als „*meine*" zuzuschreiben, muss ich nicht erst unter Anwendung irgendwelcher Kriterien diese Episode als zu mir gehörig identifizieren, um sie anschließend als meinige klassifizieren zu können. Vielmehr gehört es zur wesentlichen Verfasstheit von Selbstbewusstsein, dass wir uns der Zugehörigkeit selbstbewusster mentaler Episoden zu unserem Selbst unmittelbar gewiss sind.

Da die Selbstzuschreibung einer mentalen Episode daher nicht als Schluss verstanden werden kann, der auf einer vorherigen Anwendung von Kriterien beruht, kann es hinsichtlich der Frage, ob eine bestimmte selbstbewusste mentale Episode *meine* ist, keinen Irrtum geben. Irren kann ich mich zwar hinsichtlich der Art (oder Beschaffenheit der fraglichen mentalen Episode), wenn ich beispielsweise ein aufkeimendes Eifersuchtsgefühl als Fall berechtigter Empörung wahrnehme. Aber die Klassifikation der Episode als mein eigenes Erleben ist primär gegenüber solchen Deutungen und beruht nicht auf einer vorgängigen Anwendung von Kriterien der Zuschreibung oder Identifikation.[25]

4.2.3 Die semantischen Besonderheiten von „ich"

Die Betrachtung der semantischen Eigenschaften von „ich" ergibt, dass dieser indexikalische Ausdruck dort, wo er wirklich gebraucht und nicht nur erwähnt wird, sich immer auf die aktuale Äußerungssituation bezieht und dort den Sprecher des Satzes zum Referenzobjekt hat. Man kann diese Eigenschaft am deutlichsten erkennen, wenn man sich Sätze anschaut, in denen „ich" in modalen Kontexten vorkommt oder in denen ein Sprecher einem anderen Subjekt bestimmte propositionale Überzeugungen zuschreibt.

Stellen wir uns vor, dass in einem Seminar zur Philosophie von Descartes das Prinzip des „Ich denke, also bin ich" diskutiert wird. Seminarteilnehmer Maier stellt die Behauptung auf, dass aus diesem Prinzip folgt, dass jedes Ich notwendig existiert. Eine Seminarteilnehmerin, nennen wir sie Müller, äußert als Entgegnung folgendes: „Es gibt eine mögliche Welt, in der ich zu keinem Zeitpunkt existieren werde". Hätte Maier Recht, dann müsste diese Aussage falsch sein, da eine Entität, die notwendig existiert, in allen möglichen Welten existieren muss. Sicherlich wäre eine derartige starke Folgerung als Einwand gegen Descartes' Prinzip anzusehen, denn Müllers Aussage scheint korrekt zu sein. Beachtet man aber, das „ich" stets auf den Sprecher im aktualen Äußerungskontext referiert, dann löst sich das Problem auf: Der Satz „Es gibt eine mögliche Welt, in der ich zu keinem Zeitpunkt existiere", wird in der aktualen Welt von Müller geäußert. Der indexikalische Ausdruck „ich" steht darin zwar im Bereich des modalen Operators „möglich", sein Referenzobjekt ist aber die Sprecherin des Satzes im aktualen Äußerungskontext – also Müller in unserer Seminarsitzung. Und in der aktualen Welt gibt es, zum Zeitpunkt der Äußerung des Satzes, natürlich die Sprecherin Müller, die sich mit „ich" auf sich selbst bezieht.

Dass „ich" sich jeweils auf den Sprecher des Satzes bezieht, sieht man auch daran, wie wir den Inhalt von Aussagen anderer Subjekte wiedergeben. Nehmen wir an, dass Pamela, Patricia und Paula drei Freundinnen sind, die alle einen gemeinsamen Bekannten Paul haben. Pamela hat nun Grund zu der Annahme, dass Paula glaubt, Pamela sei in Paul verliebt. Wenn sie dies nun Patricia erzählen will, wird sie im Normalfall, d. h. wenn sie die Verwendungsregeln von „ich" kennt und davon ausgeht, dass auch Patricia in der Lage ist, „ich" kompetent zu verwenden, nicht etwa sagen: „Paula glaubt, dass Pamela in Paul verliebt ist". Sondern sie wird sagen: „Paula glaubt, dass ich in Paul verliebt bin." Und Patricia wird keinen Moment im Unklaren darüber sein, dass mit diesem Vorkommnis von „ich" nicht Paula, sondern eben Pamela gemeint ist. Auch dies zeigt, dass „ich" jeweils auf den Sprecher der gesamten Äußerung Bezug nimmt. Hätte Patricia eine Überzeugung wiedergeben wollen, in der Paula sich selbst etwas zuschreibt, also z. B. „Ich kann Paul nicht leiden", dann müsste Patricia diese erstpersönliche Selbstbezugnahme von Paula wie folgt wiedergeben: „Paula glaubt, dass sie selbst Paul nicht leiden kann". Hierbei bringt „selbst" zum Ausdruck, dass Paula sich mit „ich" auf sich bezieht, also weiß, dass sie selbst es ist, die Paul nicht leiden kann.

Nicht nur die Analyse der Semantik von „ich", sondern auch die philosophische Explikation des Selbstbewusstseins zeigt, dass die epistemischen und ontologischen Sonderbedingungen, die wir bei der Erläuterung der beiden Prinzipien der kriterienlosen Selbstreferenz im Selbstbewusstsein und des Primats der Selbstzuschreibung gefunden haben, nur für den Fall aktualer, gegenwärtiger mentaler Episoden gelten, die sich in erstpersönlichen Selbstzuschreibungen wie „Ich habe jetzt ein Hungergefühl" oder „Ich glaube, dass p der Fall ist" finden. Wer denkt, dass er glaubt, dass p, der weiß damit, dass er glaubt, dass p; allerdings folgt daraus nicht, dass er auch weiß, dass p. Die epistemische Infallibilität erstreckt sich maximal auf die eigenen aktualen mentalen Episoden, nicht jedoch auf die Gehalte dieser Episoden. Wenn ich denke, dass ich glaube, dass es Einhörner gibt, dann weiß ich damit, dass ich dies glaube. Ich weiß aber nicht, dass es Einhörner gibt. Ersteres Wissen impliziert nur die Existenz der epistemischen Einstellung (an Einhörner zu glauben), Letzteres dagegen auch die Existenz von Einhörnern.

Bevor wir uns nun der kritischen Erörterung der beiden Grundannahmen der erstpersönlich-einfachen Theorie personaler Identität zuwenden, sind noch zwei Anmerkungen zu machen. Zum einen sind wir nun in der Lage, den Grund für die Immunität gegen leer laufende Bezugnahme anzugeben: Wenn „ich" stets auf den aktualen Sprecher einer

Äußerung referiert, dann kann im Moment dieser Äußerung die Referenz nicht fehlgehen. Der Referent existiert durch und während des Referierens aufgrund des referierenden Aktes.

Zum anderen ergibt sich damit die Frage, wie der Referent von „ich" genau zu bestimmen ist. Die epistemischen Sonderverhältnisse erklären sich, so hat unsere kurze Erörterung ergeben, dadurch, dass die Bezugnahme im Selbstbewusstsein direkt, d. h. nicht unter einer bestimmten Hinsicht, erfolgt. Selbstzuschreibungen unter einer bestimmten Hinsicht, wenn ich mich etwa auf mich in meiner Eigenschaft als Autor dieses Textes beziehe, implizieren stets die Selbstzuschreibung einer Eigenschaft, der nach den obigen Ausführungen eine vorgängige Selbstbezugnahme zugrunde liegen muss, wenn das Prinzip vom Primat der Selbstzuschreibung gültig sein soll. Es muss jedoch gültig sein, wenn wir am Prinzip der Immunität gegen Fehlreferenz in seinen beiden Aspekten festhalten wollen. Als Konsequenz daraus ergibt sich, dass mit der erstpersönlichen Selbstbezugnahme als solcher keine weiteren Angaben über die Art oder Beschaffenheit des Referenzobjekts gemacht werden können. Ob es sich dabei um den Menschen, die Person, einen materiellen Körper, eine immaterielle Seele oder aber ein Selbst handelt, wird allein durch die Verwendung von „ich" nicht entschieden. Hier bleibt Platz für eine weitergehende philosophische Explikation der Ontologie des Selbstbewusstseins, die wir in unserem Kontext jedoch weder durchführen können, noch für die Zwecke unserer Überlegungen durchführen müssen. Entscheidend sind die beiden Befunde, dass das Gelingen der Referenz von „ich" im und durch den Akt des Referierens garantiert wird, und dass die damit einhergehenden epistemischen Sonderverhältnisse nur für den aktualen, d. h. jeweils zum Zeitpunkt des Selbstbezugs gegenwärtigen Zeitpunkt gelten.

4.2.4 Notwendige Modifikationen

Auf dieser Grundlage müssen wir uns nun den beiden Grundprinzipien der erstpersönlich-einfachen Theorie sowie der auf ihnen beruhenden Analyse von Erinnerungen und Antizipationen zuwenden. Denn wenn wir die semantischen und bewusstseinstheoretischen Ergebnisse zugrunde legen, die wir soeben erarbeitet haben, dann geraten die von der erstpersönlich-einfachen Theorie vorgeschlagenen Analysen des personalen Erinnerns und der Antizipation in ein Dilemma. Beginnen wir mit dem Fall des Erinnerns. Unser Beispielsatz:

(E-S 1) Ich erinnere mich jetzt daran, dass ich zu einem vergangenen Zeitpunkt f getan (oder g erlebt) habe

muss wie folgt analysiert werden:

(E-S 2) Ich, der jetzt gerade sich Erinnernde, erinnere mich jetzt daran, dass ich, der sich jetzt gerade erinnernde Sprecher, zu einem vergangenen Zeitpunkt f getan (oder g erlebt) habe.

Es liegt hier, anders als die erstpersönlich-einfache Theorie personaler Identität es vorschlägt, gar keine (implizite oder explizite) Identitätsaussage zwischen einem gegenwärtigen, sich erinnernden Sprecher und einem vergangenen Ich vor, welches das Erinnerte erlebt oder getan hat. Vielmehr schreibt sich der aktuale, gegenwärtig existierende Sprecher die Eigenschaft zu, in der Vergangenheit etwas getan oder erlebt zu haben. Die Immunität gegen Fehlreferenz erstreckt sich nicht auf den vergangenen Zeitpunkt des damaligen Erlebens und Handelns, sodass uns das Prinzip der Immunität gegen Fehlreferenz in der Frage nach der diachronen Identität der Person nicht weiterhilft. Auch das Prinzip des Primats der Selbstzuschreibung bringt uns an dieser Stelle nicht weiter. Erinnerungen sind aktuale, erstpersönliche mentale Episoden, die sich das erinnernde Subjekt zuschreibt. Die kriterienlose Selbstzuschreibung greift nur für das Erinnern, nicht aber für den Inhalt der Erinnerung, d. h. das Erinnerte. Nur Letzteres aber enthält einen Bezug auf einen vergangenen Zeitpunkt, sodass wir auch auf diesem Wege nicht aus dem Bereich des Gegenwärtig-Aktualen herauskommen.
Gleiches gilt für den Fall des Antizipierens. Unser Beispielsatz:

(A-S 1) Ich antizipiere jetzt, dass ich zu einem zukünftigen Zeitpunkt f tun (oder g erleben) werde

muss wie folgt analysiert werden:

(A-S 2) Ich, der jetzt gerade Antizipierende, antizipiere jetzt, dass ich, der jetzt gerade Antizipierende, zu einem zukünftigen Zeitpunkt f tun (oder g erleben) werde.

Auch hier gibt es keine Identitätsaussage zwischen einem gegenwärtigen und einem zukünftigen Ich, sondern ein aktualer, gegenwärtiger Sprecher schreibt sich die Eigenschaft zu, in der Zukunft etwas zu tun oder zu erleben. Aus diesem Grunde greifen die beiden Prinzipien hier nicht.

Die These, dass es eine im Sinne der erstpersönlich-einfachen Theorie einfache Entität gibt, die als identisches Referenzobjekt verschiedener Verwendungen von „ich" fungiert, ist zwar mit den semantischen Befunden verträglich, wird durch diese aber nicht gedeckt. Das Prinzip der Immunität gegen Fehlreferenz, welches nur für den aktualen Akt der Selbstbezugnahme gilt, kann hier also nicht weiterhelfen. Sowohl beim Erinnern wie beim Antizipieren handelt es sich um die Selbstzuschreibung aktualer mentaler Episoden des Erinnerns und Antizipierens. Der Bezug auf andere Zeitpunkte wird durch den Inhalt der zugeschriebenen Eigenschaften hergestellt, nicht durch die Selbstzuschreibung des jeweils aktualen mentalen Zustands des Erinnerns oder Antizipierens. Die Wahrheitsbedingungen für diese Inhalte sind weder durch die erstpersönlich gegebenen Daten noch durch die beiden Prinzipien garantiert, sodass wir fragen können, welche konstitutiven Bedingungen gegeben sein müssen, damit Erinnerungs- und Antizipationsaussagen wahr sind.

Anhänger der erstpersönlich-einfachen Theorie personaler Identität müssten nun zwei Prinzipien des Primats der Selbstzuschreibung unterscheiden, um ihre Gesamtkonzeption aufrecht zu erhalten. Neben dem Primat der aktualen Selbstzuschreibung müssten sie auch ein Primat der diachronen Selbstzuschreibung behaupten. Eine solche Verteidigungsstrategie ist jedoch nicht plausibel, sondern lediglich ad hoc, da sie nur für den Sonderfall der transtemporalen Einheit von Personen, also für den strittigen Fall, in Geltung gebracht wird. Außerdem ist diese Strategie zwei weiteren Einwänden ausgesetzt. Wie das Phänomen des Déjà-vu, bei dem gegenwärtig Erlebtes wie eine Erinnerung wahrgenommen wird, zeigt, fühlen sich manche aktualen Wahrnehmungen so an, als wären sie Erinnerungsepisoden. Um diese Episoden von Erinnerungen zu unterscheiden, muss man für Erinnerungen die richtige Art der Verursachung als weiteres Kriterium fordern, da auf der dem Subjekt zugänglichen phänomenalen Ebene keine Differenz feststellbar ist. Diese kausale Dimension ist jedoch in der erstpersönlichen Perspektive nicht zugänglich. Außerdem sind mentale Episoden raumzeitlich datierte Einzeldinge. Die aktuale Erinnerung an ein vergangenes Erlebnis ist daher nicht dasselbe Einzelvorkommnis wie das damalige aktuale Erlebnis, auch wenn beide in geeigneten inhaltlichen Beziehungen zueinander stehen müssen (so sollte z. B. eine Erinnerung, ein Eis gegessen zu haben, von dem entsprechenden Erlebnis, ein Eis zu essen, verursacht worden sein). Weder kommt in den diachronen Selbstzuschreibungen die vergangene (oder zukünftige) mentale Episode selbst vor, noch geht die besondere Gewissheit, dass eine mentale Episode *meine* ist, über das aktuale Erleben hinaus. Aus diesem Grunde folgt aus den für die synchrone Einheit des Selbstbewusstseins zugestandenen Besonderheiten nichts für die Frage nach der diachronen Einheit von Personen.[26]

4.3 Das unlösbare Problem der erstpersönlich-einfachen Theorie personaler Identität

4.3.1 Zwei Gegeneinwände

Auf die bisher vorgetragenen Überlegungen und die damit verbundenen Einwände reagieren Verteidiger der erstpersönlich-einfachen Theorie mit zwei Gegeneinwänden. Der *erste Einwand* lautet, dass es, entgegen einer philosophischen These von Hume (1978: 361), sehr wohl das erstpersönliche Erleben des Selbst gebe. Wenn ich mir bewusst bin, gleichzeitig sowohl einen Text zu schreiben wie „Kind of Blue" zu hören, dann bin ich mir implizit auch bewusst, dass ich mich von den mentalen Episoden, die ich als jeweils „meine" gerade erlebe, unterscheide. Wenn ich mir diese Differenz explizit verdeutliche, erfasse ich dadurch mein Selbst. Gleiches gilt, wenn ich mir explizit bewusst mache, dass die mentalen Episoden in der Zeit wechseln (z. B. „Jetzt höre ich ein Trompetensolo, während ich vor einer Minute noch dem Zusammenspiel von Bass und Schlagzeug gelauscht habe") oder sich verändern, wenn beispielsweise das Trompetensolo in den letzten Sekunden an Lautstärke und Tempo zugelegt hat (dieses zweite Beispiel verweist schon auf den zweiten Einwand).

Der *zweite Einwand* lautet, dass die von uns vorgenommene strikte Trennung zwischen synchroner und diachroner Einheit von Personen eine unzulässige Abstraktion darstellt. Vielmehr sei es charakteristisch für die erstpersönliche Selbstbezugnahme, dass die Zeitspanne eines zeitlichen Intervalls erlebt werde. Phänomene wie das aufmerksame Verfolgen eines philosophischen Vortrags oder das Hören einer Live-Aufnahme von „Round about Midnight" wären in der uns allen vertrauten Form gar nicht denkbar, wenn in erstpersönlicher Perspektive nur die rein punktuelle synchrone Einheit des Selbst gegeben wäre. Unsere strikte Unterscheidung zwischen dem Primat der aktualen und der diachronen Selbstzuschreibung sei deshalb das Resultat einer unzulässigen philosophischen Abstraktion.

Getreu der bisher verfolgten Strategie möchte ich auch weiterhin daran festhalten, die epistemischen und ontologischen Sonderverhältnisse innerhalb des aktualen erstpersönlichen Selbstbezugs zuzugestehen. Aus diesem Grunde brauchen wir gar nicht zu bestreiten, dass eine Person über ein erstpersönliches Gegebensein ihres Selbst verfügt. Zum ontologischen Status dieses Selbst können wir an dieser Stelle keine eigenständige Position entwickeln.[27] Wir müssen jedoch darauf hinweisen, dass sich aus der erstpersönlichen Gegebenheit dieses Selbst allein keine weitere Bestimmung gewinnen lässt: Ob das Referenzobjekt von „ich" eine materielle oder eine immaterielle Substanz, ein Körper, ein Organismus oder ein Selbst ist, und welche Eigenschaften dieses Referenzobjekt sonst noch hat, muss durch weitere substanzielle philosophische Argumente ermittelt werden. Die erstpersönliche Selbstgegebenheit reicht zur Beantwortung dieser Fragen nicht aus. Vor allem müssen wir darauf bestehen, zwischen dem Ich oder Selbst auf der einen und der menschlichen Person auf der anderen Seite zu unterscheiden. Bevor wir dies näher ausführen können, müssen wir erst noch den zweiten Einwand der erstpersönlich-einfachen Theorie erörtern und anschließend das Problem formulieren, an dem diese Konzeption scheitert.

Während der erste Einwand ins Leere läuft, ist der zweite Einwand berechtigt; wir können ihm jedoch problemlos Rechnung tragen. Dafür müssen wir allerdings unsere Unterscheidung zwischen aktualer und transtemporaler Selbstzuschreibung präzisieren und klarstellen, dass sie nicht mit der Unterscheidung von synchroner und diachroner Einheit zusammenfällt. Wir haben synchrone Einheit als Einheit zu einem Zeitpunkt definiert, diachrone Einheit dagegen als Einheit über ein Zeitintervall. Die Unterscheidung zwischen aktualer und transtemporaler Selbstzuschreibung dagegen muss, wenn wir dem zweiten Einwand gebührend Rechnung tragen, so verstanden werden: Das Primat der aktualen Selbstzuschreibung gilt nur für Episoden einer ununterbrochenen erstpersönlichen Selbstbezugnahme, während das Primat der transtemporalen Selbstzuschreibung auch für solche Fälle gelten soll, in denen diese erstpersönliche Selbstbezugnahme zwischenzeitlich unterbrochen ist (z.B. wenn ich mich an meinen ersten Schultag erinnere). Auf der Basis dieser Klarstellung sind die beiden Einwände der erstpersönlich-einfachen Theorie personaler Identität aufgefangen: Die epistemischen und ontologischen Besonderheiten gelten für zeitlich ausgedehnte Phasen ununterbrochener erstpersönliche Selbstbezugnahme. Nun sind wir in der Lage, dasjenige Problem zu diskutieren, welches sich im Rahmen erstpersönlich-einfacher Theorien nicht befriedigend lösen lässt.

4.3.2 Lücken in der erstpersönlichen Selbstbezugnahme

Ob ich mit der Zygote identisch bin, aus der ich faktisch hervorgegangen bin, mag fraglich sein. Möglicherweise gibt es auch gute Gründe zu bezweifeln, dass dieser Alzheimerpatient im Endstadium mit der Person identisch ist, die einst als Schauspieler und Präsident der Vereinigten Staaten von Amerika im Zentrum weltweiten Interesses gestanden hat. Unbestreitbar ist jedoch, dass unser alltägliches Vorverständnis hinsichtlich der diachronen Einheit von Personen die Möglichkeit einschließt, dass eine Person ihr Abitur macht, studiert und ihr erstes Buch schreibt. Es ist für mich evident, dass ich es war, der bei der Geburt seiner Kinder dabei war und jetzt mit ihnen die Mathehausaufgaben zu begreifen versucht. Genauso evident ist jedoch auch, dass diese zeitlich ausgedehnte Existenz, die wir in der Regel alle als problemlose Fälle diachroner Einheit von Personen anerkennen, keine Fälle einer ununterbrochenen erstpersönlichen Selbstbezugnahme darstellen. Mit anderen Worten: Unsere alltägliche Konzeption der diachronen Einheit von Personen schließt Lücken in der erstpersönlichen Selbstbezugnahme ein. Für diese aber greifen, wie wir im letzten Abschnitt gezeigt haben, die epistemischen und ontologischen Besonderheiten der erstpersönlichen Selbstbezugnahme nicht.

Dieses Problem ist auch den Anhängern der erstpersönlich-einfachen Theorie nicht verborgen geblieben. Wie unsere Untersuchung der Semantik von „ich" und die philosophischen Analysen des Selbstbewusstseins zeigen, ist die Annahme eines mit strikter oder perfekter Identität ausgestatteten Ich, welches auch die Lücken in der erstpersönlichen Selbstbezugnahme überdauert, logisch nicht ausgeschlossen. Sie lässt sich jedoch im Rahmen der erstpersönlich-einfachen Konzeption nicht plausibel machen. Vielmehr ergibt sich für diesen Theorietyp hier ein Dilemma: Entweder wird die Erstpersönlichkeitsthese preisgegeben, oder es wird ad hoc, d.h. nur für den Spezialfall der diachronen Einheit von Personen, postuliert, dass die epistemischen und ontologischen Sonderverhältnisse auch dort gelten, wo keine durchgehende aktuale erstpersönliche Selbstbezugnahme vorliegt.

So haben wir etwa bei Leibniz gesehen, dass er mit seinem Konzept der unmerklichen Perzeptionen Episoden von mentalen Episoden postuliert, die unterhalb der Schwelle erstpersönlichen Erlebens stattfinden und die diachrone Einheit der Monade konstituieren. Auf diese Weise gelingt es ihm zwar, die diachrone Einheit als immaterielle Substanz, die zugleich als Tätigkeit begriffen wird, zu konzipieren, welche auch Lücken in der erstpersönlichen Selbstbezugnahme überdauert. Der Preis für diese Konzeption ist jedoch, dass er die Erstpersönlichkeitsthese aufgeben muss.[28]

Obwohl die Ausführungen von Butler, wie wir gesehen haben, in diesem Punkt nicht sehr aufschlussreich sind, scheint er die Existenz einer immateriellen Seelensubstanz postulieren zu wollen, deren diachrone Einheit losgelöst von erstpersönlicher Selbstbezugnahme gedacht werden muss. Diese Position wird in der Gegenwart z.B. von Swinburne (1986) systematisch weiterentwickelt. Ihm zufolge stellen Lücken im Prozess aktualer erstpersönlicher Selbstbezugnahme kein Problem dar, weil erstpersönliche Selbstbezugnahmen als Äußerungen einer immateriellen Seele gedeutet werden, die diachrone Einheit dieser immateriellen Substanz aber nicht durch diese Tätigkeit konstituiert wird, sondern der Substanz als dem Träger dieser Äußerungen direkt zukommt. Weil die Identität der Person mit der Identität der Seele zusammenfällt, lassen sich einerseits die Lücken in der erstpersönlichen

Selbstbezugnahme überbrücken; andererseits werden in diesem Modell jedoch die Erstpersönlichkeits- und die Unabhängigkeitsthese preisgegeben.

Eine dritte Strategie, die in der Gegenwart z.B. von Foster (1979) verteidigt wird, überbrückt die problematischen Lücken durch Rekurs auf naturgesetzliche Zusammenhänge, die für den materiellen Träger, mit dem eine Person korreliert ist, einschlägig sind. Im Falle menschlicher Personen sind dies die Bedingungen diachroner Einheit von Menschen, die als Basis für die superveniente erstpersönliche Einheit des Ich angesetzt werden. Diese Strategie gibt, auch wenn sie Personalität und Selbstbewusstsein nicht auf physische oder biologische Prozesse reduziert, damit die Erstpersönlichkeits- und die Unabhängigkeitsthese auf, wenngleich die logische Möglichkeit von Personen, die keine empirischen Konstitutionsbedingungen haben, weil sie z. B. nicht durch eine materielle Existenzbasis konstituiert werden, offen bleibt. Für den Fall menschlicher Personen aber wird mit dieser Strategie der Rahmen der erstpersönlich-einfachen Theorien verlassen.

Angesichts dieser drei Optionen entscheiden sich einige Philosophen für das andere Horn des Dilemmas und postulieren schlicht, dass die epistemischen und ontologischen Besonderheiten der erstpersönlichen Selbstbezugnahme, die in den Prinzipien der Immunität gegen Fehlreferenz und des Primats der Selbstzuschreibung artikuliert werden, auch für solche Fälle gelten, in denen Lücken im Prozess der erstpersönlichen Selbstbezugnahme übersprungen werden (vgl. Madell (1981) oder Lund (1994)). Angesichts der Tatsache, dass die anderen drei Lösungsstrategien die Grundidee der erstpersönlich-einfachen Theorie personaler Identität preisgeben müssen, ist diese Reaktion einerseits verständlich. Andererseits postuliert sie jedoch, betrachtet man die Auseinandersetzung mit beobachterperspektivischen Analysen der diachronen Einheit von Personen, ad hoc genau das, was strittig ist. Mag ein solches Vorgehen daher auch gut motiviert sein, so ist es doch nicht sonderlich überzeugend.

4.4 Fazit

Angesichts dieses Befundes ist ein Blick auf den alternativen Lösungsvorschlag zur Beantwortung unserer zweiten Grundfrage nunmehr gut motiviert. Wir haben erstens gesehen, dass eine befriedigende Analyse der konstitutiven Bedingungen für die diachrone Einheit menschlicher Personen nicht ohne den Rückgriff auf konstitutive externe, die erstpersönliche Perspektive transzendierende Kriterien auskommen kann, wobei wir an dieser Stelle offen lassen können, ob es sich bei diesen externen Kriterien um extramentale oder soziale Bedingungen handelt. Unser Vorverständnis von den diachronen Einheitsbedingungen menschlicher Personen lässt sich nicht auf ununterbrochene aktuale Prozesse erstpersönlicher Selbstbezugnahme eingrenzen, da die solchermaßen konstituierten Iche oder Selbste zu kurzlebig sind, um mit unseren Intuitionen hinsichtlich der zeitlichen Ausdehnung von menschlichen Personen zusammenzupassen.

Zweitens ist deutlich geworden, dass die Intuitionen, die sich dem erstpersönlichen Erleben der eigenen diachronen Einheit verdanken, auf eine Weise interpretierbar sind, dass sie auch in einem nicht an der erstpersönlichen Perspektive orientierten Modell Platz haben (wir haben ja die epistemischen und ontologischen Sonderverhältnisse des Selbstbewusstseins akzeptiert). Damit können wir im nächsten Kapitel, wenn wir uns dem Spektrum der beobachterperspektivischen Theorien der diachronen Einheit von Personen zuwenden, einige Adäquatheitsbedingungen formulieren, denen jede Antwort auf unsere zweite Grundfrage möglichst genügen sollte.

5. Personale Einheit

> Andere Begriffe, als die unseren sind darum so schwer vorzustellen, weil uns gewisse sehr allgemeine Naturtatsachen nie bewußt werden. Es fällt uns nicht ein, sie uns anders vorzustellen, als sie sind. Tun wir es aber, so kommen auch andere Begriffe als die gewohnten uns nicht mehr unnatürlich vor.
>
> Ludwig Wittgenstein

Unsere Prüfung des erstpersönlich-einfachen Theorietyps hat zu dem Resultat geführt, dass in diesem Modell keine plausible Antwort auf die Frage nach der Einheit der Person gefunden werden kann. Zugleich können wir jedoch auch eine positive Lehre aus unserer Diskussion in den letzten beiden Kapiteln gewinnen. Angesichts der unterschiedlichen Intuitionen, die dem Vorschlag von Locke, den Einwänden seiner Kritiker und den erstpersönlich-einfachen Theorien zugrunde liegen, sind wir in der Lage, einige Adäquatheitsbedingungen zu formulieren, denen jede Theorie, die auf die Frage nach der Einheit der Person eine Antwort zu geben versucht, möglichst genügen sollte. Dabei können wir auch auf die allgemeinen Überlegungen zum Stellenwert des Begriffs der Person in unserer alltäglichen ethischen Praxis zurückgreifen, die wir in den ersten beiden Kapiteln angestellt haben.

Adäquatheitsbedingungen: Eine Theorie personaler Einheit, die nicht der Erstpersönlichkeitsthese verpflichtet ist, sollte *erstens* so weit wie möglich mit den alltäglichen Intuitionen, die sich der Tatsache verdanken, dass menschliche Personen einen erstpersönlichen Zugang zu ihrer eigenen zeitlich ausgedehnten Existenz haben, verträglich sein (oder sie im günstigsten Fall sogar einfangen können). *Zweitens* muss die Analyse Bedingungen personaler Einheit ausfindig machen, die erklären, weshalb wir uns in unserer alltäglichen Praxis diachroner Selbstzuschreibungen (im Erinnern und Antizipieren) *normalerweise* darauf verlassen können, dass die damit unterstellten Wahrheitsbedingungen gegeben sind. Die vorgeschlagenen einheitsstiftenden Relationen sollten sich durch Stabilität und Regelmäßigkeit in der aktualen Welt auszeichnen. Damit verbunden ist *drittens* die Auflage, dass diese Relationen möglichst nicht von sozialen Konventionen oder sprachlichen Festlegungen abhängen sollten. Außerdem sollte eine Theorie personaler Einheit *viertens* erklären können, weshalb die in der Debatte seit Locke wirkmächtigen Gedankenexperimente unsere alltäglichen Intuitionen durcheinander bringen (und auch, weshalb reale ‚*puzzle cases*' wie Persönlichkeitsstörungen oder irreversibel komatöse Patienten uns irritieren können). Sie muss dabei zwar nicht den Eindruck der Unentscheidbarkeit in solchen Problemfällen beseitigen können, aber eine gute Theorie personaler Einheit sollte zumindest erklären können, weshalb in diesen Ausnahmefällen Verwirrungen entstehen. Darüber hinaus sollte eine adäquate Theorie personaler Einheit *fünftens* sowohl an unsere alltägliche ethische Praxis anschlussfähig sein (und z. B. unsere Engführung von Mensch und Person erklären können) als auch zu naturwissenschaftlichen Erkenntnissen über menschliche Personen passen.

Charakteristika des komplexen Ansatzes: Spezifisch für komplexe Theorien personaler Einheit ist es, dass sie die Erstpersönlichkeitsthese und die Unabhängigkeitsthese ablehnen sowie die Einheit der Person als ein komplexes Phänomen auffassen, welches sich mittels basalerer Elemente explizieren lässt. Ob man diese Komplexitätsreduktion lediglich als Explikation begreifen kann oder ob sie immer als Reduktion aufgefasst werden muss, können wir offen lassen. Wichtig ist, dass die Existenz eines nicht weiter analysierbaren Faktums personaler Identität, welches bei jeder Analyse personaler Einheit immer schon in Anspruch genommen werden muss, von komplexen Ansätzen bestritten wird (daher sind solche Ansätze darauf angewiesen, den Zirkularitätseinwand zu entkräften, der gegen Lockes Vorschlag erhoben worden ist). Außerdem zeichnet komplexe Ansätze die Orientierung an der Beobachterperspektive aus. Diese versteht sich selbst als eine kausalfunktionale Analyse, die rein deskriptiv vorgeht. Das zu untersuchende Phänomen, hier die Einheit der Person, wird als ein Untersuchungsgegenstand vorausgesetzt, der nicht durch intersubjektive Interpretations- oder Verstehensleistungen konstituiert wird.[30] Vielmehr gehen komplexe Ansätze von der Annahme aus, dass Aussagen des Typs „Person A zu t_0 ist identisch mit Person B zu t_1" als Wahrheitsbedingungen ein Set von empirisch beobachtbaren Relationen zukommt, die sich in der Beobachterperspektive vollständig erfassen lassen. So garantiert der methodologische Zugriff in Verbindung mit der ontologischen These die intersubjektive Überprüfbarkeit dieser Identitätsbehauptungen. Dabei fußt der komplexe Ansatz auf der Unterscheidung zwischen der Identitätsrelation und den Relationen personaler Einheit, welche die Wahrheitsbedingungen für die Identitätsbehauptungen bereitstellen. Zwar kann man in einem komplexen Ansatz versuchen, diese Einheitsrelationen mit den logischen Merkmalen auszustatten, die der Identitätsrelation zukommen. Dies ist aber nicht zwingend, sodass auch Grenzfälle denkbar sind, in denen die empirisch konstatierbaren Einheitsrelationen nicht die an die Identitätsrelation zu stellenden Anforderungen erfüllen.

Die Unattraktivität von Option 3: Der entscheidende Vorteil, den wir durch die Ablehnung der Erstpersönlichkeitsthese erlangen, liegt in der intersubjektiven Überprüfbarkeit der Wahrheitsbedingungen, die unseren Identitätsaussagen mit Bezug auf die personale Einheit zugrunde liegen. Dieser kann aber nur genutzt werden, wenn man die Komplexitätsthese akzeptiert. Aus diesem Grunde wollen wir in diesem Kapitel den komplexen Ansatz untersuchen. Im letzten Kapitel haben wir eine dritte Option kennen gelernt, die sowohl den erstpersönlichen als auch den beobachterperspektivischen Zugang zu den konstitutiven Bedingungen personaler Einheit blockiert, weil sie sowohl die Erstpersönlichkeits- als auch die Komplexitätsthese negiert. Aus diesem Grunde sind Theorien, die dieser dritten Option zugeordnet werden können, für die Rekonstruktion und die Begründung unserer ethischen Praxis ungeeignet, da sie dieser Praxis keine intersubjektiv zugängliche Begründungsbasis zur Verfügung stellen können. Außerdem können sie auch nicht an naturwissenschaftliche oder andere empirische Befunde anschließen (obwohl sie mit diesen Befunden verträglich sein können). Damit sind sie, bedenkt man die Relevanz des Begriffs der Person für unsere ethische Praxis und den gesellschaftlich unumstrittenen Stellenwert naturwissenschaftlicher Erklärungen, insgesamt nicht attraktiv. Dies gilt zumindest dann, wenn sich die diversen Intuitionen bezüglich personaler Einheit auf eine andere Weise einfangen lassen und wir eine Antwort auf die Frage der Einheit der Person entwickeln können, die unsere Adäquatheitsbedingungen erfüllt.[31]

Nach diesen einleitenden Vorbemerkungen wenden wir uns nun den komplexen Theorien zu, die eine Antwort auf die Frage nach der personalen Einheit zu geben versuchen. Da dieser Versuch fehlschlagen wird, werde ich im zweiten Abschnitt dieses Kapitels die These vertreten, dass Antworten auf die Frage nach der personalen Einheit unsere eingangs formulierten Adäquatheitsbedingungen nicht angemessen erfüllen können. Da ein skeptisches Resultat eher akzeptabel ist, wenn sich eine Alternative entwickeln lässt, werde ich im nächsten Kapitel vorschlagen, die Frage nach der personalen Einheit zu modifizieren und nach den Bedingungen der Einheit von *menschlichen* Personen zu suchen.

5.1 Einheitsbedingungen für Personen als solche?

In diesem Abschnitt wollen wir die wichtigsten Positionen der komplexen Theorie auf ihre Stärken und Schwächen hin befragen.[32] Wir werden nicht dem historischen Verlauf der Debatte folgen, sondern eine systematische Landkarte entwerfen.[33] Beginnen werden wir mit so genannten neo-lockeanischen Ansätzen, die – ausgehend von Lockes ursprünglichem Vorschlag – ein Erinnerungskriterium für die personale Einheit vorschlagen. Wie wir im dritten Kapitel bereits gesehen haben, divergieren diese neo-lockeanischen Ansätze grundlegend von Lockes ursprünglicher Konzeption, weil sie die Erstpersönlichkeitsthese preisgeben. Wie auch die ursprüngliche Konzeption von Locke selbst muss diese Variante eines komplexen Ansatzes den Zirkularitätseinwand aus dem Weg räumen. Daher werden wir jetzt die Gelegenheit haben, einen argumentativen Faden wieder aufzunehmen, den wir im dritten Kapitel haben fallen lassen. Seit Locke spielen in der Diskussion um die Einheit der Person Gedankenexperimente und *‚puzzle cases‘* eine entscheidende Rolle. Die Erörterungen folgen in diesem Abschnitt dieser Tradition, da sich die Struktur der Landkarte der komplexen Ansätze so am besten darstellen lässt.

5.1.1 Das Erinnerungskriterium und die Abwehr des Zirkularitätseinwands

So genannte neo-lockeanischen Theorien zeichnen sich dadurch aus, dass sie die Einheit der Person als Struktur psychischer Episoden analysieren. Anders als Locke orientieren sie sich dabei nicht an der erstpersönlichen Perspektive, schlagen aber, darin Locke folgend, Erinnerungen als konstitutiv für personale Einheit vor.

Im letzten Kapitel haben wir Erinnern und Antizipieren als zwei wesentliche Arten von personalen Einstellungen untersucht, sodass die Beschränkung auf Erinnerungen an dieser Stelle möglicherweise als eine unzulässige Verengung erscheint. Ich möchte diesen Einwand mit drei kurzen Bemerkungen entkräften: Fragt man im Rahmen der Beobachterperspektive nach den Bedingungen personaler Einheit, so muss man erstens nach kausalen oder funktionalen Relationen Ausschau halten. Letztlich stellt man sich die diachrone Einheit der Person als kausal oder funktional strukturierte Sequenz mentaler Episoden über zeitliche Abschnitte vor. Der epistemische Standpunkt, von dem aus man dann fragen kann, ob Person A zum Zeitpunkt t_1 identisch ist mit Person B zum Zeitpunkt t_2, wird postum fest sein müssen, d. h. wir fragen vom späteren Zeitpunkt aus gesehen. Im Falle des Erinnerns bedeutet dies, dass wir uns fragen müssen, ob zwischen dem Erinnern (zu t_2) und dem vormaligen Erleben (zu t_1) eine geeignete kausale Relation besteht. Dies geht, wenn es sich nicht um eine Prognose handeln soll darüber, ob Person A zum Zeitpunkt t_1 identisch sein wird mit Person B zum Zeitpunkt t_2, sondern um eine Analyse der faktischen diachronen Prozesse, frühestens zum Zeitpunkt t_2, d. h. dann, wenn die fragliche Sequenz sich ereignet hat. Im Prinzip lässt sich dieser epistemische Standpunkt auch in Bezug auf Antizipationen einnehmen, indem man (zum Zeitpunkt t_3) fragt, ob die mentale Episode y (zu t_2) auf die richtige Weise verursacht wurde durch eine geeignete Antizipation x (zu t_1). Damit ergibt sich im Endeffekt die gleiche Struktur wie beim Erinnern, wo wir ja fragen, ob die Erinnerung y (zu t_2) auf die richtige Weise verursacht wurde durch eine geeignete mentale Episode x (zu t_1).[34] Zweitens stehen und fallen Erinnerungen und Antizipationen als psychologische Kriterien für die Einheit der Person mit Blick auf den Zirkularitätseinwand zusammen, sodass wir diesen Einwand stellvertretend für Erinnerungen diskutieren können. Außerdem eignen sich Antizipationen drittens in besonderem Maße dazu, die evaluative und aktivische Verfasstheit der Persönlichkeit sichtbar werden zu lassen. Daher werden wir in den letzten drei Kapiteln dieses Buches noch einiges über die Struktur des Antizipierens erfahren.

Mit den Überlegungen in diesem Teilabschnitt wird nicht beansprucht, eine allgemeine Theorie des Erinnerns zu entwickeln. Es soll auch weder versucht werden, eine neo-lockeanische Theorie im Detail darzustellen, noch ist angestrebt, einen Überblick über alle Varianten dieser Art von komplexen Theorien zu geben (dafür vgl. Noonan (1989)). Vielmehr sollen die folgenden Überlegungen, *ausgehend von unserem alltäglichen Verständnis des Erinnerns*, ein klareres Verständnis des psychologischen Kriteriums personaler Einheit vermitteln. Spezieller soll die Erörterung erstens zeigen, dass man zur Analyse des Erinnerns nicht auf eine kausale Komponente und damit ein die erstpersönliche Perspektive transzendierendes Element verzichten kann. Die Entkräftung des Zirkularitätseinwands soll dann zweitens den Nachweis erbringen, dass sich die Einheit der Person nicht analysieren lässt ohne die Annahme der Existenz eines Substrats derjenigen mentalen Episoden, die im psychologischen Kriterium als konstitutiv gelten.

Beginnen wir mit alltäglichen Beispielen, um unser intuitives Vorverständnis von Erinnern zu explizieren und diese beiden Beweisziele zu erreichen. An ihrem 30. Geburtstag erinnert sich Janis daran, wie sie sich mit ihren Freundinnen und Freunden an ihrem 18. Geburtstag vorgenommen hat, niemals älter als dreißig Jahre alt werden zu wollen. Heute sind die gleichen Gäste anwesend wie damals und alle bestätigen mit einer Mischung aus Nostalgie und Belustigung den damaligen Schwur. Wir haben hier einen durch Zeugen bestätigten Fall des Erinnerns vorliegen. Alle Anwesenden, die den damaligen Vorgang bestätigen, verfügen ebenfalls über die Fähigkeit, sich an vergangene Vorgänge zu erinnern. Die Kohärenz ihrer Erinnerungen bestärkt alle Anwesenden darin, dass sie durch ihr Erinnern einen epistemischen Zugang zu einem Ereignis haben, welches sich vor zwölf Jahren ereignet hat. Janis erinnert sich nun daran, dass sie damals ihren Freund Jim ein Lied hat singen hören. Zu ihrer Überraschung protestiert Jim und berichtet, er habe damals ein Gedicht vorgetragen, Jimmy habe ein Lied gesungen (was Jimmy auch bestätigt). In einem solchen Fall würden wir nun nicht sagen, dass Janis sich nicht erinnert hat, sondern, dass sie sich falsch erinnert hat. Dies bedeutet, dass unser alltäglicher Begriff des Erinnerns Irrtümer zulässt. Der von Janis erinnerte Sachverhalt, dass sie gehört hat, wie Jim ein Lied singt, entspricht nicht der Tatsache, dass sie damals gehört hat, wie Jim ein Gedicht aufgesagt hat. Für eine wahre Erinnerung ist eine Entsprechung zwischen dem Erinnerungsgehalt und dem Gehalt der damaligen mentalen Episode notwendig, für das Erinnern als Typ mentaler Episoden nicht. Ungeachtet der Tatsache, dass es auch Erinnerungsfehler gibt, stellt das Erinnerungsvermögen für uns die wichtigste Quelle für Wissen über Vergangenes dar. Genau betrachtet ist die Tatsache, dass es auch fehlerhaftes Erinnern geben kann, für unsere Praxis des Umgangs mit Erinnerungen sogar sehr wichtig. Denn so benötigen wir neben den introspektiven Daten auch eine intersubjektive Begründungs- und Rechtfertigungspraxis für Erinnerungsbehauptungen. Diese ist zwar nicht unabhängig vom Erinnerungsvermögen selbst, da die zustimmenden oder ablehnenden Behauptungen anderer Subjekte sich in der Regel ebenfalls auf das Erinnerungsvermögen stützen müssen. Dennoch gewinnen Erinnerungen auf diese Weise eine intersubjektive Verlässlichkeit. Es liegt auf der Hand, dass sich diese Praxis nur ausbilden kann, weil und wenn es bezüglich des Erinnerns Stetigkeit und Verlässlichkeit gibt. Die Möglichkeit von Erinnerungsirrtümern ist also keine Bedrohung unserer Praxis, Erinnerungen als epistemischen Zugang zur Vergangenheit anzuerkennen, sondern eine Stütze – zumindest solange wie die Verlässlichkeit unter Standardbedingungen gewahrt bleibt. Würden wir uns alle ständig über jede Erinnerung streiten, oder befände sich jeder von uns bezüglich der eigenen Erinnerungen permanent im Zweifel, dann wäre zu erwarten, dass wir unser Vertrauen in diese Art von Überzeugungen sowie unsere Bereitschaft, unsere Praxis von Schuld- oder Verantwortungszuschreibung auf sie zu gründen, vermutlich schnell verlören. In unserer akzeptierten Praxis ist dies jedoch offensichtlich nicht der Fall. Vielmehr nehmen wir Erinnerungen nicht einfach nur als eine verlässliche Basis, sondern schreiben den Subjekten die Fähigkeit zu, sich gut, detailliert oder zumindest in den Grundzügen korrekt erinnern zu können.[35]

Betrachten wir nun folgende Situation: Janis hört spät abends auf ihrer Geburtstagsfeier den neuesten Song von Jim und sagt, dass sie diesen schon einmal gehört hat. Sie berichtet von ihrem Hörerleben, als sei es die Erinnerung an schon einmal Erlebtes. Da allen klar ist, dass Jim dieses Lied hier und jetzt zum ersten Mal präsentiert, kann dieses Erinnerungserleben nicht korrekt sein. Es handelt sich, da sind sich alle einig, um ein Déjà-vu. Wie Jimmy zu berichten weiß, ist ein solches

Erleben nicht selten und tritt gelegentlich im Zusammenhang mit zu viel Alkoholkonsum oder Erschöpfung auf. In diesem Fall würden wir nicht sagen, dass Janis sich erinnert hat, sondern behaupten, dass es sich um eine irgendwie konfuse mentale Episode handelt. Wir würden nicht sagen, dass es sich um eine unwahre Erinnerung handelt, sondern um gar keine Erinnerung. Der Grund dafür ist, dass diese mentale Episode nicht die richtige kausale Vorgeschichte hat. Es gibt kein vorheriges Erleben, welches die gegenwärtige Episode so verursacht hat, dass sie als Erinnerung an dieses damalige Erleben von Janis zu werten wäre.

Die Lektion, die wir aus diesem Beispiel für unseren alltäglichen Begriff des Erinnerns gewinnen können, besteht in der Einsicht, dass Erinnern eine kausale Komponente erfordert. Zusammen mit der bereits gewonnenen Einsicht, dass wir Erinnern im Normalfall als etwas begreifen, wozu Menschen fähig sind, legt dies den Schluss nahe, dass diese kausale Basis nicht nur die für kausale Gesetzmäßigkeiten einschlägige Verlässlichkeit aufweist, sondern in Eigenschaften und Fähigkeiten des sich erinnernden Subjekts verankert ist. Stellen wir uns, um dies zu illustrieren, folgendes Experiment vor: Die Fortschritte der Hirnforschung haben die Erkenntnis gebracht, dass durch die elektrische Stimulation einer bestimmten Hirnregion folgender Effekt erzielt wird: Wenn ein Subjekt X auf diese Weise stimuliert wird, nimmt sie ihre mentalen Erlebnisse, die sich zehn Sekunden nach der Stimulation ereignen, als Erinnerungen wahr. Hier haben wir einen kausalen Zusammenhang, der uns nicht dazu verleitet, diese Episoden als Erinnerungen zu zählen. Die Art der Verursachung mag verlässlich sein, sie ist aber nicht von der richtigen Art. Dass diese richtige Art damit zu tun hat, dass eine Erinnerung durch ein vergangenes Erlebnis verursacht worden ist, haben wir gesehen. Darüber hinaus belegt unsere Rede vom Erinnerungsvermögen wie auch die Existenz von Techniken zum Training des Gedächtnisses, dass wir die fraglichen kausalen Zusammenhänge mit Eigenschaften und Fähigkeiten der Subjekte in Verbindung bringen, die diese Erlebnisse und Erinnerungen haben. Von jemandem zu sagen, er sei zu etwas in der Lage, bedeutet, dass er in der Regel, d. h. in hinreichend vielen Fällen, die fragliche Fähigkeit erfolgreich ausübt. Die einmalige zutreffende Erinnerung, die wie durch ein Wunder zustande kommt, könnte für unsere Praxis des Umgangs mit Wissen um Vergangenes und der Schuld- oder Verantwortungszuschreibung keine stabile Basis liefern.

Die zugrunde liegenden Mechanismen, in denen die kausalen Beziehungen implementiert sind, brauchen wir nicht zu kennen, solange wir davon ausgehen können, dass sie in der Regel vorliegen und verlässliche Resultate liefern. Da wir uns im Rahmen komplexer Ansätze auf die Beobachterperspektive beschränken, liegt auch kein Einwand in der richtigen Bemerkung, dass das sich erinnernde Subjekt diese Mechanismen weder selbst erlebt noch introspektiv von ihnen weiß.[36] Allerdings haben wir bei unserer Rekonstruktion stets davon gesprochen, dass Erlebnisse oder Erinnerungen als mentale Episoden von einem Subjekt ‚gehabt' werden. Hier ist nicht der Ort, die schwierige Relation des ‚Habens' mentaler Episoden zu analysieren, die uns wieder tief ins Gebiet der Selbstbewusstseinstheorie führen würde.[37] Aber wir können an dieser Stelle zeigen, dass mit dieser Redeweise ein spezifisches Modell, die Einheit der Person mittels des Erinnerungskriteriums zu bestimmen, ausgeschlossen wird. Danach müssen wir uns der Frage zuwenden, ob der Zirkularitätseinwand mit Bezug auf unser alltägliches Konzept von Erinnern berechtigt ist oder nicht.

Die radikalste Art, die Einheit der menschlichen Person über das Erinnerungskriterium aufzubauen, besteht darin, Personen als Mengen von mentalen Episoden zu Zeitpunkten zu verstehen, wobei zwischen den Elementen dieser Mengen die schon angesprochenen kausalen Relationen bestehen, aufgrund derer eine Erinnerung b (b ist ein Element der Menge M_2, deren Elemente alle zum Zeitpunkt t_2 stattfinden) als Erinnerung eines zeitlich früheren Erlebens a gilt (a ist ein Element der Menge M_1, deren Elemente alle zum Zeitpunkt t_1 stattfinden). Wir brauchen uns an dieser Stelle zum Glück nicht auf die technischen Details einlassen, die zu klären sind, wenn man die Einheit der Person als Verknüpfung solcher Mengen, die jeweils den psychologischen Gesamtzustand eines Individuums zu einem Zeitpunkt (also die synchrone Einheit) ausmachen, konstruieren möchte (vgl. Grice 1975). Die Schwäche des Vorschlags liegt in seiner Radikalität, die darin besteht, eine Person als Menge dieser Mengen, die ihren synchronen psychologischen Gesamtzustand ausmacht, zu verstehen. Denn durch dieses philosophische Manöver wird, prima facie ganz im Sinne der lockeschen Grundidee, die Person von anderen Substanzen oder Substraten komplett abgelöst. Doch genau hierin liegt ein Problem, welches wir uns an einem Beispiel verdeutlichen können.

Lars sitzt im Matheunterricht auf seinem Platz und träumt davon, sich von dem Taschengeld, welches er heute Nachmittag erhalten wird, neue Fußballsammelbilder kaufen zu können, unter denen dann das ersehnte Bild von Sebastian Kehl ist, welches ihm als letztes von diesem Team noch fehlt. Diese Vorstellung nimmt ihn so in Bann, dass Lars nicht auf die Ausführungen der Lehrerin hört und deshalb auch nicht mitbekommt, welche Hausaufgaben für die nächste Mathestunde zu erledigen sind. Am nächsten Tag sitzt Lars ohne Hausaufgaben da und versucht seiner Lehrerin zu erklären, wie dieses Missgeschick zustande gekommen ist. Obwohl er sogar darauf verweist, dass er das Bild von Sebastian Kehl gestern endlich bekommen hat, findet er bei seiner Lehrerin nur wenig Verständnis. Sie entgegnet ihm: „Wenn Du gestern in der Mathestunde aufmerksam gewesen wärest, hättest Du

Dich daheim an die gestellten Hausaufgaben erinnern können!" und besteht darauf, dass Lars die versäumten Aufgaben zur nächsten Stunde nachholt.

Mich interessiert hier nicht der pädagogische Wert dieser Maßnahme, sondern die Tatsache, dass wir die kontrafaktische Aussage der Lehrerin problemlos verstehen können. Beispiele dieser Art sind alltäglich und vertraut. In Prüfungsgesprächen kommt es beispielsweise gelegentlich vor, dass Prüfer A zu Prüfer B sagt, die Kandidatin könnte sich unter normalen Bedingungen bestimmt an die Lebensdaten von Immanuel Kant erinnern, sei aufgrund des Prüfungsstresses dazu aber momentan wohl nicht in der Lage. „Eigentlich weiß sie das!", sagen wir dann. Unbestreitbar ist die Funktionsweise kontrafaktischer Aussagen philosophisch nur schwer zu bestimmen. Genauso unbezweifelbar ist jedoch, dass wir im Alltag, aber auch in vielen wissenschaftlichen Kontexten, mit solchen Aussagen operieren und sie sogar, z. B. vor Gericht, als relevante Faktoren bei der Bestimmung von Strafmaßen in Betracht ziehen („Hätte X den Y in den letzten Wochen nicht permanent gemobbt, wäre Y auf der Weihnachtsfeier nicht so ausgerastet. Daher sollten wir Milde walten lassen!"). Deshalb sind wir durchaus gerechtfertigt, solche alltäglichen kontrafaktischen Aussagen als philosophisch verwertbare Daten zuzulassen.

Worin liegt nun das für unsere Belange philosophisch Interessante dieser Aussagen? Der für uns relevante Punkt ist, dass wir im Alltag offensichtlich keine Schwierigkeiten haben, das Konzept der möglichen Erinnerung einer Person zu verwenden. Wie immer man die Redeweise von ‚möglichen' Erinnerungen auch auflöst, die Annahme, dass eine Person andere Erlebnisse oder Erinnerungen haben könnte bzw. hätte haben können, bleibt in unserem Alltagsverständnis verankert. Sie lässt sich jedoch in der radikalen Variante einer Theorie, die Personen als Menge von Mengen deutet, nicht unterbringen. Der Grund ist, dass Mengen über ihre Elemente individuiert werden. Wird ein Element ausgetauscht, dann liegt eine neue Menge vor. Das bedeutet, dass Personen durch genau die Menge von mentalen Episoden konstituiert werden, die ihre faktische Gesamtstruktur konstituieren. Die uns lebensweltlich geläufige Vorstellung, dass die diachrone Einheit einer Person auch dann bestehen bleiben kann, wenn sich z. B. ein Erlebnis- oder Erinnerungselement ändern würde, ist damit unvereinbar. Wäre die Lehrerin Anhängerin dieser radikalen Theorie, dann käme ihr Rekurs auf die für Lars kontrafaktisch zugängliche Erinnerung der These gleich, dass eine andere Person anstelle von Lars ab jetzt ihren Unterricht besucht. Prima facie scheint dies absurd zu sein, ganz zu schweigen davon, dass Lars unter diesen Voraussetzungen heilfroh sein muss, dass er in der letzten Stunde nicht aufgepasst hat (andernfalls hätte er sich aus der aktualen Welt herauskatapultiert).[38]

Wir können also festhalten, dass unser alltägliches Erinnerungskonzept impliziert, dass mentale Episoden einen Träger haben. Nun stellt sich allerdings der Zirkularitätseinwand, den wir im dritten Kapitel bereits kennen gelernt haben, erneut. Muss man nicht, so die Kritiker der komplexen Analysevorschläge, die diachrone Einheit der Person bereits voraussetzen, um die Menge von Erlebnissen und Erinnerungen identifizieren zu können, deren Elemente die diachrone Einheit der Person konstituieren?

Verteidiger der komplexen Theorie, die mit dem Erinnerungskriterium arbeitet, haben darauf mit der Entwicklung eines neuen Konzepts reagiert, welches sie „Quasi-Erinnerung" nennen (vgl. dazu Shoemaker (1999) und Parfit (1999)). Dabei akzeptieren sie, dass ein befriedigendes psychologisches Kriterium, welches mit dem Konzept der Quasi-Erinnerung arbeitet, eine kausale Bedingung beinhalten muss. Da wir uns hier im Bereich der an der Beobachterperspektive ausgerichteten Theorien bewegen, ist dies unproblematisch und, wie wir vorhin (und im letzten Kapitel) ausgeführt haben, der Sache nach unverzichtbar. Was aber ist nun der Unterschied zwischen Erinnerungen und Quasi-Erinnerungen? Der entscheidende Punkt ist, dass bei Quasi-Erinnerungen nicht gefordert wird, dass die Entität, welche das Erlebnis hat, mit der Entität identisch ist, welche die Erinnerung hat. Wäre es beispielsweise möglich, die gespeicherten Informationen vom Gehirn eines Organismus A auf das Gehirn eines anderen Organismus B zu übertragen, oder würden die von einem Organismus A erlebten mentalen Episoden auf seinen Nachfahren B genetisch weitervererbt, dann könnte ein Organismus B sich an die Erlebnisse eines Organismus A quasi-erinnern, wenn der Informationstransfer auf kausal verlässliche Weise zustande gekommen ist. Erinnerungen ließen sich dann, wenn man den Begriff der Quasi-Erinnerung zugrunde legt, als diejenige Teilmenge von Quasi-Erinnerungen definieren, in denen der Träger des Erlebens mit dem Träger des Erinnerns identisch ist.

Wir brauchen uns an dieser Stelle auf die teilweise sehr subtilen Feinheiten einer plausiblen Konzeption von Quasi-Erinnerungen nicht einzulassen. Denn es ist leicht zu sehen, dass diese Verteidigungsstrategie lediglich ein argumentativer Umweg ist, der letztlich wieder auf den Zirkularitätseinwand zuläuft. Zugleich weist das Konzept des Quasi-Erinnerns einen zusätzlichen und aus meiner Sicht gravierenden Nachteil auf. Unser alltägliches Konzept ist klarerweise das des Erinnerns und nicht das des Quasi-Erinnerns. Wir gehen, natürlich vor allem deshalb, weil es in unserer Welt bisher keine mit einem Trägerwechsel verbundenen Fälle von Erinnern gibt, die zugleich eine kausal verlässliche Basis für sich reklamieren können, davon aus, dass das Subjekt der Erlebnisepisode identisch ist mit dem Subjekt der Erinnerungsepisode.[39] Es ist diese von unserem alltäglichen Erinnerungskonzept vorausgesetzte Bedingung der diachronen Einheit des Trägers der fraglichen mentalen Episoden, an welcher der Zirkularitätseinwand letztlich ansetzt.

Aus diesem Grunde scheint die Radikalkur, dem Einwand mit der Einführung eines revisionären Begriffs des Quasi-Erinnerns begegnen zu wollen, prima facie plausibel und konsequent zu sein. Bei näherem Hinsehen muss man jedoch feststellen, dass sich auch der Anhänger einer Konzeption der diachronen Einheit der Person, der das Konzept des Quasi-Erinnerns als basal ansetzt, fragen lassen muss, auf welcher Grundlage er von der Menge der Quasi-Erinnerungen zu der Menge der Erinnerungen kommen möchte. Will man dieser Herausforderung nicht damit begegnen, dass man z. B. zwei unterschiedliche Organismen als eine Person zu zählen bereit ist, wenn sie in der geeigneten Relation des Quasi-Erinnerns stehen, dann muss diese Frage beantwortet werden. Diejenigen, die den Zirkularitätseinwand für zutreffend halten, werden an dieser Stelle die These vertreten, dass sich die Teilmenge der Erinnerungen nur bilden lässt, wenn man die Einheit der Person bereits voraussetzt und bei der Bestimmung als Kriterium benutzen kann.

Durch die Elimination der Identitätsbedingungen aus unserem alltäglichen Konzept des Erinnerns ist der Zirkularitätseinwand also nicht schon ausgeräumt. Zwar ist noch nicht entschieden, ob er wirklich stichhaltig ist. Denn es ist denkbar, dass der Anhänger des Konzepts der Quasi-Erinnerung die an ihn gestellte Frage befriedigend beantworten kann. Wir können das gleiche Resultat jedoch auch ohne diesen Umweg, vor allem aber in enger Anbindung an unser alltägliches Verständnis des Erinnerns, erhalten. Denn um den Zirkularitätseinwand aus dem Weg zu räumen, müssen wir nur festhalten, dass der Träger der mentalen Episoden nicht die Person, sondern ein (in unserem Falle zumindest) menschlicher Organismus ist. Dafür spricht nicht nur, dass wir – z. B. in der Hirnforschung oder der Kognitionspsychologie – im normalen Funktionieren der Fähigkeiten von Menschen die Mechanismen suchen, aufgrund derer zwischen Erlebnissen und Erinnerungen verlässliche Kausalrelationen bestehen. Wir sind außerdem nicht darauf festgelegt, nur Personen die Fähigkeit des Erlebens und Erinnerns zuzuschreiben. Vielmehr gehen wir auch bei nichtpersonalen Organismen davon aus, dass sie sich an Vergangenes erinnern können (wenn sie z. B. einen Gegenstand an der Stelle suchen, wo sie ihn zuletzt gesehen oder selbst vergraben haben).

Aus diesen beiden Gründen ist es plausibel, den Zirkularitätseinwand ohne den Umweg über das Konzept der Quasi-Erinnerungen aus dem Weg zu räumen, indem wir sagen, dass wir mit Bezug auf menschliche Personen für Erinnerungen die diachrone Identität des menschlichen Organismus voraussetzen. Auf diese Weise können wir die beiden Anforderungen, dass mentale Episoden einen Träger haben und kausale Relationen zwischen den mentalen Episoden bestehen müssen, damit wir die diachrone Einheit der Person bestimmen können, in einen komplexen Ansatz personaler Einheit integrieren, ohne eine *petitio* zu begehen. Außerdem können wir dieses Ziel erreichen, ohne gegenüber unserem alltäglichen Vorverständnis revisionär sein zu müssen.[40]

5.1.2 Das Problem der Teilung und die Preisgabe des Nur-X-und-Y-Prinzips

Der Zirkularitätseinwand lässt sich im Rahmen einer komplexen Theorie personaler Einheit ausräumen. In der Diskussion des zwanzigsten Jahrhunderts ist eine zweite Art von Problemfällen prominent geworden, die sich auf Gedankenexperimente stützt und zwei Varianten kennt.[41] Die Grundstruktur dieser Problemfälle besteht darin, dass wir eine Person A zu einem Zeitpunkt t haben und zwei Personen B und C zu einem von t unterschiedenen Zeitpunkt t*, von denen folgendes gilt: B und C sind nach den vorausgesetzten Kriterien personaler Einheit nicht identische Personen, stehen zu A jedoch in der für diachrone Einheit von Personen geforderten Relation (da diese Bedingung als Prämisse der Argumentation eingesetzt wird, ist es gleichgültig, welche spezielle komplexe Theorie zugrunde gelegt wird). Liegt t* zeitlich nach t, so liegt ein Teilungsfall vor, wie man ihn z. B. bei Amöben kennt; liegt dagegen t* vor t, so liegt ein Fall von Fusion vor. Da beide Fälle für die komplexen Theorien personaler Einheit die gleichen Probleme aufwerfen, werde ich mich im Folgenden auf den Teilungsfall beschränken.

Nehmen wir, um eines der gängigen Gedankenexperimente in einer schlichten Grundform zu verwenden, an, dass das Großhirn von Person A zu t aufgrund medizinischer Notwendigkeiten in die beiden Hirnhälften h_1 und h_2 getrennt werden muss und beide Gehirnhälften anschließend in zwei mit jeweils eigenem Stammhirn ausgestattete Körper k_1 und k_2 transplantiert werden. Beide Hirnhälften können nun, so die Voraussetzung des Gedankenexperiments, alle Funktionen des ursprünglich ganzen Hirns h von A zu t_1 übernehmen, sodass sich B und C gleichermaßen an die Erlebnisse etc. von A erinnern können. In dieser Situation sagt uns die mit einem Erinnerungskriterium arbeitende komplexe Theorie personaler Einheit, dass wir B und C als gleichberechtigte Kandidaten dafür ansehen müssen, mit A in der Relation personaler Einheit zu stehen.[42]

Anhänger der erstpersönlich-einfachen Theorie bestehen zu Recht darauf, dass komplexe Theorien, in denen die diachrone Einheit der Person an empirische Relationen gebunden ist, solche Fälle nicht ausschließen können, da diese Relationen nicht notwendigerweise die logischen Eigenschaften der Relation der Identität aufweisen.[43] Damit ergibt sich für Anhänger der komplexen Theorie jedoch ein Problem. Wenn B und C gleichermaßen die für Personen geforderte Relation diachroner Einheit erfüllen, dann kann man nicht mehr mit guten Gründen sagen, dass nur zwischen A und B (oder nur zwischen A und C) personale Einheit besteht. Offensichtlich stehen jetzt drei Möglichkeiten offen: Entweder man bestreitet *erstens*, dass ein Fall von Teilung vorliegt, indem man z. B. behauptet, dass es sich bei A eigentlich schon um zwei Personen gehandelt hat (so Lewis 1983). Alternativ dazu kann man auch eine Semantik von Aussagen über diachrone Einheit so entwerfen, dass Fälle von Teilung oder Fusion keine Implikationen enthalten, die zwischen die Einheitsrelation und die Relation der Identität eine Kluft treiben (vgl. Perry 1999). Oder man definiert den Begriff der Person so, dass eine Person zugleich zwei miteinander nicht identische Personen B und C als Teile haben kann.[44] *Zweitens* kann man in den ‚sauren' Apfel beißen und die Schlussfolgerung akzeptieren, dass eine befriedigende komplexe Theorie personaler Einheit eine Relation diachroner Einheit postuliert, die nicht die logischen Eigenschaften der Identitätsrelation aufweist (diese Konsequenz zieht z. B. Parfit explizit; vgl. dazu ausführlich Kapitel 7). Oder man versucht *drittens*, durch theoretische Zusatzbedingungen Fälle von Fusion oder Teilung auszuschließen.

Die von Lewis und Perry vorgeschlagenen Lösungen zeigen zwar, dass komplexe Theorien Teilungs- und Fusionsfälle interpretieren können, ohne dass die Einheitsrelation schwächer als die Relation der Identität sein muss. Sie haben jedoch beide den Nachteil, sich massiv von unserem alltäglichen Vorverständnis – entweder dessen, was den Personstatus von A vor der Teilung oder nach der Fusion betrifft (Lewis), oder dessen, was wir mit unseren Aussagen über die diachrone Einheit von Personen eigentlich meinen (Perry) – zu entfernen. Die von Parfit vorgeschlagene und mit dem Slogan „identity is not what matters in survival" offensiv gegen die Kritik der erstpersönlich-einfachen Theorien gewendete Konzeption erfordert eine detaillierte Diskussion, die wir im übernächsten Kapitel durchführen werden und die uns zu einem negativen Resultat führen wird. Aus diesem Grunde konzentrieren wir uns jetzt auf die dritte Antwortstrategie, die Vertretern komplexer Theorien angesichts von Teilungs- oder Fusionsfällen offen steht. Wie ihre Kritiker halten sie, anders als z. B. Parfit, daran fest, dass die Relation personaler Einheit wie die Relation der Identität das logische Merkmal der Eineindeutigkeit haben sollte. Dies besagt, dass es zu keinem Zeitpunkt zwei numerisch verschiedene Personen B und C geben darf, die beide im gleichen Maße mit Person A in der Relation personaler Einheit stehen. Da das aus empirischen (kausalen oder funktionalen) Elementen bestehende Kriterium logisch nicht ausschließen kann, dass Verzweigungen oder Verschmelzungen stattfinden, muss die komplexe Theorie eine Fallunterscheidung machen: Wenn derartige Teilungen eintreten, hört A zu existieren auf – A kann also nach Teilung seines Großhirns und Transplantation seiner beiden Hirnhälften in B und C nicht weiter existieren (im Falle der Fusion hören B und C zu existieren auf, wenn sie zu A verschmolzen werden). Die Relation der personalen Einheit muss deshalb eine Ausschlussklausel beinhalten: A zu t steht mit B zu t* genau dann in der Relation personaler Einheit, wenn (i) zwischen A und B die von der komplexen Theorie jeweils geforderten Relationen vorliegen und (ii) diese Relationen keine Verschmelzungs- oder Teilungsstruktur annehmen, sodass kein gleich gut geeigneter alternativer Kandidat C existiert.

Kritiker komplexer Theorien werfen dieser Verteidigungsstrategie, die z. B. von Shoemaker (1999) oder Nozick (1999) verfolgt wird, zweierlei vor: Erstens verstoße eine solche Ausschlussklausel gegen ein wichtiges Prinzip, welches für jede Analyse diachroner ‚Identität' gelten müsse: das *Nur-X-und-Y-Prinzip*. Zweitens sei die Ausschlussklausel lediglich ‚ad hoc', um ein für komplexe Theorien prinzipiell unlösbares Problem auszuschließen. Was ist von diesen beiden Einwänden zu halten?

Das Nur-X-und-Y-Prinzip besagt, dass für die Beantwortung der Frage, ob X zu t mit Y zu t* identisch ist oder nicht, nur Tatsachen eine Rolle spielen dürfen, die X oder Y oder aber Relationen zwischen X und Y betreffen (vgl. zu diesem Prinzip Noonan 1989: Kapitel 7). Wenn man sich vor Augen führt, dass für die Relation der Identität gilt, dass jede Entität genau zu sich selbst in dieser Relation steht und X und Y als zwei unterschiedliche Kennzeichnungen dieser Entität aufzufassen sind, dann macht das Nur-X-und-Y-Prinzip unbestreitbar Sinn. Die Relation der Identität scheint eine so intime Beziehung zu sein, dass es schon aus begrifflichen Gründen nicht möglich ist, sie von ‚außen' zu tangieren. Möglicherweise ließen sich auch dagegen noch philosophische Argumente rekrutieren. Wir können darauf aber für unsere Überlegungen verzichten. Denn wir haben in unserer Diskussion von Lockes Vorschlag bereits gesehen, dass zwischen der Relation der Identität und denjenigen Relationen zu unterscheiden ist, die als Wahrheitsbedingungen für solche Aussagen fungieren, in denen eine transtemporale Einheit ausgesagt wird. Die Bedingungen, die gegeben sein müssen, damit die Aussage „A_x zu t ist identisch mit B_x zu t*" wahr ist, bilden die Bedingungen der diachronen Einheit für Dinge der Art X. Im Rahmen eines komplexen Ansatzes handelt es sich hierbei um kausale oder funktionale Relationen. Bezogen auf diese ist das Nur-X-und-Y-Prinzip jedoch alles andere als plausibel. Denn ob zwischen A und B eine Kausalrelation besteht oder nicht, kann durchaus von Tatsachen abhängen, die nicht allein durch A oder B oder die Relationen zwischen ihnen festgelegt sind. Beachten wir die Differenz zwischen der Identitätsrelation und den Wahrheitsbedingungen für Aussagen über transtemporale Einheit, dann ist es konsequent, das Nur-X-und-Y-Prinzip zurückzuweisen.[45]

Den ersten Einwand können wir also mit guten Gründen zurückweisen. Wie sieht es aber mit dem Vorwurf aus, die Nichtteilungsklausel sei in komplexen Theorien personaler Einheit lediglich eine Ad-hoc-Maßnahme ohne weitere theoretische Absicherung? Träfe dieser Einwand zu, dann ergäbe sich zwischen den erstpersönlich-einfachen Theorien personaler Identität und den komplexen Theorien personaler Einheit ein argumentatives Patt. Denn im letzten Kapitel konnten wir nachweisen, dass erstere an entscheidender Stelle entweder ihre grundlegende Theoriestrategie aufgeben oder ein Prinzip des Primats diachroner Selbstzuschreibungen einführen müssen, welches lediglich ad hoc ist.

Aus meiner Sicht kann eine komplexe Theorie den Ad-hoc-Vorwurf nicht blockieren, solange sie versucht, eine Relation *personaler* Einheit zu bestimmen. Auf der Ebene der kausalen und funktionalen Relationen greifen die Bedingungen der Personalität nicht so, dass man gute Gründe für die Nichtteilungsbedingung fände (aus diesem Grunde gibt z. B. Parfit diese Bedingung dann auch auf). Ziehen wir jedoch das Resultat hinzu, mittels dessen wir vorhin den Zirkularitätseinwand ausgeräumt haben, dann verfügen wir über argumentative Mittel, um auch den Ad-hoc-Vorwurf zu entkräften. Wir haben vorhin festgehalten, dass wir beim Erinnern eines Menschen den menschlichen Organismus als Substrat zugrunde legen. Wir können von diesem Resultat jetzt Gebrauch machen und argumentieren, dass die Voraussetzung, dass keine Teilung oder Fusion stattgefunden hat, gut begründet und in weiteren Theorieelementen verankert ist, weil sich menschliche Organismen in den Phasen ihrer Existenz, in denen sie Personalität aufweisen, unter Voraussetzung der biologischen Gesetzmäßigkeiten in der aktualen Welt nicht teilen. Diese Annahme ist keineswegs ad hoc, sondern stützt sich auf die von uns stillschweigend als gegeben vorausgesetzten Normalbedingungen, die unserer alltäglichen Vorstellung der diachronen Einheit von *menschlichen* Personen eingeschrieben sind. Dieser Befund lässt sich jedoch nicht verallgemeinern: Wären z. B. Amöben dazu in der Lage, die Bedingungen der Personalität zu erfüllen, so würde aufgrund der spezifischen Reproduktionsmechanismen dieser Spezies wahrscheinlich die Nichtteilungsklausel kein Bestandteil ihrer impliziten Konzeption personaler Einheit sein.[46] Damit deutet sich bereits das skeptische Fazit dieses Kapitels an: Vermutlich gibt es gute Gründe gegen die Annahme, man könne eine komplexe Theorie personaler Einheit als solche entwickeln. Denn unsere Verteidigungsstrategie impliziert, dass die Einheitsbedingungen sich auf die jeweilige biologische Art und nicht auf die Personalität als solche beziehen. Dennoch können wir festhalten, dass auf diese Weise ein genereller Einwand, der sich gegen jede komplexe Theorie personaler Einheit vorbringen lässt, ausgeräumt werden kann. Bevor wir jedoch im nächsten Kapitel diese Alternative in ihren Grundzügen entfalten können, muss noch eine weitere Schwierigkeit erörtert werden, in die der Versuch führt, eine komplexe Theorie für personale Einheit als solche zu entwickeln, damit wir berechtigt sind, die Suche nach personaler Einheit mit einem skeptischen Resultat abzubrechen.

5.1.3 Die Suche nach dem richtigen Kriterium personaler Einheit

Bedenkt man den historischen Ausgangspunkt der modernen Diskussion um personale ‚Identität', der im Vorschlag Lockes liegt, so ist verständlich, dass man häufig das so genannte Erinnerungskriterium personaler Einheit als Charakteristikum einer bestimmten Art von komplexer Theorie heranzieht. Der über den Gehalt von Erinnerungen und Antizipationen herzustellende Bezug auf verschiedene Zeitpunkte sowie die Relevanz von Erinnerungen und Antizipationen für unsere ethische Praxis liefern weitere Gründe für die Auszeichnung dieser Art von mentalen Episoden. Bei genauerer Überlegung ist es jedoch plausibler, auf ein allgemeines psychologisches Kriterium überzugehen, wenn man sich von der Erstpersönlichkeitsthese löst. Zum einen gehören vielfältige mentale Episoden zu den für Personalität und Persönlichkeit relevanten Aspekten, und zum anderen ist man in der Beobachterperspektive nicht darauf festgelegt, nur solche mentalen Episoden in Betracht ziehen zu dürfen, die dem fraglichen Subjekt erstpersönlich zugänglich sind.

Gegen die Versuche, personale Einheit allein auf die kausale und funktionale Verknüpfung mentaler Episoden zu beschränken, hat unter anderem Williams in mehreren Aufsätzen Einspruch erhoben. Als Alternative lässt sich ein Körperkriterium personaler Einheit entwickeln, demzufolge die Einheit der Person in der kontinuierlichen Existenz eines materiellen Substrats besteht. In Anspielung auf das Beispiel Lockes, in dem die Seele eines Prinzen in den Körper eines Schusters einzieht und dort die Erinnerungen an ihre Prinzenvergangenheit behält, beschreibt Williams (1978: 18 f.) den Fall von Karl, der unerklärlicherweise aber zweifelsfrei über alle Erinnerungen des Götz von Berlichingen verfügt. Gegen die durch Locke nahe gelegte Deutung, dass wir es hier mit Götz im Karlkörper zu tun haben, wendet Williams ein, dass ein solches Wunder ja auch zweifach stattfinden könnte, sodass sich nicht nur im Karlkörper sondern auch im Körper von Karls Bruder Robert eine solche Instantiierung der Erinnerungen von Götz ereignet. Williams zufolge ist damit Lockes Vorschlag ad absurdum geführt und sein Fazit lautet, dass die Identität einer Person ohne Rekurs auf den Körper nicht zu bestimmen und „jeglichen Inhalts beraubt" (Williams 1978: 22) sei.

Wir können hier zwei Probleme auf sich beruhen lassen, die dieses Gedankenexperiment aufwirft. Das eine besteht darin, dass wir nicht erfahren, auf welche Weise der Erinnerungstransfer in die Körper von Karl und Robert erfolgt. Das andere ist, welche Bedingungen diachroner Einheit eigentlich für Körper gelten sollen.[47] Es wäre auch ein leichtes, Williams' Einwand als Variante des Verdopplungsproblems zu begreifen, welches wir in diesem Kapitel bereits ausführlich diskutiert haben.

Aus dem Einwand von Williams lässt sich jedoch noch auf zwei weitere Weisen philosophischer Erkenntnisgewinn ziehen. Zum einen gibt es die generelle Frage, ob man konkrete mentale Episoden ohne materielle Realisationsbasis überhaupt individuieren kann (dann geht es um die Frage, ob zwei ansonsten identische psychische Episoden erst dadurch ontologisch geschieden sind, dass sie in zwei verschiedenen Körpern stattfinden). Wenn, wofür einiges spricht, konkrete Entitäten über ihre materielle Realisationsbasis individuiert werden, dann ist damit zu rechnen, dass dieser Aspekt auch im Kriterium personaler Einheit berücksichtigt werden muss. Daraus würde folgen, dass ein rein psychologisches Kriterium nicht adäquat sein kann. Williams' soeben zitiertes Fazit deutet in diese Richtung. Zum anderen ist zu vermuten, dass ein reines Körperkriterium als Antwort auf die Frage nach der personalen Einheit nicht ausreicht. Denn wenn wir uns an die Liste der *person-making characteristics* erinnern, dann sehen wir sofort, dass psychische Aspekte für unser Verständnis von Personen entscheidend sind. Aus diesem Grunde liegt die Vermutung nahe, dass eine plausible Theorie personaler Einheit ein kombiniertes Kriterium entwickeln muss. In der Tat ist die Diskussion dann auch in diese Richtung gegangen, wobei folgendes Gedankenexperiment Shoemakers wegweisend war: Brown und Robinson unterziehen sich beide einer riskanten Operation, in deren Verlauf das Gehirn entnommen werden muss, damit ein Tumor entfernt werden kann. Bei der Reimplantation werden die Gehirne vertauscht: In den Körper von Brown wird das Gehirn von Robinson eingesetzt, in den von Robinson das Gehirn von Brown. Der Patient mit Browns Körper und Robinsons Gehirn verstirbt während der Operation, der andere Patient erlangt sein Bewusstsein zurück. Dieser Patient, von nun an Brownson genannt, verfügt über Robinsons Körper, erinnert sich aber ausschließlich an die Vorgänge aus Browns Leben und hat keinerlei Erinnerungen an das Leben von Robinson (vgl. Shoemaker 1963: 23 f.).

Shoemaker, der mit diesem Gedankenexperiment eigentlich das Erinnerungskriterium kritisieren wollte, zieht nicht den Schluss, dass

Brownson mit Robinson identisch ist, sondern gesteht zu, dass man in einem solchen Fall auch zu dem Schluss kommen kann, dass Brownson mit Brown identisch ist. Dies geschieht, wenn man die psychologische Dimension für relevanter erachtet als die physische. Vieles spricht sogar, sofern man in einem solchen Fall überhaupt verlässliche Intuitionen entwickeln kann, dafür, dem Erinnerungskriterium den Vorrang vor dem Körperkriterium zu geben. Wiggins hat deshalb vorgeschlagen, das Körperkriterium auf das Gehirn zu begrenzen und ein kombiniertes Kriterium für die Einheit der Person zu verteidigen: Der Begriff der Person setzt die diachrone Einheit eines Körpers voraus, der so organisiert ist, die relevanten mentalen Funktionen zu realisieren und aufrechtzuerhalten (vgl. Wiggins 1967: 53). Um auf dieser Grundlage auch die Teilungsfälle, die uns ja schon begegnet sind, auszuschalten, ist dafür mehr als die Hälfte des Gehirns erforderlich (vgl. Noonan 1989: 5 ff.).

Schon diese Gedankenexperimente entfernen sich weit von den Bedingungen, die in unserer aktualen Welt gegeben sind. Gegenüber dem ursprünglichen Einwand von Williams benennen sie jedoch kausale Pfade, sodass sie im Rahmen komplexer Theorien prima facie sinnvoll sind. Verteidiger des reinen psychologischen Erinnerungskriteriums haben, um den Bezug auf den Körper als konstitutives Kriterium wieder zu eliminieren, mit noch fantastischeren Szenarien geantwortet, in denen nur noch die Daten von einem Gehirn auf das nächste übertragen werden, ohne dass ein Körperteil transferiert werden müsste.[48] Abgesehen davon, dass sich diese Gedankenexperimente immer weiter von unseren technischen Möglichkeiten entfernen, stellt sich hier sofort wieder die Frage, ob man einen solchen Transfer nicht auch mehrfach durchführen könnte und sich auf diese Weise das von Williams beschriebene Ursprungsproblem nicht doch wieder einstellt.

Wir brauchen uns jedoch gar nicht weiter in den Bereich der science fantasy zu begeben. Denn der für unsere Beweisziele entscheidende Punkt liegt nicht darin, welches Kriterium der personalen Einheit angesichts solcher Umstände von einer komplexen Theorie in Anschlag zu bringen ist. Ich möchte vielmehr darauf hinweisen, dass wir es, wenn es um Personen geht, mit einem Phänomen zu tun haben, dessen Einheit mehrere Dimensionen umfasst. Die Gedankenexperimente zeichnen sich dadurch aus, dass die verschiedenen Dimensionen, die im Normalfall Hand in Hand gehen, nun auf einmal gegeneinander laufen. In einer solchen Situation sind wir gezwungen, die verschiedenen Aspekte des Kriteriums personaler Einheit gegeneinander zu gewichten oder zu entscheiden, welche von ihnen wirklich notwendig sind. Ob man sich dabei letztlich auf ein rein psychisches, ein rein physisches, ein aus beiden kombiniertes Kriterium, oder, wie z. B. Nozick vorgeschlagen hat, auf eine komplexe Matrix von Bedingungen festlegt, können wir hier offen lassen. Fatal für komplexe Ansätze ist, dass jede dieser Entscheidungen auf Abwägungen und Gewichtungen beruht, die sich im Rahmen einer an der Beobachterperspektive orientierten Theorie personaler Einheit nicht werden ausweisen lassen. Denn wenn z. B. Nozick vorschlägt, im Falle einer doppelten Hirnhälftentransplantation B als Nachfolger von A zu werten, obwohl C eine größere psychische Kontinuität aufweist, wenn C kurz nach der Operation verstirbt, B jedoch weiterlebt, dann sieht man sofort, dass sich die dabei verwendeten Maßstäbe nicht auf kausale oder funktionale Relationen werden beschränken lassen.

5.2 Personale Einheit?

Die Erörterung der verschiedenen Antwortversuche auf die Frage nach der personalen Einheit hat uns in eine Sackgasse geführt. Wie zumeist in der Philosophie sind wir dabei zwar nicht auf zwingende Argumente gestoßen, die unumstößlich zeigen, dass es auf die Frage nach der Einheit der Person im Rahmen eines komplexen Ansatzes keine adäquate Antwort geben *kann*. So gesehen handelt es sich bei einem skeptischen Fazit immer auch um eine Entscheidung – die Entscheidung, es nicht weiter auf diesem Wege zu versuchen. Jede skeptische Konsequenz bleibt unbefriedigend, wenn sie nicht mit einem konstruktiven Alternativvorschlag verbunden wird. Ein solcher wird im nächsten Kapitel entfaltet; jetzt sollen jedoch die Gründe genannt werden, aufgrund derer das Projekt, innerhalb eines komplexen Ansatzes die Einheit der Person als solcher zu bestimmen, keine guten Aussichten auf Erfolg hat.

5.2.1 Zwei Schwierigkeiten

Komplexe Theorien sind auf die Beobachterperspektive und damit auf eine rein kausal-funktionale Analyse verpflichtet. Die Erörterung der konkurrierenden Theorien lässt deutlich werden, dass wir mit dem Begriff der Person und mit unserem intuitiven Vorverständnis der Einheit der Person ein komplexes Set von Kriterien verbinden, welches mindestens eine Kombination aus physischen und psychischen Relationen enthält, möglicherweise aber sogar – wenn man Nozicks Argumenten folgt – eine noch wesentlich komplexere Matrix darstellt. Solange man die Einheitsrelation nicht durch rein definitorische Maßnahmen mit den Merkmalen der Identität ausstattet, lassen sich Situationen finden (oder erfinden), in denen diese Kriterien, die im Normalfall ineinander greifen, gegeneinander arbeiten. Geschieht dies, benötigen wir offensichtlich Vorrangregeln oder Abwägungsstandards, um die Konfliktsituation zu entscheiden. Es ist nicht zu sehen, wie diese Abwägung ohne letztlich evaluative Erwägungen vonstattengehen soll. Hier kommen, wenn auch durch die Hintertür, bestimmte Elemente unserer Liste der *person-making characteristics* ins Spiel. Von denen haben wir bereits (im zweiten Kapitel) gesehen, dass sie evaluativer Art sind. Letztlich legen die diversen Antworten auf die Frage, welches Maß an Einheit das psychologische Leben einer Person aufweisen muss, damit wir von der diachronen Einheit einer Person zu sprechen bereit sind, die Vermutung nahe, dass hier Intuitionen wirksam werden, welche die Struktur der Persönlichkeit betreffen. Damit wird die Frage nach der Einheit der Person unterschwellig transformiert in die Frage nach der Struktur der Persönlichkeit.[49] Letztere erfordert aufgrund ihrer aktivischen und evaluativen Verfasstheit einen kategorial anderen Zugriff, als ihn komplexe Ansätze zur Verfügung haben. Die erforderlichen evaluativen Kriterien sind in der Beobachterperspektive weder methodologisch zugelassen noch inhaltlich zu erfassen. Dies ist die erste Schwierigkeit, von der schwer zu sehen ist, wie sie im Rahmen der komplexen Theorien gelöst werden kann.

Die zweite Schwierigkeit wird sichtbar, wenn wir uns das Zusammenspiel von Personalität, Mensch- und Personsein vor Augen führen. Charakteristisch für den komplexen Ansatz ist, dass der Begriff der Person als ein konstitutives Sortale verwendet wird. Auf diese Weise wird mit dem Personsein ein spezifisches Set von Kriterien verbunden, welches uns erlaubt, die Wahrheitsbedingungen für Identitätsaussagen der Art „Person A zu t_0 ist identisch mit Person B zu t_1" zu ermitteln. Nun führt jedoch jede plausible Analyse der Bedingungen der Personalität nicht nur auf evaluative Kriterien (dies macht zum Teil die erste Schwierigkeit aus), sondern sie stellt auch Anforderungen, die z. B. von Menschen nicht zu allen Zeitpunkten ihrer diachronen Existenz erfüllt werden. Dadurch ergibt sich ein Dilemma: Wenn gilt, dass eine raumzeitliche Entität A und eine raum-zeitliche Entität B nicht zu den gleichen Raum-Zeitpunkten zu existieren beginnen oder zu existieren aufhören, dann kann es sich bei A und B nicht um ein-und-dasselbe Individuum handeln (dies gilt zumindest in komplexen Ansätzen). Wenn wir sowohl Menschsein als auch Personsein als konstitutive Sortale ansetzen, die uns Bedingungen der Einheit liefern, dann führt dies zu einem Substanzdualismus von Mensch und Person.[50] Man müsste dann sagen, dass in dem Augenblick, in dem ein Mensch A aus der Menge der Personen heraus fällt, weil er die für Personalität notwendigen Eigenschaften und Fähigkeiten nicht mehr aufweist, nicht nur wahr ist, dass A seinen Personenstatus verloren hat, sondern auch, dass eine bestimmte Entität, nämlich die Person A*, die mit A in einer ontologisch näher zu charakterisicrenden Verbindung steht, aufgehört hat zu existieren (A selbst existiert als Mensch ohne Personalität weiter). Dies ist das erste Horn des Dilemmas, in welches komplexe Ansätze unweigerlich geraten. Das andere Horn lässt sich kürzer darstellen: Die substanzdualistischen Konsequenzen sind vermeidbar, wenn man das Personsein von den Bedingungen der Personalität ablöst. Dann kann man sagen, dass ein Abschnitt der zeitlich ausgedehnten Existenz von A zu seiner personalen Einheit gehört, obwohl A in diesem Abschnitt nicht zur Menge der Personen gehört. Diese Option scheint mir jedoch noch unattraktiver zu sein als die Inkaufnahme eines Substanzdualismus. Denn dann müsste man sagen, dass die Relation der personalen Einheit mit unserem Verständnis von Personalität höchstens indirekt verbunden ist, weil man in ersterer stehen kann, ohne zur Menge der Personen zu gehören. Dieser Lösungsvorschlag impliziert, wenn ich richtig sehe, die Annahme, dass unsere Begriffe der Personalität und der personalen Einheit voneinander logisch unabhängig sind.

5.2.2 Die Diagnose: eine doppelte Unterbestimmtheit

Die Tatsache, dass die Frage nach der personalen Einheit auf divergierende Kriterien führt, die in bestimmten Konstellationen miteinander konfligieren können, sowie die Tatsache, dass diese Kriterien aufgrund des evaluativen Charakters von Personalität und Persönlichkeit nicht (vollständig) in der Beobachterperspektive erfasst werden können, erzeugt eine *erste* Unterbestimmtheit der Lösungsvorschläge, die sich innerhalb des komplexen Ansatzes auf die Frage nach der Einheit der Person entwickeln lassen. Sobald man dies erkannt hat, kann der von Parfit erhobene Befund, dass es in diesen besonderen Fällen keine definitiven Antworten gibt und die Suche nach einem entscheidenden Faktum personaler Einheit vergeblich ist, nicht mehr überraschen. Im Unterschied zu Parfit (1989: 217), der aufgrund dieses Ergebnisses die Frage nach der personalen ‚Identität' insgesamt zu einer „empty question" erklärt, werden wir die Fragestellung korrigieren. Der Grund für die Unterbestimmtheit liegt nicht darin, dass es hier philosophisch nichts zu entdecken gäbe, sondern darin, dass die ursprüngliche Frage nicht klar formuliert ist. Allerdings sollte man anerkennen, dass die Frage nach den Bedingungen der Einheit sich innerhalb des komplexen Ansatzes nicht mithilfe des Begriffs der Person wird beantworten lassen.[51]

Über diese Spannung, welche die evaluative Natur des Personseins in der Beobachterperspektive erzeugt, hinaus gibt es eine *zweite* Quelle für die Unterbestimmtheit der sich einstellenden Befunde: die exzessive Verwendung von Gedankenexperimenten. Getragen von der Vorstellung, dass die zu ermittelnde Relation personaler Einheit die Eigenschaften der Relation der Identität aufweisen muss, und getragen von dem Bestreben, eine für Personen als solche spezifische Einheitsrelation zu finden (oder zu konstruieren), bemühen sich die Diskutanten darum, notwendige und hinreichende Bedingungen personaler Einheit zu finden, die in allen logisch möglichen Welten gelten. Zugleich blenden sie, da sie auf der Suche nach den für Personen *als solche* spezifischen Kriterien der Einheit sind, diejenigen Elemente aus, die sich dem kontingenten Umstand verdanken, dass wir *menschliche* Personen sind. Mit anderen Worten: Weder die in unserer aktualen Welt geltenden Regelmäßigkeiten noch die für menschliche Personen charakteristischen Aspekte der menschlichen Lebensform dürfen bei der Bestimmung der personalen Einheit eine Rolle spielen.

Diese Vorgabe macht verständlich, weshalb in unserer Debatte Gedankenexperimente zur Beantwortung der Frage nach der personalen Einheit eine solch prominente Rolle spielen. Zugleich ist darin ein Hauptmangel der gesamten Diskussion zu sehen.[52] Unsere alltäglichen Intuitionen und Identitätsaussagen sind durch die in unserer Welt und mit Bezug auf die menschliche Lebensform bestehenden Sachverhalte geprägt. Diese Rahmenbedingungen mögen kontingent sein. Dennoch sind unsere Begriffe auf sie als implizite Anwendungsbedingungen angewiesen. Werden diese Voraussetzungen außer Kraft gesetzt, verwenden wir unsere Begriffe in Kontexten, für die sie schlicht nicht gemacht sind. Von daher kann es nicht verwundern, dass unsere Intuitionen unter solchen Umständen durcheinander geraten und wir nicht wissen, wie wir unsere Begriffe verwenden sollen. Aus diesem Grunde ist es nicht sinnvoll, Gedankenexperimente in der Diskussion um die Einheit der Person einzusetzen. Zu diesem Ergebnis wird zumindest jeder kommen, dem die Verwechslung der Relation der Einheit mit der der Identität nicht mehr unterläuft. Denn nur von Letzterer sollte man, ohne weitere Zusatzargumente zu nennen, erwarten, dass sie in allen logisch möglichen Welten gleichermaßen bestimmbar ist. Die zweite Quelle der Unbestimmtheit ist also in der Entkontextualisierung unserer Begriffe zu sehen, die sich in den Gedankenexperimenten vollzieht. Paradigmatisch für eine solche Entkontextualisierung ist die Diskussion um Erinnerungen und Quasi-Erinnerungen, die wir in diesem Kapitel bereits dargestellt haben (vgl. Abschnitt 5.1.1). Durch das Bestreben nach logisch notwendigen Bedingungen für personale Identität geht erstens die kausalgesetzliche Komponente unseres alltäglichen Erinnerungsbegriffs verloren, denn Letztere kann ja nur eine nomologische Notwendigkeit begründen. Auf dieser eingeschränkten Basis gilt das Erinnerungskriterium dann nur noch in allen logisch möglichen Welten, in denen die gleichen Kausalgesetze gelten, die in unserer aktualen Welt für Erinnerungen relevant sind (im Sinne einer implizit vorausgesetzten verlässlichen Basis für Erinnern). Aufgrund des Bestrebens, Bedingungen diachroner Einheit für Personen als solche zu ermitteln, wird *zweitens* die unserem alltäglichen Erinnerungskonzept eingeschriebene Bedingung, dass der Bereich des möglichen Erinnerns sich auf jeweils individuelle Organismen beschränkt, außer Kraft gesetzt. Der entkontextualisierte Begriff des (Quasi-)Erinnerns, der sich auf dieser Grundlage ergibt, ist daher nicht derjenige, den wir im Alltag verwenden. Da unsere Intuitionen, die beim Einsatz der jeweiligen Gedankenexperimente als Argumente eingesetzt werden sollen, jedoch auf diese alltäglichen Begriffe bezogen sind und nicht durch die neuen, philosophisch konstruierten Begriffe geleitet werden, verwickeln uns diese Gedankenexperimente in Konfusionen. Aus diesem Grunde bilden sie keine solide Grundlage für die philosophische Argumentation.[53]

5.3 Das skeptische Resultat: keine Einheitsbedingungen für Personen

Das skeptische Fazit, welches ich aus diesen Erörterungen ziehen möchte, besagt, dass es keine Bedingungen diachroner Einheit für *Personen als solche* gibt, die sich in der Beobachterperspektive angeben lassen. Da auch die Theorien, welche die Erstpersönlichkeitsthese vertreten, zu unlösbaren Schwierigkeiten führen, scheint kein Ausweg mehr offen zu sein. Der einzig verbleibende Zugang durch die Teilnehmerperspektive führt auf die Struktur der Persönlichkeit und enthält irreduzibel evaluative und normative Elemente. Wir können jedoch, bevor wir die Frage nach der personalen Einheit gänzlich zurückweisen oder als unbeantwortbar erklären, versuchen, einen konstruktiven Schluss aus unseren Befunden zu ziehen. Wie gesehen, erlaubt die Orientierung an der Beobachterperspektive es, viele der von uns eingangs formulierten Adäquatheitsbedingungen zu erfüllen. Als Störfaktoren haben sich jedoch die Ausrichtung an logisch möglichen Bedingungen und die Suche nach den Einheitsbedingungen für Personen als solche erwiesen. Alternativ dazu werden wir uns im nächsten Kapitel auf die Bedingungen der aktualen Welt beziehen und außerdem unseren Untersuchungsgegenstand einschränken, indem wir nach den Bedingungen der Einheit für *menschliche* Personen fragen.

6. Menschliche Persistenz: ein Exkurs

> Suppose I ask: Is *a*, the man sitting on the left at the back of the restaurant, the same person as *b*, the boy who won the drawing prize at the school I was still a pupil at early in the year 1951? To answer this sort of question is surprisingly straightforward in practice, however intricate a business it would be to spell out the full justification of the method we employ.
>
> David Wiggins

Dieses Kapitel stellt in dreifacher Hinsicht einen Exkurs dar. Mit Blick auf das übergeordnete Thema dieses Buches handelt es sich bei den folgenden Überlegungen *erstens* um einen Exkurs, weil die Kernidee darin besteht, die Antwort auf die Frage nach den Bedingungen der Einheit menschlicher Personen gänzlich vom Begriff der Person abzukoppeln und an den rein biologisch verstandenen Begriff des Menschen (qua biologische Spezies) zu delegieren. Der sich hieraus ergebende biologische Ansatz kann nur in Grundzügen behandelt werden, da eine ausführliche Entwicklung in die Biologie und die Philosophie der Biologie führen müsste.[54] Seine Prämissen sind voraussetzungsreich und, wie in der Philosophie üblich, weder alternativlos noch unumstritten. Ihre Rechtfertigung bedürfte einer eigenen Abhandlung, die sich im thematischen Rahmen dieses Buches nicht realisieren lässt. Umgekehrt stellt die Plausibilität der hier entwickelten Antwort auf das Problem personaler ‚Identität' *zweitens* Motivation und Begründung dafür bereit, die Frage nach der Einheit menschlicher Personen im Sinne des biologischen Ansatzes zu beantworten. Die Überlegungen dieses Kapitels stützen unsere Gesamtargumentation, weil sie die skeptische Konsequenz unserer bisherigen Analysen der Einheitsproblematik mildern. Außerdem motiviert unsere Untersuchung als Ganze das Projekt, eine biologische Konzeption der Einheit menschlicher Personen zu entwickeln. Der *dritte* Sinn, in dem die folgenden Überlegungen als exkursorisch zu bezeichnen sind, liegt darin, dass gefragt wird, welche Konsequenzen sich für unsere Analyse personaler ‚Identität' ergeben, wenn wir die Frage nach deren Einheit nicht mittels des Begriffs der Person, sondern mittels des Begriffs des Menschen beantworten. Dieser Frage werde ich im dritten Abschnitt des Kapitels nachgehen, nachdem im zweiten Abschnitt die Grundidee des biologischen Ansatzes sowie die mit ihm einhergehenden Prämissen und theoretischen Verpflichtungen benannt worden sind.

Als Variante einer komplexen Konzeption der Einheit muss sich der biologische Ansatz an den allgemeinen Adäquatheitsbedingungen messen lassen, die wir als Lehre aus dem Scheitern der erstpersönlich-einfachen Theorie gezogen und an denen wir die verschiedenen komplexen Theorien personaler Einheit gemessen haben. Diese *Adäquatheitsbedingungen* seien hier zur Erinnerung noch einmal genannt. Eine Theorie personaler Einheit, die nicht der Erstpersönlichkeitsthese verpflichtet ist, sollte:

- so weit wie möglich mit den alltäglichen Intuitionen, die sich der Tatsache verdanken, dass menschliche Personen einen erstpersönlichen Zugang zu ihrer eigenen zeitlich ausgedehnten Existenz haben, verträglich sein (oder sie im günstigsten Fall sogar einfangen können);
- erklären können, weshalb wir uns in unserer alltäglichen Praxis diachroner Selbstzuschreibungen (im Erinnern und Antizipieren) *normalerweise* darauf verlassen (können), dass die damit unterstellten Wahrheitsbedingungen gegeben sind;
- einheitsstiftende Relationen enthalten, die (i) sich durch Stabilität und Regelmäßigkeit in der aktualen Welt auszeichnen, und die (ii) so wenig wie möglich von sozialen Konventionen oder rein sprachlichen Festlegungen abhängen;
- erklären können, weshalb die in der Debatte seit John Locke wirkmächtigen Gedankenexperimente oder reale ‚*puzzle cases*' (wie z. B. Menschen mit Persönlichkeitsstörungen oder irreversibel komatöse Menschen) unsere alltäglichen Intuitionen durcheinander bringen;[55]
- sowohl an unsere alltägliche ethische Praxis anschlussfähig sein (und z. B. unsere Engführung von Mensch und Person erklären können) als auch zu naturwissenschaftlichen Erkenntnissen über menschliche Personen passen;
- von den Schwächen der in den letzten beiden Kapiteln diskutierten Theorien frei sein, ohne dass dafür Ad-hoc-Argumente bemüht werden müssen.

Im nächsten Abschnitt werden wir den hier skizzierten biologischen Ansatz auf diese Adäquatheitsbedingungen hin befragen. Wenden wir uns also diesem Versuch zu, die Frage nach der Einheit der Person im Sinne der Suche nach der Einheit menschlicher Personen zu modifizieren und zu beantworten.

6.1 Die Grundidee des biologischen Ansatzes

Das Bemühen komplexer Ansätze, Einheitsbedingungen für Personen *als solche* zu finden, haben wir am Ende des letzten Kapitels mit einem skeptischen Fazit abgebrochen. Bei der Diskussion des Zirkularitätseinwandes (Kapitel 5.1.1) sind wir darauf gestoßen, dass sich dieser Einwand gegen komplexe Ansätze ausräumen lässt, wenn man die These vertritt, dass sich unsere Praxis der Zuschreibung von Erinnerungen nicht auf Personen, sondern auf Organismen, in unserem Falle also auf Menschen, bezieht. Die Notwendigkeit, einen über die Zeit hinweg existierenden Träger der Erinnerungen in die komplexe Theorie der Einheit zu integrieren, führt dann nicht zu einem Zirkel, wenn dieser Träger nicht als Person, sondern als (menschlicher) Organismus bestimmt wird.[56] Dies ist eine hinreichende Antwort auf den Zirkularitätseinwand, nicht eine notwendige, da man das erforderliche Substrat auch auf andere Weise bestimmen könnte (wir werden aber jetzt weitere Gründe für die These entwickeln, dass die Orientierung am menschlichen Organismus ein guter Kandidat ist). Eine diese Annahme stützende Begründung wird sichtbar, wenn wir den Ad-hoc-Vorwurf (vgl. Kapitel 5.1.2) gegenüber solchen komplexen Theorien, die das Problem von Teilung und Verschmelzung durch Aufnahme einer entsprechenden Ausschlussklausel lösen, ausräumen wollen. Sobald wir uns bei der Frage nach der Einheit nicht am Begriff der Person orientieren, sondern uns im Falle menschlicher Personen auf den biologisch verstandenen Begriff des Menschen beziehen, können wir den Ad-hoc-Vorwurf zurückweisen. Es ist eine biologische Tatsache (in unserer aktualen Welt), dass menschliche Organismen sich zu den Zeitpunkten ihrer Existenz, zu denen sie die für Personalität hinreichenden Eigenschaften und Fähigkeiten aufweisen, nicht mehr teilen und auch nicht mehr fusionieren.[57] Wenn die Bedingungen der Einheit von menschlichen Personen dem Menschsein und nicht dem Personsein entnommen werden, dann ist die Voraussetzung, dass Fusionen oder Teilungen während der Existenzphase eines Menschen mit Personalität ausgeschlossen sind, keineswegs ad hoc, sondern kann sich auf naturwissenschaftliche Erkenntnisse der Embryologie und Biologie stützen. Ein weiterer Vorteil, die Suche nach Bedingungen der Einheit für menschliche Personen vom Begriff der Person zu verlagern auf den Begriff des Menschen, liegt darin, dass das Problem konfligierender Kriterien umgangen werden kann, welches sich bei der Bestimmung personaler Einheit als unlösbar erwiesen hat.[58]

Die Grundidee des biologischen Ansatzes ist es, nicht mehr nach den Einheitsbedingungen für Personen *als solche* zu suchen, sondern die zweite Grundfrage zu verändern und die Einheitsbedingungen für *menschliche* Personen zu ermitteln. Auf diese Weise müssen wir nicht mehr den Begriff der Person analysieren, um Kriterien der Einheit zu ermitteln, sondern wir können fragen, worin die synchrone und diachrone Einheit eines *menschlichen Organismus* besteht.[59] Wir werden in diesem Kapitel von menschlicher *Persistenz* sprechen, um auch terminologisch anzudeuten, dass wir nun menschliche Personen als raumzeitlich ausgedehnte Organismen verstehen und die spezifische Differenz des Personseins, die uns von anderen Organismen unterscheidet, ausblenden.

Damit wird unterstellt, dass wir uns in alltäglichen Kontexten bei Fragen nach synchroner und diachroner Einheit von Personen nicht vom Personsein leiten lassen, sondern davon, dass wir als menschliche Personen zugleich biologische Entitäten einer bestimmten Art sind. Dieser Vorschlag weist weitere Vorteile auf: Die biologisch verstandenen Begriffe des Organismus und des Menschen sind nicht nur Gegenstand der Philosophie der Biologie, sondern auch einer gut etablierten naturwissenschaftlichen Theorie. Zum Kernbestand jeder Naturwissenschaft gehört es, gesetzesartige Zusammenhänge zu entdecken und zu beschreiben, insbesondere kausale und funktionale Gesetze zu formulieren. Diese Gesetzmäßigkeiten, die nicht unbedingt die Form ausnahmslos gültiger Gesetze haben müssen, sondern so genannte Ceteris-paribus-Klauseln enthalten können, durch die außergewöhnliche Umstände ausgeschlossen und normale Standardbedingungen gefordert werden, bringen zwei weitere Vorteile mit sich. Wenn es gilt, dass die Entwicklung eines Organismus vom Lebensbeginn bis zum Tode durch gesetzmäßig beschreibbare Regelmäßigkeiten charakterisiert werden kann, dann können wir die bei unserer Analyse hervorgetretene kausale Komponente des Erinnerns in diesen nomologischen Gesetzmäßigkeiten verankern. Dazu müssen wir nicht einmal postulieren, dass mentale Episoden wie Erinnern oder Antizipieren selbst nichts anderes als biologische Funktionen sind. Wir können die schwächere These vertreten, dass die kausale und funktionale Struktur dieser mentalen Episoden sich der Tatsache verdankt, dass ihnen (beim Menschen) biologische Funktionen als Ermöglichungsbedingungen zugrunde liegen (damit haben wir zugleich das Problem gelöst, plausible Kandidaten für die Verankerung derjenigen Fähigkeiten zu benennen, die für Personalität notwendig sind; vgl. Kapitel 10.1). Außerdem sind, zumindest der weit geteilten Einschätzung nach, solche naturgesetzlichen Zusammenhänge keine von sozialen oder sprachlichen Konventionen abhängigen Strukturen. Wir erhalten damit für unsere Antwort auf die zweite Grundfrage ein Fundament, welches die gewünschte Unabhängigkeit unserer Theorie von Wertvorstellungen und Normen garantiert. Diese Unabhängigkeit hängt allerdings davon ab, dass man bereit ist, zwischen der Beobachter- und der Teilnehmerperspektive zu unterscheiden, und die Differenz zwischen Natur- und Geisteswissenschaften nicht nivelliert. Wenn man die vom biologischen Ansatz vorgeschlagene Deutung unserer Praxis der Zuschreibung von synchroner und diachroner Einheit menschlicher Personen als implizite Bezugnahme auf die Persistenz des menschlichen Organismus akzeptiert, dann kann man auch für die modalen Intuitionen, auf die wir im Verlaufe unserer Untersuchung mehrfach gestoßen sind, einen plausiblen Bezugspunkt angeben. Zwar beziehen wir uns, dies war ja schon unsere Kritik an der Gleichsetzung von Identität und Einheit, weder im Alltag noch in den vielen Gedankenexperimenten auf logische Notwendigkeit. Aber wir beziehen uns implizit auf die in unserer Welt aktual geltenden biologischen Regelmäßigkeiten. Da solche qua Gesetze eine nomologische Notwendigkeit aufweisen, sind unsere modalen Intuitionen verankert. Zugleich wird verstehbar, weshalb die in vielen Gedankenexperimenten vorgenommene Entkontextualisierung unsere Intuitionen verwirrt. Da die nomologischen Grundlagen, die unsere modalen Intuitionen leiten und unsere normale Zuschreibungspraxis der Einheit menschlicher Personen implizit steuern, in den auf das logisch Mögliche zielenden Gedankenexperimenten ausgehebelt werden, verlieren unsere Intuitionen ihren Halt und unsere Begriffe werden in Kontexten verwendet, für die sie nicht gemacht sind. Außerdem, so kann man den Abgleich des biologischen Ansatzes mit unseren Adäquatheitsbedingungen abschließen, haben wir auf diese Weise nicht nur eine Erklärung dafür, weshalb wir die kontingenten Bedingungen der Einheit menschlicher Personen im Standardfall als gegeben voraussetzen dürfen (in der Regel gelten eben die von der Biologie entdeckten und formulierten Gesetzmäßigkeiten). Wir haben auch keine prinzipiellen Probleme, den Lebensbeginn und die Frage nach dem Tod einer menschlichen Person mit den biologischen oder medizinischen Antworten auf diese Fragen in Einklang zu bringen, da wir diese Fragen im biologischen Ansatz ja gerade – allerdings auf der Grundlage philosophischer Überlegungen – an diese Disziplinen delegieren.[60]

Es wäre unredlich zu verschweigen, dass auch der biologische Ansatz eine Reihe von Problemen aufwirft.[61] In der Philosophie der Biologie und der Biologie müssen nun zentrale Begriffe geklärt und fundamentale Fragen beantwortet werden: Wodurch unterscheiden sich Organismen von anderen Arten von Entitäten?[62] Was sind die spezifischen Bedingungen der Persistenz für menschliche Organismen, wann beginnt ein Mensch zu existieren, unter welchen Umständen hört er zu existieren auf? Lässt sich der Begriff der Spezies so weit präzisieren, dass er für die Biologie brauchbar, wissenschaftstheoretisch und philosophisch angemessen ist sowie für die Beantwortung von Fragen nach der Persistenz von Mitgliedern einer Spezies herangezogen werden kann?[63]

Diese Fragen sind philosophisch und empirisch auch deshalb komplex, weil in Biologie und Medizin ein großes Wissen angehäuft worden ist. Wie eingangs dieses Kapitels bereits gesagt, können wir sie im Rahmen unserer Untersuchung nicht behandeln. Aus diesem Grunde bleibt hier eine Leerstelle in unserer Antwort auf die Frage nach personaler ‚Identität' unausgefüllt. Über diese Leerstelle hinaus ergeben sich aus dem biologischen Ansatz Folgeprobleme und Fragen, die direkt den Zusammenhang des Mensch- und des Personseins betreffen. Diese gehören, soweit sie philosophischer Natur sind, unmittelbar zu unserem Thema und ihre Beantwortung wird deutlicher werden lassen, wie der biologische Ansatz sich in unsere Gesamtantwort auf die Frage nach der personalen ‚Identität' einfügt. Auch wenn wir dabei auf Probleme stoßen werden, die den Rahmen unserer Überlegungen verlassen und aus diesem Grunde nur gestreift werden können, sollen daher im folgenden Abschnitt die Schnittstellen zwischen dem Person- und dem Menschsein ein weiteres Mal beleuchtet werden.

6.2 Bin ich wesentlich ein menschlicher Organismus?

In der Debatte um personale Identität wird seit einigen Jahren von manchen Autoren die These vertreten, die Frage nach der Einheit der Person sei als Frage nach der Einheit des Menschen zu verstehen (vgl. paradigmatisch Olson 1997 und DeGrazia 2005). Dieser Vorschlag unterscheidet sich von dem hier vertretenen biologischen Ansatz darin, dass die Angabe der Einheitsbedingungen dort als Antwort auf die Einheit der Person verstanden wird, während ich davon ausgehe, dass man damit die zweite Grundfrage umdeutet. Im Zuge der Diskussion dieses Vorschlags steht die Frage nach dem Verhältnis unseres Mensch- und Personseins zueinander im Vordergrund. Sie wird zumeist auf folgende Formel gebracht: Bin ich wesentlich ein menschlicher Organismus? Wir können sie zum Ausgangspunkt nehmen, um unseren biologischen Ansatz in den Gesamtrahmen unserer Überlegungen einzubeziehen. Bevor ich dazu übergehe, den Sinn dieser Frage näher zu bestimmen, möchte ich einen an dieser Stelle nahe liegenden Einwand ausräumen.

6.2.1 Ist der biologische Ansatz mit unserer Antwort auf die erste Grundfrage inkompatibel?

Dieser Einwand lässt sich so explizieren: In der hier vorgeschlagenen Antwort auf die erste Grundfrage nach den Bedingungen der Personalität wird nicht gefordert, dass nur Mitglieder der Spezies Mensch Personen sein können. Der biologische Ansatz behauptet aber, dass die Antwort auf die zweite Grundfrage mittels des Begriffs des Menschen zu entwickeln ist. Damit wird, so der Einwand, implizit festgelegt, dass nur Menschen Personen sein können.

Dieser Einwand ist aus zwei Gründen nicht stichhaltig. Die erste Antwort, aus der wir jedoch nicht viel für die Klärung unserer systematischen Gesamtposition gewinnen können, besteht schlicht in dem Hinweis, dass unsere Antwort auf die erste Grundfrage zwar nicht fordert, dass nur Menschen Personen sein können, aber durchaus mit dem Befund verträglich ist, dass nur Menschen Personen sind oder sogar sein können. Dies ist dann der Fall, wenn dieser Befund nicht direkt aus dem Begriff der Personalität, also nicht über den Weg der Bestimmung von Bedingungen der Personalität, sondern auf anderem Wege, z. B. über eine Analyse der Einheitsbedingungen für Personen, gewonnen wird. Unsere Antwort auf die erste Grundfrage impliziert lediglich, dass der Begriff der Personalität nicht die Bedingung enthält, bei Personen müsse es sich um Mitglieder der Spezies Mensch handeln.

Die zweite Antwort auf diesen Einwand, die über den biologischen Ansatz mehr Aufschluss gibt, besteht in dem Nachweis, dass auch unsere Antwort auf die zweite Grundfrage nicht impliziert, dass nur Menschen Personen sein können. Dieser Nachweis geht so:
Der biologische Ansatz behauptet:

P1 Für alle x, die zugleich Personen und Organismen sind, gilt: Nicht der Begriff der Person, sondern der auf das jeweilige x zutreffende biologische Speziesbegriff liefert die Bedingungen der Persistenz.

P2 Menschliche Personen sind Organismen der Spezies Mensch.
also

C Die Bedingungen der Persistenz einer menschlichen Person werden durch den Begriff des Menschen bestimmt.

Mit der ersten Prämisse ist verträglich, dass es Personen gibt, die keine Organismen sind. Darüber sagt der biologische Ansatz nichts aus. Mit ihr ist auch verträglich, dass es Mitglieder anderer Spezies gibt, die zugleich Personen sind. Aus diesem Grunde folgt aus der ersten Prämisse nicht, dass nur Menschen Personen sein können. Die zweite Prämisse behauptet von *menschlichen* Personen, dass sie Mitglieder der Spezies Mensch sind. Dies impliziert weder, dass nur Mitglieder der Spezies Mensch Personen sein können. Noch wird damit gesagt, dass alle Mitglieder der Spezies Mensch Personen sein müssen (die für ethische Fragen beträchtliche Relevanz dieser Zusammenhänge haben wir im Kontext unserer Erörterung des Rechts auf Leben bereits erörtert; vgl. Kapitel 2.2.1). Damit ist geklärt, dass der biologische Ansatz keine Implikationen enthält, die mit der Annahme unvereinbar sind, dass auch andere Entitäten als Menschen die Bedingungen der Personalität in der aktualen Welt erfüllen können.[64]

6.2.2 Bin ich wesentlich ein menschlicher Organismus?

Die Diskussion zwischen Vertretern einer komplexen Theorie personaler Einheit wird seit einigen Jahren durch den Vorschlag bereichert, die von Locke gemachte Unterscheidung zwischen personaler und menschlicher ‚Identität' nicht zu akzeptieren und personale ‚Identität' als ‚Identität' des Menschen zu bestimmen. Kritiker komplexer Theorien wie auch Anhänger komplexer Theorien, die in der Nachfolge Lockes ein psychologisches oder ein kombiniertes Kriterium personaler ‚Identität' verteidigt haben, kritisieren diese biologische Variante personaler Einheit, indem sie nach dem Verhältnis von Personsein und Menschsein fragen.[65] Die Kritik kleidet sich in die Frage, ob ich wesentlich ein menschlicher Organismus bin. Diese Frage, die auf das ontologische Verhältnis von Mensch und Person abzielt, ist, wenn man die Begriffe „Mensch" und „Person" als hinreichend geklärt voraussetzt, in zwei Hinsichten präzisierungsbedürftig.

(a.) *Erstens* fällt auf, dass die Frage in der grammatischen Form des Erste-Person-Singulars formuliert wird. Manche Anhänger der erstpersönlich-einfachen Theorie versuchen, aus der Selbstbezugnahme mit „ich" abzuleiten, dass ich kein Organismus sein kann, da ich mir ja auch vorstellen kann, eine Entität einer anderen Art zu sein. Dieses in der Tradition von Descartes stehende Argument zugunsten eines Substanzdualismus ist, wie wir in unserer Erörterung erstpersönlich-einfacher Theorien gesehen haben, nicht zwingend. Wenn man die Besonderheiten der erstpersönlichen Selbstbezugnahme bewahren und als plausibel ausweisen will, muss man zugestehen, dass mit der erstpersönlichen Selbstbezugnahme überhaupt nicht festgelegt wird, um welche Art von Referenzobjekt es sich handelt, auf das ich mich da beziehe. Im mit „ich" zum Ausdruck gebrachten Selbstbewusstsein kommt keine Selbstbezugnahme in bestimmter Hinsicht (z. B. „ich qua Mensch" oder „ich qua Philosophin") vor.[66] Deshalb sind die Besonderheiten der erstpersönlichen Selbstbezugnahme zwar mit dualistischen Annahmen verträglich, Letztere folgen aber nicht aus Ersteren. Um irreführende Intuitionen, die sich mit philosophischen Deutungen erstpersönlicher Selbstbezugnahmen einstellen können, zu vermeiden, ist es daher sinnvoll, die Frage zu transformieren. Wir sollten also fragen: Ist das X, welches eine Person ist, wesentlich ein X, welches ein menschlicher Organismus ist? Diese etwas umständliche Formulierung ist notwendig, da wir uns auf X neutral beziehen müssen, um fragen zu können, ob es für die Person X wesentlich ist, als menschlicher Organismus zu existieren. In unserer Formulierung kann man dann auch umgekehrt fragen, ob es für den menschlichen Organismus X wesentlich ist, als Person zu existieren.

(b.) Damit wird der *zweite* klärungsbedürftige Aspekt der Frage sichtbar: Was ist mit „wesentlich" gemeint? Die Schwierigkeit, die es auszuräumen gilt, besteht in der Mehrdeutigkeit von „wesentlich". Dass etwas für X wesentlich ist, kann in einem metaphysischen Sinne gemeint sein, der die Einheit oder die Persistenz eines X betrifft. Dann bedeutet die Aussage, dass die Eigenschaft f für X wesentlich ist, in unserem jetzigen Kontext, dass X nicht persistieren kann, ohne f zu sein.[67] Davon zu unterscheiden ist ein evaluativer Sinn von „wesentlich". So verstanden meint „wesentlich", dass es für X selbst (oder für uns) von besonderem Wert ist, dass X f ist. Mit anderen Worten: Es ist das F-sein von X, welches besonders geschätzt wird (wir können an dieser Stelle offen lassen, ob diese Wertschätzung aus ethischen oder aus Klugheitsgründen erfolgt). Da wir uns gegenwärtig um die zweite Grundfrage kümmern und die metaphysische Frage nach den Einheits- oder Persistenzbedingungen menschlicher Personen beantworten wollen, müssen wir das „wesentlich" in unserer Ausgangsfrage im metaphysischen und nicht im evaluativen Sinne verstehen (eine genauere Analyse dieser verschiedenen Bedeutungen von „wesentlich" sowie ihres Zusammenhangs im Kontext der Debatte um personale ‚Identität' nehmen wir im nächsten Kapitel vor; vgl. 7.2.2). Damit steht die Frage nach der richtigen Bestimmung der ontologischen Verhältnisse im Raum, der wir uns jetzt zuwenden können.

6.2.3 Person-Mensch: Ontologische Relationen

Zentrale Voraussetzung für die folgende Diskussion, in der wir uns auf die Erörterung der Persistenz von raum-zeitlich existierenden konkreten Entitäten beschränken, sind zwei Prämissen, mit denen wir unsere Erörterung beginnen. Zum einen wird akzeptiert, dass aus der Identität von a und b folgt, dass jede Eigenschaft, die auf a zutrifft, auch auf b zutrifft. Zum anderen wird unterstellt, dass die Relation der Identität absolut ist und nicht auf bestimmte Hinsichten relativiert werden muss (vgl. Wiggins 2001: Kapitel 1). Die Relation der Identität ist extensional, womit zum Ausdruck gebracht wird, dass die Identitätsaussage, dass a mit b identisch ist, nicht davon abhängt, welche Eigenschaften auf a (oder b) zutreffen oder auf welche Weise man auf a (oder b) Bezug nimmt. Um ein Beispiel zu nehmen: Von a gelte, dass sie Autorin eines philosophischen Buches ist. Ferner gelte von a, dass sie Autorin eines Romans ist. Wenn nun gilt, dass a mit b identisch ist, dann gilt auch von b, dass sie Autorin eines philosophischen Buches und dass sie Autorin eines Romans ist. Es ist also ausgeschlossen, dass wir bei einer Identitätsaussage (a = b) angeben müssen, ob wir uns auf a qua Autorin eines philosophischen Buches oder qua Autorin eines Romans beziehen. Wenn die Identitätsaussage gilt, dann müssen wir keine Hinsichtenunterscheidungen angeben, sondern können schließen, dass alle Eigenschaftsvorkommnisse, die auf a zutreffen, auch auf b zutreffen.[68] Aus diesen beiden Prämissen folgt, unter der plausiblen Voraussetzung, dass jedes existierende konkrete Ding zu jedem Zeitpunkt seiner Existenz mindestens eine Eigenschaft exemplifiziert, dass a und b dann nicht identisch sein können, wenn es Zeitpunkte gibt, an denen a existiert, nicht aber b (oder umgekehrt).

Mit Bezug auf die uns interessierenden Konstellationen von Person und Mensch lassen sich nun Fälle beschreiben, die zeigen, dass hier philosophischer Klärungsbedarf besteht. Fangen wir mit dem Verhältnis von Person und Mensch, d. h. menschlichem Organismus, an. Unter jeder plausiblen Analyse der Bedingungen der Personalität, die sich von unserer alltäglichen Zuschreibungspraxis nicht vollständig ablöst, gilt, dass menschliche Organismen in ihren frühesten Lebensstadien keine Personen sind, weil sie die für Personalität notwendigen Eigenschaften und Fähigkeiten noch nicht aufweisen. Gleiches gilt für irreversibel komatöse Menschen, die nicht mehr als aktuale Personen zu zählen sind. Nun lässt sich folgender Fall beschreiben:

(i) a zu t_0 und b zu t_1 sind ein und derselbe menschliche Organismus.
(ii) a zu t_0 ist keine Person.
(iii) a* zu t_1 ist eine Person.
(iv) b* zu t_1 ist eine Person.
(v) a* = b*.
(vi) b = b*.[69]

Wenn ich sagen möchte, dass es sich bei b* zu t_1 um eine menschliche Person handelt (Behauptung (vi)), dann ergibt sich prima facie ein Widerspruch zu unseren beiden eingangs genannten Voraussetzungen. Aus der Identität von a und b folgt, dass der menschliche Organismus b bereits zum Zeitpunkt t_0 existiert hat. Zugleich gilt, dass b zu t_0 keine Person ist, die Person b also zu t_0 nicht existiert. Wenn aber (v) und (vi) gelten, dann müsste (ii) falsch sein. Anders gesagt: Die raum-zeitlichen Ausdehnungen des menschlichen Organismus und der Person, von der wir hier sprechen, differieren. Also kann die Person entweder nicht mit dem menschlichen Organismus identisch sein (und (vi) wäre falsch), oder a zu t_0 muss doch eine Person sein. Schlicht ausgedrückt: Wenn es Phasen in der Existenz eines menschlichen Organismus a gibt, in denen a keine Person ist, und wenn es Phasen in der Existenz von a gibt, in denen er eine Person ist, dann kann Person a und Mensch a nicht ein und dasselbe Individuum sein.

Ein solches Resultat ist unerfreulich. Wir haben den Ausweg, die Identitätsrelation umzudeuten, ausgeschlossen. Der Grund dafür ist nicht nur, dass es philosophisch sehr problematisch ist, das Vorverständnis einer so grundlegenden Relation zu revidieren. Sondern wir haben auch, wie sich jetzt zeigen wird, andere theoretische Optionen zur Verfügung. Vor allem unsere Analyse der Einwände gegen Lockes Vorschlag wird uns hier weiterhelfen. Dort haben wir festgestellt, dass es wichtig ist, zwischen der Identitätsrelation und den Wahrheitsbedingungen für Identitätsaussagen zu unterscheiden. Wir brauchen aus dem obigen Befund nicht abzuleiten, dass es verschiedene relative Identitäten, die Organismus- und die Person-Identität gibt. Wir können sagen, dass die Einheits- oder Persistenzbedingungen für menschliche Organismen und Personen nicht die gleichen sind (das Problem ist damit von der Ebene der Identitätsrelation auf die Ebene der Wahrheitsbedingungen für transtemporale Identitätsaussagen verlagert, aber noch nicht gelöst).

Unter dieser Voraussetzung lassen sich drei Optionen denken. Die *erste* Option besteht darin zu sagen, dass (α) sowohl der Begriff des Menschen als auch der Begriff der Person Bedingungen der Einheit bereitstellen, (β) menschliche Organismen aber nicht identisch sind mit Personen (also (vi) falsch ist). Ein zentraler Grund für diese dualistische Deutung ist der oben beschriebene Fall.[70] Die *zweite* Option wird von denjenigen ergriffen, die eine biologische Antwort auf die Frage nach der Einheit der Person vorschlagen. Sie bestreiten (β) und behaupten (non-β), dass Personen mit menschlichen Organismen identisch sind (also (vi) wahr ist). Dabei akzeptieren sie (α), behaupten aber zusätzlich (γ), dass die Bedingungen der Einheit für Personen mit denen der Einheit für menschliche Organismen zusammenfallen – dies ist die biologische Variante der komplexen Theorie personaler Einheit. Der hier vorgeschlagene biologische Ansatz stellt demgegenüber eine *dritte* Option dar, weil die von den ersten beiden Optionen geteilte Prämisse (α) explizit bestritten wird. Stattdessen wird behauptet (δ), dass der Begriff des Menschen, nicht aber der Begriff der Person Bedingungen für die Persistenz bereitstellt. Damit macht die Alternative (β) oder (non-β) keinen Sinn mehr, da sie unterstellt, dass sowohl „Mensch“ als auch „Person“ Bedingungen der Einheit bereitstellen.[71] In der Konsequenz muss (vi) uminterpretiert werden als Prädikation der Eigenschaft „Personalität“ von einem menschlichen Individuum, sodass unser b* aufgelöst wird in die Behauptung, dass b zum fraglichen Zeitpunkt eine Person ist (die von Substanzdualisten postulierte zusätzliche Entität b* fällt damit weg).

Während die Differenz zwischen der ersten und den beiden anderen Optionen klar auf der Hand liegt, ist der Unterschied zwischen der zweiten und der dritten Option vermutlich nicht unmittelbar einsichtig. Der Grund hierfür ist schnell gefunden. Er liegt zum einen darin, dass Vertreter der zweiten Option zumeist nicht klar sagen, ob es auch nicht-menschliche Personen geben kann, für die dann andere Bedingungen der Persistenz gelten als für menschliche Personen.[72] Außerdem wird in der zweiten Option implizit davon ausgegangen, dass man mit der Angabe der Bedingungen der Persistenz für menschliche Organismen alles gesagt hat, was man zur ‚Identität' menschlicher Personen sagen muss. Wenn man jedoch einräumt, dass nicht nur Menschen Personen sein können, und anerkennt, dass mit der Angabe von Persistenzbedingungen für Menschen nur eine der drei für menschliche Personen wesentlichen Grundfragen beantwortet ist, dann lässt sich die zweite in die von uns favorisierte dritte Option überführen.

Die Antwort auf das Problem lautet dann, dass „Person" auf Phasen der Existenz eines menschlichen Organismus zutrifft, ohne dass „Person" Bedingungen der Einheit bereitstellt.[73] Mit anderen Worten: Ein menschlicher Organismus kann weiterexistieren, auch wenn er aufhört, eine Person zu sein. Die Eigenschaft, ein menschlicher Organismus zu sein, liefert dagegen die Bedingungen seiner Persistenz. Fällt sie weg, hört das fragliche Individuum auf zu existieren. In diesem Sinne ist deshalb für menschliche Personen das „Menschsein" wesentlich, das Personsein dagegen nicht.[74] Zu beachten ist dabei, dass unter „wesentlich" hier nicht der evaluative Sinn zu verstehen ist, sondern nur die These zum Ausdruck gebracht wird, dass „Mensch" die Bedingungen der Persistenz für menschliche Organismen bereitstellt. Nichts schließt aus, dass wir im evaluativen Sinne andere Eigenschaften für wertvoll erachten als die im ontologischen Sinne wesentlichen (vgl. dazu Kapitel 7).[75] Außerdem lässt unser biologischer Ansatz Raum für philosophisch aufschlussreiche Antworten auf die Frage, wie sich menschliche *Personen* zu ihrer eigenen zeitlich ausgedehnten Existenz qua *menschliche* Personen verhalten (vgl. dazu Kapitel 8 bis 10). Da wir es schon bei der Beantwortung der ersten Grundfrage abgelehnt haben, nur den Entitäten und Relationen Realität zuzuerkennen, die sich in der Beobachterperspektive erfassen lassen, folgt aus unserem Vorschlag, die Frage nach der Einheit der Person skeptisch zu beantworten und durch die Frage nach der Persistenz von Menschen, die Personalität haben und eine Persönlichkeit ausbilden können, nicht, dass Personalität oder Persönlichkeit weniger real sind als unsere Eigenschaft, Organismen einer bestimmten Art zu sein. Unser Bild von der Gesamtsituation wird lediglich komplexer und wir sind jetzt an dem Punkt, wo wir zur Erörterung der dritten Grundfrage übergehen können.

7. Parfits Provokation

> Es gibt keine common-sense-Antwort auf ein philosophisches Problem. Man kann den common-sense gegen die Angriffe von Philosophen nur verteidigen, indem man ihre Probleme löst, d. h., indem man sie von der Versuchung heilt, den common-sense anzugreifen, und nicht, indem man die common-sense-Ansichten wiederholt.
>
> Ludwig Wittgenstein

Nachdem wir in den letzten vier Kapiteln die wichtigsten philosophischen Antworten auf die Frage nach den Bedingungen der Einheit menschlicher Personen analysiert und eine eigene Position skizziert haben, ist es nun Zeit, die dritte Grundfrage in Angriff zu nehmen. Als Überleitung bietet sich die Erörterung eines prominenten Arguments von Parfit an. Er hat behauptet, dass personale Identität nicht dasjenige ist, worauf es uns beim Weiterleben ankommt bzw. ankommen sollte. Seine zum Schlagwort geronnene Formulierung dieser These lautet: „Identity is not what matters in survival".

Die genauere Bestimmung der Bedeutung dieses Slogans und die Analyse von Parfits Argument erlaubt es uns, die Zusammenhänge zwischen der zweiten und der dritten Grundfrage kenntlich zu machen. Dabei werden wir einen Faden unseres Argumentationsganges wieder aufnehmen können, den wir im zweiten Kapitel fallen gelassen haben: die Frage nach dem Verhältnis von Personalität und Persönlichkeit, also die Frage nach der Verbindung zwischen der ersten und der dritten Grundfrage. Die Diskussion von Parfits These wird auf den Argumentationsgang unserer Untersuchung zugeschnitten sein. Aus diesem Grunde werden viele Aspekte von Parfits Überlegungen und viele Einwände, die andere Autoren gegen Parfit vorgebracht haben, im Folgenden keine oder nur insoweit eine Rolle spielen, wie sie für die Argumentations- und Beweisziele unserer Untersuchung relevant sind.[76]

Wie sich im Verlauf dieses Kapitels zeigen wird, liegt der philosophische Gewinn der Provokation Parfits vor allem darin, die aktivische und evaluative Dimension des Personseins sichtbar werden zu lassen. Darüber hinaus werden wir für die Explikation seines Arguments das Konzept der individuellen Persönlichkeit benötigen und sehen, dass eine befriedigende Antwort auf die von Parfit aufgeworfenen Fragen nur möglich ist, wenn wir uns über die Struktur der Persönlichkeit als unsere Lebensform verständigen und nach Identitätsbedingungen für Persönlichkeit fragen. Parfits Provokation erlaubt uns damit nicht nur den Übergang zu unserer dritten Grundfrage, sondern legt auch den Fragenkatalog fest, welchen wir im Rest dieses Buches behandeln müssen, um eine umfassende Konzeption aller Aspekte der ‚Identität' der menschlichen Person im Grundriss entwickeln zu können.

Der argumentative Übergang zu unserer dritten Grundfrage wird in vier Schritten erfolgen. Nach einer kurzen Darstellung der Provokation, die Parfit mit der Formel „identity is not what matters in survival" ausgesprochen hat, werde ich einige Klärungen vornehmen, um den genauen Gehalt von Parfits These bestimmen zu können. Anschließend werden die wichtigsten Argumente präsentiert, die gegen Parfit geltend gemacht worden sind, bevor dann abschließend der philosophische Ertrag dieser Diskussion zusammengefasst wird. Da diese Perspektive auf Parfits Überlegungen nicht nur unter der Voraussetzung unserer spezifischen Antwort auf die Frage nach personaler Einheit (vgl. Kapitel 6) von Interesse, sondern für die Klärung des Verhältnisses zwischen zweiter und dritter Grundfrage generell gewinnbringend ist, spreche ich in diesem Kapitel wieder über personale Einheit und verwende den Begriff der Persistenz nur an den Stellen, wo speziell der von uns vorgeschlagene biologische Ansatz gemeint ist.

7.1 Parfits Provokation: „Identity is not what matters!"

Eine seiner zentralen Thesen dient Parfit als Überschrift zu einem im Jahre 1995 erschienenen Aufsatz: „The Unimportance of Identity" (nachgedruckt als Parfit 2003). Schon in seinem Hauptwerk *Reasons and Persons*, welches 1984 erschienen ist, findet sich die parfitsche Provokation als Titel des zwölften Kapitels, welches überschrieben ist mit „Why our identity is not what matters" (Parfit 1989: 245). Bereits in einem 1971 publizierten Aufsatz zu unserem Themenkomplex findet sich als zentrale These die Aussage, dass in seiner Theorie „die Frage nach der Identität nicht mehr von Bedeutung" sei (in der deutschen Übersetzung als Parfit 1999: 72). Parfits Behauptung ist, dass seine Antwort auf die Einheit von Personen eine zentrale Konsequenz mit sich bringt: „The main conclusion to be drawn is that *personal identity is not what matters*" (Parfit 2003: 130). Anders formuliert lautet seine auf den ersten Blick paradox anmutende Behauptung, dass es nicht Identität ist, auf die es uns beim Weiterleben ankommt oder ankommen sollte.

Schon an dieser Formulierung lässt sich erkennen, dass Parfits These, wie viele andere berühmte philosophische Thesen, die große Debatten angestoßen haben, in ihrem Aussagegehalt nicht klar ist. So müssen wir sofort fragen, in welchem Sinne hier „Identität" verwendet und in einen Gegensatz zum „Weiterleben" gebracht wird. Auch die Redewendung „what matters" erweist sich bei näherem Hinsehen als explikationsbedürftig. Dies wird schon daraus ersichtlich, dass Parfit seine These einmal in der Form einer deskriptiven Aussage vorträgt, wenn er sagt, dass Identität nicht dasjenige *ist*, worauf es uns beim Weiterleben ankommt, damit zugleich aber auch eine Aufforderung verbindet, unsere Einstellung zur Identität zu ändern: Identität *sollte* nicht das sein, worauf es uns beim Weiterleben ankommt. Auch diese Dimension der gesamten Theorie Parfits wird bereits in dem gerade erwähnten frühen Aufsatz deutlich. Er sieht in einem Wandel unserer Orientierung – weg von Identität, hin zu Weiterleben ohne Identität – die Möglichkeit, unsere Angst vor dem Tod abzuschwächen (vgl. Parfit 1999: 97). Eine ebenfalls berühmt gewordene Passage aus *Reasons and Persons* bringt diese Dimension von Parfits Überlegungen klar zum Ausdruck. Mit Bezug auf das Resultat seiner Überlegungen, dass personales Weiterleben graduell und kein Fall von Identität ist, fragt er den Leser (Parfit 1989: 281):

> Is the truth depressing? Some may find it so. But I find it liberating, and consoling. When I believed that my existence was such a further fact, I seemed imprisoned in myself. My life seemed like a glass tunnel, through which I was moving faster every year, and at the end of which there was darkness. When I changed my view, the walls of my glass tunnel disappeared. I now live in the open air. There is still a difference between my life and the lives of other people. But the difference is less. Other people are closer. I am less concerned about the rest of my own life, and more concerned about the lives of others.

Hinter Parfits Vorschlag stehen also, zumindest seiner eigenen Ansicht nach, große und existenziell bedeutsame Fragen, die ins Herz unserer personalen Lebensform zielen. Von daher ist es kein Wunder, dass Parfits zumindest auf den ersten Blick paradox anmutende Behauptung als Herausforderung auf- und angenommen worden ist. Bevor wir uns jedoch einigen philosophischen Reaktionen zuwenden, die Parfit mit seinem Vorschlag provoziert hat, sollten wir uns um eine Präzisierung des Aussagegehalts von Parfits These bemühen. Denn die Überlegungen, die wir bisher angestellt haben, belegen, dass die Rede von Identität oder Weiterleben klärungsbedürftig ist, sobald es um menschliche Personen geht. Wenn wir die notwendigen Klärungen vorgenommen haben, sind wir in der Lage, die philosophischen Einwände und Entgegnungen zu analysieren, die gegen Parfits Vorschlag ins Feld geführt worden sind. Dabei werden wir uns auf solche Diskussionsbeiträge beschränken, die uns in unserer eigenen Fragestellung weiterbringen. Denn unabhängig davon, ob man Parfit folgt oder nicht, lässt sich aus der von ihm initiierten Diskussion ein für uns wichtiger Ertrag gewinnen. Dieser besteht darin, die praktische Dimension der Personalität, für die wir den Begriff der Persönlichkeit reserviert haben, sichtbar werden zu lassen. Parfits Provokation liefert uns die Vorgaben, anhand derer wir in den nächsten Kapiteln unsere Antwort auf die dritte Grundfrage entwickeln können.

7.2 Klärungen

In letzter Instanz zielt Parfit mit seiner These auf eine Einstellungsänderung ab, die zu einer uns existenziell entlastenden Haltung zur eigenen personalen Existenz führt. Darüber hinaus hält er diese neue Haltung aus moralischer Perspektive für einen Fortschritt, da sich auf diese Weise die Engführung von Rationalität und Eigeninteresse aufbrechen lasse.[77] Die Grundlage, mittels derer Parfit diese Einstellungsänderung herbeiführen möchte, ist seine Antwort auf unsere zweite Grundfrage: die Einheit der Person. Wir werden daher in zwei Schritten vorgehen: Zuerst werden wir die Kernelemente von Parfits Theorie personaler Einheit identifizieren, wobei wir uns auf unsere Analysen in den letzten vier Kapiteln stützen können. Auf diese Weise werden wir das Verhältnis von „Identität" und „Weiterleben" bestimmen und anschließend auch dazu in der Lage sein, verschiedene Bedeutungen von „what matters" zu unterscheiden.

7.2.1 Parfits Antwort auf die Frage nach personaler Einheit

Parfit vertritt eine Variante der komplexen Theorie personaler Einheit. Seine gesamte Argumentation geht davon aus, dass die für das Weiterleben (survival) einer Person entscheidende Relation nicht die der Identität ist. Wer versuche, die für Personeneinheit konstitutive Relation als Identität zu begreifen, oder wer versuche, diese Relation mit den gleichen Eigenschaften auszustatten, die der Relation der Identität zu eigen sind, der müsse, so Parfit, eine simple Theorie vertreten. Darunter versteht er die These, dass die diachrone Identität einer Person in der nicht weiter analysierbaren Identität eines cartesischen Selbst besteht (dies ist unsere dritte Option gewesen, vgl. Kapitel 4).

Wir haben im vierten Kapitel gesehen, dass diese Gegenüberstellung zu einfach ist, weil sowohl Lockes Vorschlag als auch erstpersönlich-einfache Konzeptionen weitere Alternativen darstellen. Da sich aber gezeigt hat, dass erstpersönlich-einfache Theorien an einem unbehebbaren Defizit leiden, können wir Parfit dennoch darin folgen, dass nur eine komplexe Theorie adäquat sein kann. Die wesentlichen Differenzen zwischen unserem biologischen Ansatz menschlicher Persistenz und dem von Parfit favorisierten Modell personaler Einheit lassen sich auf drei Punkte bringen:

1. Parfit ist der Meinung, wir könnten aus dem Begriff der Person Einheitsbedingungen ableiten. In unserer Antwort auf die zweite Grundfrage sind wir dagegen zu dem Ergebnis gekommen, dass für die Gewinnung von Kriterien für die Persistenz menschlicher Personen der als biologischer Speziesbegriff verstandene Begriff des menschlichen Organismus herangezogen werden muss.
2. Parfit vertritt innerhalb des Spektrums komplexer Theorien personaler Einheit ein kombiniertes psycho-physisches Kriterium. Diesem zufolge besteht die Einheit einer Person darin, dass zwischen vergangenen, gegenwärtigen und zukünftigen mentalen Episoden eine kausal gestützte Kontinuität besteht. Im biologischen Ansatz dagegen kommt der nomologisch strukturierten Leistung der Selbstintegration eines ununterbrochenen Lebensprozesses die entscheidende konstitutive Funktion zu.
3. Diese kausale Stützung der Kontinuität ist für Parfit schon dadurch gewährleistet, dass es überhaupt eine kausale Kette gibt (zu Beginn vertritt er zwar noch die Position, es müsse sich um eine verlässliche kausale Kette handeln, später aber geht er zu der Aussage über, dass jede kausale Kette hinreichend ist). Im biologischen Ansatz werden dagegen speziesspezifische biologische Gesetze als nomologische Struktur des fraglichen organismischen Lebensprozesses postuliert.

Für die Zwecke unserer jetzigen Argumentation müssen wir uns nicht auf die Details einlassen, mittels derer Parfit die konstitutive Einheitsrelation für Personen weiter charakterisiert. Wichtig ist, dass er auf der Grundlage des Gedankenexperiments, in dem die beiden Gehirnhälften einer Person A in zwei verschiedene Körper transplantiert werden, die Einheitsrelationen für Personen ohne Ausschlussklausel definiert. Da wir uns in diesem Gedankenexperiment vorstellen können, dass nach der Doppeltransplantation zwei neue Personen B und C existieren, die beide in einer Relation der psycho-physischen Verknüpfung zu A stehen (also Parfits Bedingung erfüllen), kann, so Parfit, zwischen A und den beiden Nachfolgern B und C keine Identitätsrelation bestehen. Anders als z. B. Shoemaker (1999), der seine Variante des psychologischen Kriteriums um eine Nichtteilungsbedingung ergänzt, verzichtet Parfit auf eine solche Lösung. Der Grund dafür ist, dass Parfit zwei fundamentalen Prinzipien verpflichtet ist. Diesen Prinzipien zufolge darf die Antwort auf die Frage, ob X zu einem Zeitpunkt dieselbe Person ist wie Y zu einem anderen Zeitpunkt, erstens nur von intrinsischen Eigenschaften von X und Y sowie den intrinsischen Eigenschaften der Relationen zwischen X und Y abhängen – das Nur-X-und-Y-Prinzip (vgl.

dazu Kapitel 5.1.2). Zweitens darf das Bestehen numerischer Identität zwischen X und Y nicht von trivialen Fakten abhängen, da das Bestehen der Identitätsrelation zwischen X und Y von eminenter Bedeutung ist (wir können dies die Nichttrivialitätsbedingung nennen; vgl. Parfit 2003: 140). So würden wir es vermutlich für abwegig halten, dass die Wahrheit der Identitätsaussage „X ist identisch mit Y" davon abhängt, dass eine dritte Entität Z sich von X mindestens drei Zentimeter weiter entfernt befindet als von Y, oder dass in einer Gesellschaft blonde Haare für wesentlicher gehalten werden als rote (wenn Y z.B. blond und Z rothaarig ist).

An dieser Stelle ist die Argumentation Parfits terminologisch unscharf, da er die Rede von Identität beibehält, obwohl er mit seiner Einheitsrelation eine andere Relation vor Augen hat. Für die Bewertung der Relation zwischen A und B darf aufgrund des Nur-X-und-Y-Prinzips die Tatsache, dass auch C als Nachfolger von A existiert, keine Rolle spielen. Da es nach Parfit ein relativ trivialer Umstand ist, ob A nur zu B oder auch noch zu einer anderen Person C in der geforderten Einheitsrelation steht, ist es unzulässig, eine solche Trivialität in Form einer Nichtteilungsbedingung im Sinne Shoemakers als Bestandteil der Kriterien für personale Einheit aufzunehmen. Parfits Vorschlag ist deshalb, die Einheit von Personen in einer kausal gestützten Relation zwischen den psycho-physischen Episoden von A und mindestens einem Nachfolger B konstituiert zu sehen.

Terminologisch nicht ganz präzise ist Parfits Redeweise aus einem Grund, den wir bereits mehrfach konstatiert haben. Die Einheitsrelation ist nicht mit der Relation der Identität zu verwechseln. Daher ist in einem bestimmten Sinne „Identität" ohnehin niemals das, worauf es ankommt. Denn das, worauf es ankommt, ist das Erfülltsein der Wahrheitsbedingungen für solche Identitätsaussagen wie: „A zu Zeitpunkt t ist dieselbe Person wie B zu einem anderen Zeitpunkt t*." Wir sind jetzt jedoch in der Lage, präziser anzugeben, was Parfit zum Ausdruck bringen möchte. Sein Vorschlag läuft auf die These hinaus, dass die für personale Einheit zu fordernde Relation eine logische Eigenschaft, die der Identität zukommt, nicht aufweisen muss, nämlich die der Eineindeutigkeit. Damit können wir den Sinn von Parfits Formel „Identity is not what matters in survival" in einer Hinsicht präzisieren: Identität ist deshalb nicht das, worauf es beim personalen Weiterleben ankommt, weil Letzteres nicht die Bedingung der Eineindeutigkeit erfüllen muss. Es bleibt aber noch eine weitere Unklarheit, die es aus dem Wege zu räumen gilt, wenn wir Parfits Provokation richtig verstehen wollen. Wir müssen klären, was sich hinter der Redewendung „what matters" genauer verbirgt (vgl. dazu auch Unger 1990: 92 ff.).

7.2.2 Die verschiedenen Bedeutungen von „what matters"

Nicht nur die Unterscheidung von „identity" und „survival" ist klärungsbedürftig in Parfits Formel, auch die Redewendung „what matters" stellt sich bei näherem Hinsehen als Quelle für mögliche Unklarheiten heraus. Parfits Überlegungen basieren auf der einen Seite auf einer Konzeption personaler Einheit, die ein metaphysisch-ontologisches Problem lösen soll. Auf der anderen Seite stellt er seine Überlegungen in praktischer Absicht an: Parfits Ziel ist es, uns zu einer bestimmten Haltung gegenüber unserer eigenen raum-zeitlich ausgedehnten Existenz zu motivieren. Dies drückt sich in seiner Formulierung aus, dass Identität nicht das sein *sollte*, was wir für wichtig halten. Diese letztere Fragestellung ist eine evaluative oder normative Frage. Um diese Doppeldeutigkeit auszuräumen, ist es sinnvoll, den *ontologischen* und den *Geltungssinn* von „what matters" zu unterscheiden, wobei sich Letzterer dann noch in verschiedene Geltungsstandards ausdifferenzieren lässt. Es wird sich im Verlaufe unserer Überlegungen zeigen, dass nicht nur die fundamentale Unterscheidung in ontologischen und Geltungssinn von entscheidender Bedeutung ist, sondern auch die Binnendifferenzierung des Geltungssinns für unsere Argumentation wichtig wird.

Im *ontologischen* Sinn lässt sich die Frage nach „what matters" verstehen als die Frage nach den Einheitsbedingungen von Personen, also als unsere zweite Grundfrage. Gesucht ist das Set von Bedingungen, aufgrund derer die Identitätsaussage „Person A zu t ist identisch mit Person B zu t*" wahr ist, wodurch in unserem Falle also die Einheit einer menschlichen Person konstituiert wird.

Im *Geltungssinn* fragen wir danach, wie wir uns zu der Frage verhalten sollen, ob es wichtig ist, dass die fragliche Einheitsbedingung eineindeutig ist (oder eben nicht). Die Frage ist dann, ob es im evaluativen oder normativen Sinne von Belang ist, dass ich zu einem zukünftigen Zeitpunkt als genau eine dann existierende Person weiterexistiere. Parfit ist der Meinung, dass dies nicht weiter wichtig ist, seine Kritiker dagegen halten sowohl die Weiterexistenz als solche als auch das Nichteintreten von Teilungen oder Verschmelzungen für evaluativ oder normativ relevant.[78]

Bevor wir uns die wichtigsten Argumente dieser Kritiker näher ansehen, müssen wir den Geltungssinn von „what matters" weiter ausdifferenzieren. Dazu können wir fragen, welches der Maßstab ist, an dem sich die evaluative oder normative Geltung bemisst. Im *prudentiellen* oder Klugheitssinne fragen wir, ob das eineindeutige Weiterexistieren aus Gründen logischer oder instrumenteller Rationalität vorzuziehen ist, wenn wir die aufgeklärten, eigeninteressierten Präferenzen einer Person zur Grundlage nehmen. Parfits Rede davon, dass wir nicht an eineindeutiger Weiterexistenz interessiert sein sollten, verweist vermutlich auf diesen Standard. Im *Wünschbarkeitssinn* dehnen wir den Maßstab auf alle Präferenzen aus, die eine Person faktisch hat, und fragen uns, ob es relativ zu diesem Set wichtig ist, als genau eine Person weiterzuexistieren. Auf dem *ethischen* Standpunkt geht es dann um die Frage, ob die Weiterexistenz als genau eine Person aus Sicht der personalen Autonomie oder des „personal scheme of things" ein unerlässlicher Faktor des guten Lebens ist. Hier ist das gute Leben eines Individuums der Maßstab unseres Fragens, sodass der ethische Standpunkt nicht solche auf das Gute oder Gerechte bezogenen Bewertungen von Weltzuständen mit einschließt, in denen das erwägende und abwägende Individuum nicht weiterexistiert. Für die Zwecke unserer Überlegungen definieren wir also den ethischen Standpunkt als personalen Standpunkt (im Sinne des Standpunkts einer bestimmten Person). Auf dem *moralischen* Standpunkt schließlich stellen wir uns die Frage nach der Relevanz von eineindeutiger Weiterexistenz von einem impersonalen Standpunkt aus. Das bedeutet in unserem Kontext nicht, dass die Frage intersubjektiver Begründbarkeit im Vordergrund steht, während bei dem personalen Standpunkt die Orientierungsfunktion ethischen Fragens dominiert. Vielmehr geht es darum, dass ein impersonaler Standpunkt Weltzustände unabhängig davon bewertet, ob das bewertende Individuum selbst in diesem Weltzustand existiert, und unabhängig davon, unter welchen Bedingungen es in diesen Weltzuständen existiert.[79]

Die Unterscheidung zwischen dem prudentiellen und dem Wünschbarkeitssinn erfasst die Differenz zwischen den aufgeklärten und geläuterten Präferenzen einer Person auf der einen und dem faktischen Set ihrer Präferenzen auf der anderen Seite (vgl. hierzu Gosepath (1992)). Vor diesem Hintergrund wird, *innerhalb* des Geltungssinns von „what matters", zwischen dem faktischen Ist-Zustand und dem rationalerweise Gesollten als Maßstäben der Beantwortung unterschieden. Dem gegenüber stellen der ethische und der moralische Standpunkt eigenständige und spezifischere Maßstäbe bereit, da hier nicht nur Rationalität sondern auch das Gute oder das Gerechte die Kriterien liefern.[80] So verstanden verweist Parfits „what should matter" auf ethische oder moralische Geltung, nicht auf das aufgeklärte Eigeninteresse. Die Differenz zwischen personaler und impersonaler Einstellung, aufgrund derer sich – in unserer Terminologie – der moralische Standpunkt von den anderen drei Standpunkten unterscheidet, ist relevant, weil wir auf diese Weise daran erinnert werden, dass Personen in der Lage sind, Weltzustände zu bewerten und verschiedene Weltzustände in eine Bewertungsreihenfolge zu bringen, auch wenn sie unterstellen, dass sie in diesen Weltzuständen selbst nicht existieren. So kann ich z. B. zwei Weltzustände, in denen es meiner Frau und meinen Kindern nach meinem Tode besser geht, gegenüber einem Weltzustand, in denen sie schlechter gestellt sind, vorziehen. Per definitionem ist ein solches Urteil moralisch, da es impersonal ist, d.h. einen Weltzustand betrifft, in dem der Urteilende selbst nicht zu existieren glaubt (die Frage, ob es moralisch berechtigt ist, so zu urteilen, können wir hier unbeantwortet lassen).[81]

Die parfitsche Provokation lebt davon, dass in ihr „what matters" im Geltungssinn verstanden und seine komplexe Antwort auf das Einheitsproblem als Argument für die Schlussfolgerung angeführt wird, Identität sei nicht dasjenige, worauf es beim Weiterleben ankomme. Damit wird unsere alltägliche Annahme, dass personale Einheit die logische Eigenschaft der Eineindeutigkeit aufweisen sollte, bzw. dass es einen erheblichen evaluativen oder normativen Unterschied macht, ob ich in einem zukünftigen Weltzustand als genau eine Person weiterlebe, attackiert. Diese Frage ist in allen Varianten des komplexen Ansatzes, auch in dem von uns favorisierten biologischen, relevant. Überdies hatte sich die (wenn auch vergebliche) Hoffnung, diese Probleme aufgrund metaphysisch-ontologischer Argumente vermeiden zu können, als zentrale Motivation für die erstpersönlich-einfache Theorie erwiesen. Offen bleibt, in welchem der von uns unterschiedenen Geltungssinne wir von dieser Annahme abrücken „sollten". Außerdem ist ungeprüft, ob die von Parfit vorgenommene Verbindung zwischen den Antworten auf die Fragen nach der personalen Einheit und die Frage danach, worauf es beim Weiterleben ankommen sollte, überhaupt plausibel ist.[82]

Die Entgegnungen auf Parfits Vorschlag, auf eine Nichtteilungs- oder Nichtfusionsbedingung bei der Formulierung eines Einheitskriteriums für Personen zu verzichten, zeigen, dass Parfits Argumentation Einwänden ausgesetzt ist und mit guten Gründen zurückgewiesen werden kann. Dennoch werden wir in diesem Kapitel nicht versuchen, die Frage, um die es den Diskutanten geht, zu entscheiden. Der Aspekt der Debatte, der für unsere Erkenntnisinteressen entscheidend ist, liegt darin, dass in den Entgegnungen auf Parfits Provokation wesentliche Elemente des praktischen Selbstverhältnisses der personalen Lebensform und zentrale Aspekte der Persönlichkeit sichtbar werden.

7.3 Entgegnungen auf Parfit: „Identity is what matters!"

Parfits Vorschlag läuft auf die Behauptung hinaus, dass es uns gleichgültig sein sollte, ob wir in einem zukünftigen Weltzustand mit genau einem Nachfolger in der Relation personaler Einheit stehen oder mit mehreren. Da die Relation personaler Einheit Teilungen und Fusionen zulässt sowie gradualisierbar ist, kann man sich Szenarien ausdenken, in denen es zwei oder mehrere Nachfolgepersonen gibt, mit denen ich zwar nicht identisch bin (weil Identität eineindeutig ist), die aber die in der Relation personaler Einheit geforderten Bedingungen erfüllen. Daher ist die Frage: Sollte ich solche Weltzustände vorziehen, in denen ich mit genau einer Person in der fraglichen Relation personaler Einheit stehe? Oder ist diese Eineindeutigkeitsbedingung nichts, worauf es mir ankommen sollte?

Parfits Gründe dafür, die Eineindeutigkeitsbedingung abzulehnen, haben wir kennen gelernt. Seine Überlegungen sind sicher, zumindest auf den ersten Blick, kontraintuitiv. Daher rufen sie auch philosophische Einwände hervor. Diese haben den Nachweis zum Ziel, dass die faktische Eineindeutigkeit der Relation personaler Einheit für uns wichtig ist. Worin aber besteht diese Wichtigkeit, und an welcher Stelle ist die Argumentation Parfits nicht überzeugend?

Da der biologische Ansatz eine komplexe Theorie der Persistenz darstellt, ist diese Fragestellung auch für uns relevant: In welcher Weise ist die Tatsache, dass die Persistenzrelation menschlicher Organismen ab dem Zeitpunkt, ab dem Menschen in der Regel Personen sind, faktisch eineindeutig ist, für unser Verständnis davon, ein personales Leben zu führen, von Bedeutung? Auch wenn wir diese Frage aus den angegebenen Gründen hier nicht entscheiden können, werden wir aus den Einwänden, denen Parfits Argument ausgesetzt ist, doch wichtige Elemente für eine Antwort auf die Struktur der personalen Lebensform gewinnen.

Ein möglicher Einwand gegen unser Vorgehen:
Bevor ich auf diese Argumente eingehe, möchte ich noch einen Einwand aus dem Weg räumen, der an dieser Stelle gegen unsere Vorgehensweise erhoben werden könnte. In der Diskussion der verschiedenen Antworten auf die zweite Grundfrage haben wir die Methode der Gedankenexperimente aus drei Gründen zurückgewiesen: *Erstens* führt sie zu methodisch nicht kontrollierbaren Ergebnissen, da unsere alltäglichen Begriffe und Intuitionen für die Beschreibung und Bewertung solcher Ausnahmefälle nicht gemacht sind. *Zweitens* gilt für alle Ansätze, die der Beobachterperspektive und damit kausalen oder funktionalen Erklärungen verpflichtet sind, dass es um naturgesetzliche und nicht um metaphysische oder gar logische Möglichkeiten geht. Diese Vorbedingung wird jedoch in vielen Gedankenexperimenten verletzt. *Drittens* scheitert der Versuch, konstruktiv eine rein auf logische Möglichkeit abzielende Konzeption personaler Einheit zu entwickeln, daran, dass der Begriff der Person keine Einheitsbedingungen bereitstellt, deren Widerspruchsfreiheit in allen Fällen garantiert werden kann.

Auf dieser Grundlage liegt nun der *Einwand* nahe, dass Parfits gesamte Konzeption in massiver Weise durch den Einsatz von Gedankenexperimenten motiviert und gestützt wird. Auch das Teilungsszenario, welches als Argument für die These dient, dass es beim Weiterleben nicht auf ‚Identität' ankommen sollte, ist ein solches Gedankenexperiment. Parfits Provokation steht, so der Einwand, auf tönernen Füßen und darf von uns aus den gerade noch einmal genannten Gründen, die gegen den Einsatz von Gedankenexperimenten sprechen, nicht ernst genommen werden.

Doch diese Überlegung ist vorschnell und läuft Gefahr, wichtige Informationen, die wir aus der Debatte um Parfits Provokation gewinnen können, zu verschenken. Denn der Einwand übersieht zweierlei: Zum einen richtet sich die Kritik an der Verwendung von Gedankenexperimenten auf ihren Gebrauch im Kontext der Beantwortung von metaphysisch-ontologischen Fragestellungen. Es ist jedoch nicht ohne weitergehende Prüfung auszuschließen, dass Gedankenexperimente in anderen philosophischen Kontexten, wie etwa hier im Kontext von Geltungsfragen, geeignete argumentative Mittel sein können (so Martin 2003: 222). So könnte es ja sein, dass unsere Intuitionen hinsichtlich evaluativer oder normativer Geltung robuster sind als unsere metaphysischen Intuitionen. Außerdem ist es plausibel anzunehmen, dass die modalen Rahmenbedingungen für Geltung nicht so restriktiv sind wie für Einheit. Damit wären unsere ersten beiden Einwände gegen die Verwendung von Gedankenexperimenten zumindest prima facie entkräftet. Zum anderen kommt es darauf an, mit welchem Ziel man die Gedankenexperimente einsetzt. Ein Hauptproblem der Verwendung von Gedankenexperimenten im Kontext der Frage nach personaler Einheit besteht in der konstruktiven Absicht, d. h. in dem Ziel, eine nur auf logische Notwendigkeit ausgerichtete Konzeption zu entwickeln. Vermutlich ist eine solche konstruktive Verwendung von Gedankenexperimenten auch im Kontext von Geltungsfragen keine gute philosophische Strategie. Aber unser jetziges Vorgehen ist davon nicht betroffen, da wir im Folgenden nicht das Ziel haben, eine konstruktive Lösung basierend auf Parfits Provokation zu entwickeln. Vielmehr liegt unseren Überlegungen eine Verwendungsweise von Gedankenexperimenten zugrunde, die man als *Verfahren der Ermittlung kontingenter Voraussetzungen durch negative Ersatzproben* charakterisieren kann. Damit ist gemeint, dass wir die unsere Einstellungen (oder Begriffe) prägenden kontingenten Rahmenbedingungen ermitteln, indem wir die Abweichungen auswerten, die auftreten, wenn wir unsere Einstellungen (oder Begriffe) auf Situationen beziehen, in denen diese kontingenten Rahmenbedingungen nicht gegeben sind. Wenn unser Ziel bei der zu erwartenden Abweichung nicht in dem Sinne konstruktiv ist, neue revidierte Begriffe oder Einstellungen vorzuschlagen, die für diese entkontextualisierten oder veränderten Anwendungsbedingungen geeignet sind, ist gegen ein solches Vorgehen prinzipiell nichts einzuwenden.[83] Wir müssen uns nur darüber im Klaren sein, dass wir unsere

Einstellungen und Begriffe über ihren normalen Kontext hinaus verwenden, sodass es auch sein kann, dass sich keine sinnvollen Reaktionen einstellen. Außerdem sollte unser Ziel darauf beschränkt bleiben, die Funktionsweise unserer Einstellungen (und Begriffe) durch dieses Verfahren besser zu verstehen. Unter diesen Voraussetzungen lassen sich Gedankenexperimente philosophisch sinnvoll verwenden.

Nachdem dieser Einwand ausgeräumt ist, können wir uns den Argumenten zuwenden, die Parfits Provokation ernst nehmen und Einwände gegen seine Schlussfolgerung vorbringen, dass Identität nicht das ist, worauf es uns bei personaler Einheit ankommen sollte. Diese Einwände lassen sich in zwei Gruppen unterteilen. Neben speziellen Einwänden, die sich auf Parfits Argumentation für seine provokante Schlussfolgerung beziehen, finden sich in der Literatur auch zwei generelle Einwände, die grundlegende Prämissen der parfitschen Philosophie betreffen.

7.3.1 Generelle Einwände

Erster genereller Einwand: Der erste der beiden generellen Einwände betrifft das Verhältnis unserer praktischen Einstellungen, Überzeugungen und Praktiken zu naturwissenschaftlich-empirischen Fakten und metaphysisch-ontologischen Annahmen. Parfits Überlegungen scheinen die generelle Annahme vorauszusetzen, dass unsere praktische Vernunft durch die naturwissenschaftlich-empirischen oder metaphysisch-ontologischen Befunde gestützt sein muss, um haltbar zu sein. Dies würde zumindest erklären, warum eine Revision in unserer metaphysisch-ontologischen Konzeption personaler Einheit, die sich auf naturwissenschaftlich-empirische Annahmen stützen kann, laut Parfit zu einer Revision unserer praktischen Einstellung unserer eigenen Zukunft gegenüber führen sollte.

Gegen diese generelle Annahme wendet sich Johnston (2003) mit der These, dass die in unsere praktischen Einstellungen eingelassenen Annahmen nicht von metaphysisch-ontologischen Vorbedingungen abhängig sind. Das bedeutet nicht, dass sie naturwissenschaftlich-empirischen Befunden widersprechen dürfen. Aber die Forderung nach logischer Verträglichkeit lässt unseren praktischen Einstellungen sicherlich mehr Spielraum als die anscheinend bei Parfit unterstellte stärkere Abhängigkeitsbeziehung. Auch das Verhältnis von praktischen Einstellungen und metaphysisch-ontologischen Annahmen ist weniger linear als Parfits Argumentation suggeriert. Da wir uns hier generell im Bereich der Philosophie bewegen, weil sowohl die Implikationen unserer praktischen Einstellungen in Form ethischer und metaethischer Annahmen wie auch die metaphysisch-ontologischen Annahmen *philoso-*

phischer Natur sind, ist nicht einzusehen, weshalb der Bereich der theoretischen Philosophie gegenüber dem der praktischen Philosophie einen Vorrang haben muss in dem Sinne, dass die Annahmen aus der praktischen Philosophie an die der theoretischen Philosophie angepasst werden müssten. Eine solche Annahme erforderte jedenfalls zusätzliche metaphilosophische Begründungen hinsichtlich des Verhältnisses von theoretischer und praktischer Vernunft sowie hinsichtlich der Begründungsstruktur philosophischer Theorien, die in Parfits Argumentation nicht eingelöst werden. Parfits Annahme, dass unsere in viele praktische Einstellungen eingelassene Annahme, Eineindeutigkeit sei für unser Weiterleben wichtig, nur durch das metaphysisch-ontologische Postulat eines cartesischen Egos abzusichern sei, deutet zumindest darauf hin, dass er von einem Abhängigkeitsverhältnis ausgeht, welches wenig überzeugend und keinesfalls alternativlos ist.[84]

Der Einwand von Johnston ist von genereller Natur, weil er nicht das spezielle Problem personaler Einheit betrifft, sondern auf das fundamentalere Verhältnis von theoretischer und praktischer Vernunft sowie philosophischer und naturwissenschaftlicher Weltdeutung abzielt. Damit lässt sich dieser Einwand, für sich genommen, nicht als hinreichende Widerlegung von Parfits Argumentation ins Feld führen. Denn es könnte ja sein, dass sich die generelle Abhängigkeit im Sinne Parfits begründen lässt. Möglich ist außerdem, dass es im speziellen Fall personaler Einheit eine solche Abhängigkeit gibt, wie sie von Parfit anscheinend unterstellt wird. Der erste generelle Einwand ist daher nur dazu geeignet, eine Argumentationslücke in Parfits provokativer Schlussfolgerung aufzudecken.

Zweiter genereller Einwand: Der zweite generelle Einwand, der vor allem von Korsgaard (1999) in die Diskussion um personale Persistenz eingebracht wurde, betrifft ebenfalls das Verhältnis von theoretischer und praktischer Vernunft, bezieht sich aber – anders als der erste generelle Einwand – spezifischer auf die Frage nach der Einheit der Person. Korsgaard weist zu Recht darauf hin, dass Parfits Überlegungen in einer bestimmten Tradition der Philosophie des Geistes stehen, die vom britischen Empirismus, vor allem von Hume, herstammt. In diesem Paradigma wird die Vernunft als passives Medium gedacht, welches im Wesentlichen Eindrücke von außen empfängt und auf diese Affizierungen reagiert. Im Gegensatz dazu, so Korsgaard, müsse man die Vernunft als praktisches Vermögen denken, das durch spontane und autonome Leistungen in der Lage sei, Begriffe hervorzubringen. Mittels dieser Begriffe kann die Vernunft aktiv ordnend eingreifen, sodass das Bild einer rein passiv aufnehmenden Vernunft irreführend, zumindest aber unvollständig ist. Unter explizitem Rekurs auf Kant schlägt Korsgaard vor, die personale Einheit unter Bezug auf die aktive Rolle der praktischen Vernunft zu deuten. Die diachrone Einheit der Person resultiert ihrer

Auffassung nach aus praktischen Erfordernissen an rationales Handeln und Entscheiden. Sie wird vom Subjekt aktiv hervorgebracht und ist nicht von metaphysisch-ontologischen Vorbedingungen abhängig (dies lässt allerdings die Existenz von *enabling conditions* im Sinne empirisch erfassbarer Vorbedingungen offen).

Diese Überlegung ist spezifischer als der erste generelle Einwand, bleibt aber immer noch im Bereich des Allgemeinen. Seine Stärke ist es, auf den aktivischen Charakter der praktischen Vernunft hingewiesen zu haben. Außerdem kann Korsgaards Argument, genauso wie der Einwand von Johnston, für sich beanspruchen, die Eigenständigkeit (oder auch: Autonomie) der praktischen Einstellungen sowie der damit einhergehenden Annahmen und Geltungsansprüche artikuliert zu haben. Dennoch ist auch Korsgaards Einwand, so wichtig er für eine philosophische Bestimmung der aktivischen Struktur von Personalität ist, mit Bezug auf Parfits Provokation zu allgemein. Denn Parfit formuliert seine Überlegung explizit als normativen Geltungsanspruch. Die Autonomie der praktischen Einstellungen sollte weder als vollkommene Unabhängigkeit von (Autarkie) noch als Indifferenz gegenüber (Ignoranz) naturwissenschaftlich-empirischen oder metaphysisch-ontologischen Annahmen konzipiert werden. Wenn es keine generelle Antwort auf das bestbegründete Verhältnis zwischen beiden Bereichen gibt, dann muss im konkreten Fall geprüft werden, was die philosophisch plausibelste Antwort auf das jeweilige konkrete Problem ist. Es könnte sein, dass sich in der Frage, die Parfit aufgeworfen hat, die Forderung begründen lässt, die praktische Einstellung zum eigenen Weiterleben aufgrund metaphysisch-ontologischer Annahmen zu revidieren. Auch darin würde sich die Autonomie der praktischen Vernunft manifestieren, sodass auf dieser allgemeinen Ebene nur erreicht werden kann, fundamentale Vorannahmen und Argumentationslücken von Parfits Überlegung sichtbar werden zu lassen. Um seine provokative Schlussfolgerung als unberechtigt zurückweisen zu können, benötigt man speziellere Einwände, die sich direkt auf das konkrete Problem, welches von Parfit aufgeworfen wird, beziehen.

7.3.2 Spezielle Einwände

Erster spezieller Einwand: Für Bewertungen, d. h. „what matters“ im Geltungssinn, gilt die Nichttrivialitätsbedingung nicht. Ernest Sosa weist in seiner Kritik an Parfits Argumentation darauf hin, dass die Nichttrivialitätsbedingung im Falle von evaluativen oder normativen Bewertungen nicht plausibel ist (Sosa 2003: 213). Wenn ich die Form eines Würfels aus ästhetischen Gründe mehr schätze als die einer Dreieckspyramide, dann kann mir die materiale Bedingung für dieses Werturteil, dass die Seiten eines Würfels alle gleich lang und in rechten Winkeln zueinander stehen müssen, unbekannt sein. Außerdem kann ich diese materiale Bedingung für sich genommen für eine triviale, nicht weiter beachtenswerte Eigenschaft halten, falls man mir im Geometrieunterricht mitteilt, dass manche Körper diese Bedingung erfüllen. Wenn ich nun erfahre, dass diese triviale Bedingung eine notwendige Voraussetzung dafür ist, dass ein Gegenstand würfelförmig ist, gibt es offensichtlich keine Reaktion, die im Geltungssinne verpflichtend wäre. Ich kann weiterhin an meinem ästhetischen Urteil festhalten, obwohl ich nun um die triviale materiale Voraussetzung weiß. Ich kann auch zu der Überzeugung gelangen, dass die von mir bisher als trivial eingeschätzte Bedingung ebenfalls wertvoll ist. Oder ich kann, aufgrund der Trivialität der materialen Bedingung, mein Werturteil ändern und zu dem Ergebnis kommen, dass die von mir bisher so sehr geschätzte Eigenschaft, ein Würfel zu sein, nicht die Wertschätzung haben sollte, die ich ihr faktisch entgegenbringe.

Es ist offensichtlich, dass Parfits Argumentation von diesem Einwand getroffen wird. Anstelle der Eigenschaft des Würfelseins steht bei ihm das Weiterleben mit Eineindeutigkeit. Die triviale materiale Bedingung ist das Nichteintreten von Verdopplungen. Und Parfits Schlussfolgerung besteht in der dritten Option. Sosas Einwand zeigt nicht, dass Parfits Argumentation inkonsistent ist. Seine Überlegung macht aber sichtbar, dass die Wahl zwischen den drei Reaktionen durch den Nachweis, dass die wertgeschätzte Eigenschaft eine triviale materiale Vorbedingung hat, offen bleibt. Sosa (2003: 201) ist daher zuzustimmen, „logic alone will not decide our choice“. Sein Einwand deckt eine weitere Argumentationslücke in Parfits Argumentation auf.

Zweiter spezieller Einwand: Für Bewertungen, d. h. „what matters“ im Geltungssinn, gilt das Nur-X-und-Y-Prinzip nicht. Unger (1990: 269-282) und Johnston (2003) weisen darauf hin, dass für viele Projekte von Personen nicht nur wichtig ist, dass diese Projekte realisiert werden, sondern auch, dass sie selbst es sind, die dieses Projekt realisieren. Wer in näherer Zukunft seinen Traumpartner heiraten möchte, dem ist nicht nur daran gelegen, dass die fragliche Person in naher Zukunft verheiratet ist. Zu den Erfüllungsbedingungen dieses Wunsches gehört essenziell, dass die Person, die dieses Projekt verfolgt, es selbst ist, die ihren Traumpartner heiratet. Für diesen Typ von, wie Unger (1990: 276) sie nennt, „singular goods“ lassen sich viele weitere Beispiele finden: Ich möchte z. B., dass ich selbst es bin, der das Personbuch vollendet, von dem dieses Kapitel ein Teil sein soll. Jeder Sportler möchte, dass er selbst es ist, der den Wettkampf (mit)gewinnt. Natürlich bedeutet dies nicht, dass wir nicht auch nicht-singuläre Güter anstreben können. Viele Eltern möchten für ihre Kinder bestimmte Weltverläufe realisiert sehen. Und vielen Revolutionären kommt es nur auf den Erfolg der Revolution an, nicht darauf, dass sie selbst diesen Erfolg herbeiführen.

Dennoch zeigen die Beispiele, dass es in manchen Fällen für die Bewertung relevant ist, dass man zu einer zukünftigen Person in einer eineindeutigen Beziehung steht. Damit ist klar, dass zumindest mit Bezug auf die „singular goods" das Nur-X-und-Y-Prinzip keine angemessene Adäquatheitsbedingung darstellt. Denn laut Voraussetzung von Parfits Argumentation soll die Existenz einer zweiten Nachfolgeperson ein Faktum sein, welches dieses Prinzip verletzt. Beachtet man jedoch, wie fundamental diese individuellen Projekte, in denen *singular goods* erstrebt werden, für unsere personale Lebensform sind, dann wird ersichtlich, dass das Nur-X-und-Y-Prinzip für bewertende Antizipationen zukünftiger Weltzustände keine plausible Adäquatheitsbedingung darstellt.[85] Es scheint so zu sein, dass Parfit die Möglichkeit impersonaler moralischer Bewertungen im Bereich praktischer Einstellungen mit dem im Kontext numerischer Identität plausiblen Nur-X-und-Y-Prinzip verbindet und dabei unterstellt, dass unsere praktischen Einstellungen generell impersonaler Art sind oder aus moralischer Sicht sein sollten. Ersteres ist, wie der zweite spezielle Einwand deutlich macht, keineswegs der Fall. Und letztere Behauptung, dass unsere wertenden Einstellungen generell impersonaler Art sein sollten, setzt weit reichende Prämissen im Bereich der Rationalität und der Metaethik voraus, die jedenfalls nicht selbstverständlich sind. Man muss Parfit zugestehen, dass er in *Reasons and Persons* diese Prämissen zu begründen versucht, indem er gegen die Engführung von Rationalität und Eigeninteresse argumentiert (vgl. Parfit 1989: Teil II) sowie insgesamt für einen impersonalen Utilitarismus als die bestbegründete Metaethik wirbt. Problematisch ist jedoch, dass seine Antwort auf die Fragen der personalen Einheit und seine Antwort auf die Frage danach, worauf es uns beim Weiterleben ankommen sollte, bereits die Gültigkeit der Annahme, dass wertende Einstellungen impersonal sein sollten, voraussetzen, sodass die gesamte Argumentation unter einem Zirkelverdacht steht.

Dritter spezieller Einwand: Der dritte spezielle Einwand besteht in dem Vorwurf einer falschen Generalisierung und wird von Johnston (2003: 283) wie folgt formuliert: „There is a false apparatus of generalization at the heart of Parfit's arguments against identity-based concerns." Johnston gesteht Parfit zu, dass seine provokative Schlussfolgerung eine mögliche und möglicherweise sogar gut begründete Einstellung einer Person sein kann, die sich angesichts *bizarrer* zukünftiger Weltverläufe, in denen sie weder eindeutig weiterexistiert noch eindeutig nicht mehr existiert, überlegt, welchen dieser Weltverläufe sie mehr schätzen sollte. Lassen wir – um des Argumentes willen – die Möglichkeit einer Teilung durch Transplantation zweier Hirnhälften zu und akzeptieren auch die weitere Annahme, dass die beiden Hirnhälftentransplantatempfänger hinreichend psychische Kontinuität aufweisen, um als Personen zu gelten. Dann können wir Person A vor die Alternative stellen, entweder ohne die Durchführung der doppelten Hirnhälftentransplantation noch kurze Zeit auf die herkömmliche Weise weiterzuleben, oder aber einer solchen Transplantation zuzustimmen, die darin resultiert, dass zwei Personen B und C zur Existenz kommen, die viele Charaktereigenschaften von A, As Erinnerungen sowie zumindest anfänglich auch seine Absichten und Überzeugungen haben werden. Unter diesen Umständen ist es denkbar, dass A einer doppelten Hirnhälftentransplantation zustimmen sollte, obwohl er in diesem zukünftigen Weltverlauf nicht mehr existieren wird. Der Grund für diese Beurteilung mag sein, dass die verbleibende Lebensspanne von A ohne die Transplantation sehr kurz, unendlich leidvoll oder ein Zustand irreversiblen Komas sein wird, während in dem alternativen Verlauf viele der von A für wertvoll erachteten Projekte realisiert werden können (allerdings keine *singular goods*). Kurz gesagt: Weil menschliche Personen nicht auf den personalen Standpunkt festgelegt sind und weil nicht alle unsere Projekte *singular goods* sind, kann die Gesamtbilanz zugunsten einer Zukunft ohne eigene Weiterexistenz sprechen.

Diese Möglichkeit zeigt aber weder, dass impersonale wertende Einstellungen generell gegenüber personalen wertenden Einstellungen vorzuziehen sind. Wie bereits gesagt, fehlt Parfit für diese Schlussfolgerung eine metaethische Prämisse. Noch folgt aus dieser möglichen Konstellation, dass eineindeutige Einheit in allen Kontexten nicht von Belang ist oder durch andere Faktoren aufgewogen werden sollte. Die Entscheidung von A, der doppelten Hirnhälftentransplantation zuzustimmen, mag nachvollziehbar oder sogar der alternativen Option vorzuziehen sein. Dies zeigt aber nicht, dass „identity is never what matters; rather, this is because caring in this way represents a reasonable extension of self-concern in a bizarre case“ (Johnston 2003: 282). Unsere antizipatorischen Bewertungen eigener und sonstiger zukünftiger Weltverläufe beruhen auf einer alltäglichen Praxis der Reidentifikation von menschlichen Personen, die auf Standardbedingungen angewiesen ist. Diese Standardbedingungen, so haben wir in unserer Antwort auf die Frage nach den Einheitsbedingungen für Personen herausgefunden, werden im Falle menschlicher Personen durch die normalen biologischen Bedingungen der Persistenz für menschliche Organismen bereitgestellt. Zu ihnen gehören, worauf auch Johnston (vgl. 2003: 272) hinweist, (i) die Abwesenheit von Fusionen und Teilungen; (ii) die kontinuierliche Weiterexistenz ohne zeitliche Lücken; (iii) die Abwesenheit von extrinsischen Faktoren wie z. B. technischen Eingriffen, Ereignissen, die an anderen Orten (oder Zeiten) stattfinden als der kontinuierliche Lebensprozess des Organismus selbst; und (iv) die Unabhängigkeit von sozialen Konventionen. Keine dieser Bedingungen ist in den von Parfit herangezogenen Fällen gewährleistet, so dass es nicht verwundern kann, dass unsere normale Praxis der bewertenden Antizipation nicht mehr störungsfrei funktioniert (sie funktioniert übrigens in den weitaus realistischeren und realen Fällen von Persönlichkeitsstörungen auch nicht mehr störungsfrei, wie wir im übernächsten Kapitel sehen werden). Damit ist klar, dass Parfits Provokation ohne weitere Zusatzbegründungen abgeschwächt werden muss zu der These, dass eineindeutige personale Einheit nicht in allen Fällen relevant für Bewertungen ist (z.B. bei impersonalen Bewertungen), und dass der Aspekt, dass eine Person in einem zukünftigen Weltverlauf weiterexistiert, es also eine eineindeutige Einheitsrelation gibt, nicht automatisch alle anderen evaluativen Aspekte dieser Situation dominieren muss. Umgekehrt gilt aber nicht, dass die Existenz dieser Fälle hinreicht, um zu zeigen, dass dieser ‚Identitäts'-Aspekt (im Sinne der faktischen eineindeutigen Erfülltheit der Relation personaler Einheit) keine intrinsische Wertigkeit besitzt oder in jedem Fall gegenüber anderen evaluativen Aspekten nachgeordnet werden muss.[86]

Nimmt man diese drei speziellen Einwände zusammen, dann zeigt sich, dass Parfits Argument keinesfalls zwingend ist, sondern entweder auf fundamentalen Voraussetzungen metaphilosophischer oder philosophischer Art beruht, die nicht alternativlos sind. Oder seine Schlussfolgerung muss als Übergeneralisierung verstanden werden, die nur für manche bizarre Konstellationen plausibel ist. Damit ist eigentlich schon erreicht, was die Entgegnungen auf Parfit erreichen sollten. Aber es bleibt die Frage, weshalb denn der Aspekt der eineindeutigen Weiterexistenz für uns von so zentraler Bedeutung sein sollte. Parfit wirbt für seine alternative Sicht der Dinge mit dem Versprechen, dass wir uns dadurch von Egoismus und Angst vor dem Tode befreien können. Eine weiter gehende Reaktion auf Parfits Provokation besteht angesichts dieser Verheißungen in dem offensiven Versuch zu zeigen, worin der Wert des eineindeutigen Weiterexistierens besteht.

Unger (1990: Kapitel 7-9) hat in seiner Reaktion auf Parfits Provokation versucht zu umschreiben, was durch die Existenz mehrerer Nachfolgepersonen verloren gehen und daher erklären kann, weshalb eineindeutige Weiterexistenz für Personen wichtig ist und auch sein sollte. Seine Charakterisierung dessen, was verloren geht, lautet: „loss of focus". Wie Martin (2003: 230 f.) in seiner Analyse von Ungers Überlegungen zu Recht schreibt, steckt hinter dem „loss of focus"-Argument letztlich die kontingente Beschaffenheit unserer Antizipationsfähigkeit. Wir haben aufgrund der faktischen Vorbedingungen für Antizipationen Schwierigkeiten, uns in mehrere koexistierende Nachfolger zugleich hineinzuversetzen. Daher tun wir uns schwer, diese bizarren Zukunftsverläufe angemessen zu bewerten. Bei diesem Effekt handelt es sich, so Martin, letztlich um eine kontingente psychologische Tatsache, die für sich allein noch nicht begründen kann, weshalb uns dieser durch Teilung verursachte Verlust wichtiger sein sollte als die durch solche Maßnahmen eventuell zu gewinnenden Vorteile. Der Hinweis auf eine fundamentale Eigenschaft unserer personalen Lebensform qua Menschen, der sich hinter Ungers „loss of focus" verbirgt, ist triftig. Aber die von Parfit aufgeworfene Geltungsfrage lässt sich damit allein nicht beantworten. Diese Frage zielt letztlich in das Zentrum der philosophischen Ethik, und ihre Beantwortung erfordert weit mehr, als eine Analyse von Personalität und Persönlichkeit, die wir jetzt entfalten werden, liefern kann.

7.4 Der Ertrag aus dieser Diskussion

Das Ziel unserer Überlegungen in diesem Kapitel war nicht, die von Parfit aufgeworfene Geltungsfrage zu beantworten. Wir haben seine Provokation vielmehr dazu genutzt, den Zusammenhang zwischen unserer zweiten und unserer dritten Grundfrage sichtbar werden zu lassen. Dabei haben wir bereits erste ‚Bausteine' dafür gewonnen, die Struktur des personalen Lebens als ein aktivisches und evaluatives Selbstverhältnis näher zu bestimmen.

In einem trivialen Sinne ist Parfits Provokation zutreffend, da Einheit nicht Identität ist. In jedem komplexen Ansatz gilt überdies, dass sich die Eineindeutigkeit der Einheitsrelation nicht als logisch notwendig ausweisen lässt. Daher sind Verletzungen des Nur-X-und-Y-Prinzips erforderlich, um sie sicherzustellen. Doch daraus folgt nicht, wie unser biologischer Ansatz zeigt, dass die Wahrheitsbedingungen für transtemporale Identitätsaussagen über menschliche Personen eine rein konventionelle Angelegenheit sind; die Wahrheitsbedingungen können durchaus nomologische Grundlagen in Form biologischer Gesetze enthalten. Vor allem folgt aus der Gradualität der Einheitsrelation weder, dass eineindeutiges Weiterexistieren unwichtig ist, noch, dass Einheit weniger relevant ist als Identität, weil Erstere andere logische Eigenschaften hat als Letztere.

Wichtig ist zu beachten, dass wir auch solche zukünftigen Weltzustände, in denen wir uns *als* keine der dort existierenden Entitäten *identifizieren* können, bewerten und gegeneinander gewichten können. Wir können sogar Weltzustände, in denen wir nicht weiterexistieren, besser finden als solche, in denen wir weiterexistieren.[87] Das bedeutet, dass unsere Identifikation mit etwas nicht zwingend auf eine Identifikation einer Entität als wir selbst angewiesen ist. Diese Differenz, genauer die Relation der *Identifikation mit*, wird in den nächsten beiden Kapiteln entscheidende Bedeutung gewinnen, um die personale Lebensform näher zu charakterisieren. Aus dem Befund dieses Kapitels folgt aber nicht, dass eineindeutige Weiterexistenz nicht relevant ist, sondern nur, dass sie nicht der einzige Gesichtspunkt ist und auch nicht der immer dominierende sein muss.

Der Gewinn, den wir für unsere Beantwortung der dritten Grundfrage aus dieser Analyse ziehen können, besteht erstens darin, dass die aktivische Verfasstheit und die evaluative Dimension personaler ‚Identität' in den Blick gekommen sind. Zweitens können wir nun den Unterschied zwischen „Identifikation als" und „Identifikation mit" einführen, um die Frage nach personaler Einheit und die Frage nach dem evaluativen Selbstverhältnis in Antizipationen und Erinnerungen voneinander zu unterscheiden. Dies erlaubt uns drittens, die Kategorie der Persönlichkeit in doppelter Abgrenzung zum menschlichen Individuum qua Organismus und zur Eigenschaft der Personalität zu explizieren. An dieser Stelle eröffnen sich viertens neue Konstellationen, mittels derer wir Einstellungen von Personen zur eigenen Zukunft klären können – z. B. Persistenz ohne Personalität versus Persistenz mit Personalität, aber anderer Persönlichkeit.[88] Um all dies überzeugend mit Inhalt füllen zu können, werden wir uns im nächsten Kapitel genauer mit der Frage beschäftigen, was es bedeutet, als menschliche Person ein Leben zu führen, bevor wir uns dann an die Aufgabe wagen, nach Wahrheitsbedingungen für transtemporale Identitätsaussagen über die Persönlichkeit eines menschlichen Individuums zu fahnden.

8. Persönlichkeit als Lebensform

> Wenn wir uns auf das für uns Mögliche hin entwerfen, um den Widersprüchen unserer Existenz zu entgehen, enthüllen wir sie erst, und sie selbst enthüllen sich in unserem Handeln, obwohl diese Handlung reicher als sie ist und uns eine gesellschaftliche Welt betreten lässt, in der neue Widersprüche uns unaufhaltsam zu neuen Verhaltensweisen führen.
>
> Jean-Paul Sartre

Die Diskussion der parfitschen Provokation hat uns zur Frage nach der Persönlichkeit als der spezifischen Lebensform menschlicher Personen geführt. Die Gedankenexperimente, die in der Auseinandersetzung um die Frage, ob uns Identität bei der Weiterexistenz wichtig sein sollte, eine zentrale Rolle spielen, haben die evaluative und aktivische Struktur des personalen Selbstverhältnisses sichtbar werden lassen. Nun gilt es, diese Struktur weiter zu explizieren und damit eine Antwort auf die letzte unserer drei Grundfragen, in die wir die Frage nach der ‚Identität der Person' aufgelöst haben, zu entwickeln. Die Konzeption der Persönlichkeit als menschlicher Lebensform muss dabei einigen *Adäquatheitsbedingungen* genügen.

So muss unsere Konzeption *erstens* verträglich sein mit der Antwort auf die erste Grundfrage, d. h. mit den Bedingungen der Personalität, die wir im zweiten Kapitel vorgestellt haben. Darüber hinaus muss unsere Konzeption der Persönlichkeit *zweitens* die sechste unserer ‚*person-making characteristics*' explizieren, die sich als die komplexeste Bedingung für das Personsein erwiesen hat. Unsere Antwort auf die dritte Grundfrage muss uns auch zu verstehen erlauben, weshalb Personen vor allem dadurch ausgezeichnet sind, dass sie über Selbst- und Zeitbewusstsein verfügen sowie in einem evaluativen Selbstverhältnis stehen. *Drittens* muss unsere Konzeption der Persönlichkeit verträglich sein mit dem biologischen Ansatz menschlicher Persistenz, den wir als Antwort auf die zweite Grundfrage entwickelt haben. Bloße Kompatibilität der Antworten auf die drei Grundfragen reicht jedoch nicht aus, um die Komplexität ‚personaler Identität' als eines *einheitlichen* Phänomens zu verstehen. Deshalb werden wir uns fragen müssen, auf welche Weise menschliche Persistenz und Persönlichkeit bei menschlichen Personen ineinander greifen. Doch diese Frage soll dem Schlusskapitel vorbehalten bleiben. In erster Linie muss unsere Antwort auf die Frage nach der Struktur der Persönlichkeit, dies ist die *vierte* Adäquatheitsbedingung, die evaluative und aktivische Dimension des personalen Selbstverhältnisses zu verstehen erlauben. Unsere Analyse muss explizieren, weshalb Personen nicht einfach nur ein Leben haben, sondern *ihr Leben führen*. Damit eng verbunden ist *fünftens* eine weitere Anforderung – die Struktur der Persönlichkeit sollte ein wesentliches Merkmal unserer ethischen Praxis erhellen können; ich meine den Respekt vor personaler Autonomie und personaler Integrität, der ein zentraler Aspekt des Umgangs von Personen miteinander ist. Schließlich muss *sechstens* unsere lebensweltliche Praxis der Interpretation und Identifikation von Persönlichkeit verstehbar werden. Diese auf die Identitätsbedingungen für Persönlichkeit abzielende Adäquatheitsbedingung werden wir jedoch erst im nächsten Kapitel in den Blick nehmen. Jetzt wollen wir uns der Struktur der Persönlichkeit als aktives und evaluatives Selbstverhältnis widmen. Dazu wird im ersten Schritt der Gesamtrahmen kurz skizziert, innerhalb dessen wir zweitens unter Rückgriff auf die so genannten *higher-order theories* personaler Autonomie unser Konzept der Persönlichkeit im Anschluss an die Arbeiten von Frankfurt entfalten werden.

8.1 Der Gesamtrahmen

Durch unsere Antworten auf die erste und die zweite Grundfrage hat sich bereits ein Gesamtrahmen ergeben, in den sich unsere Antwort auf die Frage nach der Struktur der Persönlichkeit einfügen muss. Dieser Gesamtrahmen enthält allgemeine Elemente, die sich aus den Antworten auf die Frage nach den Bedingungen der Personalität und der Persistenz des menschlichen Organismus ableiten lassen. Darüber hinaus sind in unserer Erörterung von Parfits Provokation spezielle Elemente sichtbar geworden, die es ebenfalls zu integrieren gilt.

8.1.1 Allgemeine Elemente

Der sozialpsychologische Begriff der Identität: Bei unserer Auflösung des Problems ‚personaler Identität' in drei verschiedene Grundfragen haben wir festgestellt, dass der Begriff der Identität in der Diskussion personaler ‚Identität' in unterschiedlicher Bedeutung verwendet wird. *Eine* solche Verwendungsweise findet sich vor allem in der sozialpsychologischen Literatur bzw. in der Persönlichkeitspsychologie. Hier wird unter „Identität" das inhaltliche Selbstverständnis oder das Selbstbild einer Person verstanden. Dieses Selbstbild bringt zum Ausdruck, als was sich eine individuelle Person begreift, wer sie vor sich selbst und in den Augen der anderen sein und wer (oder was) sie werden will.[89] Eine solche inhaltliche Konzeption von ‚Identität' sprechen wir Personen nicht nur individuell zu, sondern wir setzen ein solches Selbstverständnis auch in Relation zu zahlreichen sozialen Rollen. So können wir durchaus sinnvoll danach fragen, wie sich eine Person in der Rolle der Mutter versteht, und dieses Selbstverständnis vergleichen mit dem Selbstverständnis, welches diese Person von sich als im Beruf erfolgreiche Frau hat. Diese ‚Identität' im Sinne eines inhaltlich charakterisierbaren und in aller Regel evaluativen Selbstverständnisses sprechen wir nicht nur individuellen Personen zu, sondern auch sozialen Entitäten wie z. B. Kulturen, Nationen, religiösen Gruppen oder politischen Parteien. Wir können hier offen lassen, ob sich die Rede über soziale Entitäten zurückführen lässt auf die Rede über individuelle Personen. Aber es ist evident, dass wir mit solchen Aussagen wie „Die Einsicht, dass es in Deutschland genauso viel Korruption gibt wie in südeuropäischen, lateinamerikanischen oder afrikanischen Ländern, hat zu einer nationalen Identitätskrise geführt" oder „Die Erkenntnis, dass der Fußball im Ruhrgebiet nur noch eine kommerzielle Veranstaltung ist, hat zu einer Irritation des Selbstverständnisses der Fan-Clubs geführt" genauso viel Sinn verbinden können wie mit der Aussage, dass Bob Dylans Einsatz von elektrischen Gitarren einst zu einem Identitätsschock unter den Anhängern der Folk Music geführt hat.

Wenn wir, egal ob mit Bezug auf individuelle Personen oder mit Bezug auf soziale Entitäten, davon sprechen, dass X eine Identitätskrise hat, dann meinen wir weder, dass X an seiner numerischen Identität zweifelt (dieser Formulierung überhaupt einen Sinn abzugewinnen, fällt überaus schwer), noch meinen wir im Normalfall (die wundersame Welt philosophischer Gedankenexperimente einmal ausgeblendet), dass X sich seiner Einheit unsicher ist. Vielmehr meinen wir, dass X sich seines Selbstbildes nicht mehr sicher ist, weil X entweder nicht mehr weiß, wer er/sie in den eigenen Augen, oder in den Augen der Anderen ist. Oder weil X nicht mehr sicher ist, wer oder was er/sie sein will. Solche Irritationen, die sich häufig in der Frage nach dem Sinn der eigenen Lebensführung oder in dem Hinterfragen der bisher als gegeben vorausgesetzten Ziele manifestieren, sind den meisten von uns sicherlich vertraut (vgl. dazu Nagel 1992: Kapitel XI). Der Zweifel, der Orientierungsverlust und die Verzweiflung, die mit ihnen einhergehen, gehören zu dem Preis, den wir für unsere moderne, auf personale Autonomie abzielende Lebensform zu zahlen haben. In der sich darin abspielenden Verlusterfahrung wird, analog zu den durch Parfits Provokation aufgeworfenen bizarren Zukunftsverläufen, *ex negativo* sichtbar, worin Identität im Sinne eines solchen Selbstverständnisses besteht: Es liefert unserer eigenen Lebensführung Orientierung und gibt unserem Leben Sinn und Bedeutung (vgl. dazu Taylor 1988).

Diese kurzen Ausführungen belegen nicht nur, dass uns eine solche Redeweise von ‚Identität' vertraut ist. Sie zeigen auch, dass diese Verwendung von ‚Identität' im Kontext einer Analyse der Struktur der Persönlichkeit ihren Platz hat. Bei unserer Antwort auf die Frage nach den Bedingungen der Personalität haben wir in der sechsten und anspruchvollsten Bedingung, in der wir das Personsein mit dem evaluativen Selbstverhältnis verbunden haben, implizit von diesem Vorverständnis gezehrt. Vor allem haben wir in unserer Antwort auf die erste Grundfrage zwei weitere Annahmen akzeptiert, die als allgemeine Elemente einer Theorie der Persönlichkeit integriert werden müssen.

Die Teilnehmerperspektive: Da ist zum einen die epistemologische und methodologische Festlegung auf die Teilnehmerperspektive zu nennen. Eine Person zu sein, setzt voraus, sich selbst und anderen Personen gegenüber die teilnehmende Perspektive einzunehmen, Rationalität zu unterstellen sowie nach evaluativen und anderen Sinnzusammenhängen Ausschau zu halten. Diese Einstellung haben wir von der Beobachterperspektive unterschieden, die allein auf kausale und funktionale Erklärungen ausgerichtet ist. In der Analyse des erstpersönlich-einfachen Ansatzes sind wir zu dem Ergebnis gekommen, dass sich aus dem Selbstbewusstsein heraus keine befriedigende Antwort auf das Problem der ‚diachronen Identität' der Person entwickeln lässt. Außerdem haben unsere Überlegungen ergeben, dass sich ein großer Teil der Intuitionen, die von der erstpersönlich-einfachen Antwort eingefangen werden, bewahren lässt, wenn man die Antwort auf das Einheitsproblem an die Beobachterperspektive koppelt und Einheit als eine kausale und nomologische Relation versteht. Der andere Teil der Intuitionen hinsichtlich unserer personalen ‚Identität', welcher ebenfalls in den erstpersönlich-einfachen Ansatz einfließt, lässt sich, so unsere Vermutung, integrieren in eine an der Teilnehmerperspektive ausgerichtete Konzeption der Persönlichkeit als evaluatives und aktivisches Selbstverhältnis. Die Frage nach diesem Selbstverhältnis ist daher keine nach kausalen oder funktionalen Bedingungen, zugleich aber auch nicht auf die epistemischen Sonderverhältnisse im individuellen Selbstbewusstsein hin ausgelegt. Alternativ dazu werden wir versuchen, die Struktur der Persönlichkeit als ein hermeneutisches Zusammenspiel von Ich und Wir zu begreifen.

Anerkennung als konstitutive Relation: Denn, und dies ist der zweite wichtige Punkt, auf den wir uns in unserer Analyse der Bedingungen der Personalität festgelegt haben, Personalität und Persönlichkeit sind keine privaten, ausschließlich einem einzelnen Selbstbewusstsein zuschreibbaren Eigenschaften, sondern konstituiert durch die soziale Relation der Anerkennung.[90] Eine Person zu sein bedeutet, sich selbst und andere als Personen zu erkennen und anzuerkennen sowie von anderen als Person erkannt und anerkannt zu werden. Da wir die Bedingungen der Personalität nicht nur als epistemische Werkzeuge zur Entdeckung und Identifizierung von Personen, sondern als konstitutive Relationen aufgefasst haben, sind wir auf die These festgelegt, dass sowohl die Personalität als auch die Persönlichkeit eines menschlichen Individuums sozial konstituiert sind. Eine Person zu sein und eine Persönlichkeit zu entwickeln, bedeutet demnach, in evaluativen Relationen der Anerkennung zu stehen, die immer sozial vermittelt sind. Dabei muss ein X über bestimmte Eigenschaften und Fähigkeiten verfügen, damit es Sinn macht, X als eine Person zu verstehen und anzuerkennen. Ohne diese Anerkennung selbst, d. h. ohne diese Einbettung in die personale Lebensform, kommt X die Eigenschaft, eine Person zu sein, aber nicht zu. An dieser Stelle liegt der Einwand nahe, dass es doch möglich ist, dass X zwar eine Person ist, von seiner sozialen Gemeinschaft aber nicht als solche anerkannt wird. Es ist unbestreitbar, dass jede adäquate Konzeption der personalen Lebensform solche Irrtumsmöglichkeiten eröffnen muss; und ich bin sicher, dass dies gewährleistet werden kann. Aber hier ist nicht der Ort, dieses generelle Problem einer sozialen, anerkennungstheoretischen Konzeption der personalen Lebensform zu lösen (vgl. Quante 2007).

Persönlichkeit und Personalität: Die Auflösung des Problems ‚personaler Identität' in drei Grundfragen bringt die Unterscheidung zwischen den Eigenschaften der Persönlichkeit und der Personalität mit sich. Der Unterschied zwischen beiden lässt sich auf folgende Weise verdeutlichen: Zwei menschliche Individuen X und Y gehören, wenn sie beide die Bedingungen der Personalität in hinreichendem Maße erfüllen, zur Menge der Personen. Mit „Personalität" wird diese beiden gemeinsame Eigenschaft, zur Menge der Personen zu gehören, zum Ausdruck gebracht. Personalität kommt X und Y als ein und dieselbe Eigenschaft zu, unabhängig davon, dass sie die Bedingungen der Personalität auf unterschiedliche Weise erfüllen (so wie X und Y die gleiche Eigenschaft haben können, erfolgreich eine Prüfung abgelegt zu haben, auch wenn sie die dafür notwendige Leistung auf unterschiedliche Weise erbracht haben). Die Persönlichkeit eines menschlichen Individuums X dagegen ist die individuelle Ausprägung, die X seiner Personalität gibt. Es kann also – per definitionem – nicht sein, dass X und Y ein und dieselbe Persönlichkeit haben. Dies ist eine terminologische Festlegung, die wir treffen, um die Struktur der personalen Lebensform als jeweils individuelles evaluatives Selbstverhältnis erfassen zu können. Wir verwenden den Begriff der Persönlichkeit im Alltag häufig auch zur Charakterisierung einer allgemeinen Eigenschaft, sodass wir in diesem Sinne sagen können, dass X und Y die gleiche Persönlichkeit aufweisen, obwohl es sich bei ihnen um zwei verschiedene menschliche

Individuen handelt. Unsere terminologische Verwendungsweise weicht davon ab, indem wir zu den notwendigen Identitätsbedingungen für Persönlichkeiten die Bedingung zählen, dass es sich um die Persönlichkeit eines persistierenden menschlichen Individuums handeln muss.[91] Die alltägliche Verwendungsweise, die nicht auf diese Weise eingeschränkt ist, lässt sich demgegenüber treffend durch den Terminus „Persönlichkeitstyp“ wiedergeben.

Darüber hinaus legen wir an dieser Stelle auch fest, dass X zu einem bestimmten Zeitpunkt t genau dann zur Menge der Personen gehört (X zu t also die Eigenschaft der Personalität zukommt), wenn X zu t über genau eine Persönlichkeit verfügt. Da es uns in diesem Kapitel darum geht, die Grundstruktur der personalen Lebensform zu verstehen, ist diese Festlegung legitim, um den Problembereich zu vereinfachen. Im nächsten Kapitel werden wir diese Bedingung im Kontext der Erörterung von Persönlichkeitsstörungen noch einmal auf den Prüfstand stellen. Außerdem werden wir, wenn wir die intertemporale Struktur der personalen Lebensform näher untersuchen, auch danach fragen, ob es ausreicht, diese Bedingung auf einen Zeitpunkt zu beschränken. Möglicherweise gehört es zu den Bedingungen der Personalität hinzu, dass X über einen längeren Zeitraum über ein und dieselbe Persönlichkeit verfügt.

Persönlichkeit und Persistenz: Auch unsere Antwort auf die zweite Grundfrage stellt allgemeine Rahmenbedingungen für die Konzeption der Persönlichkeit bereit. Ein wesentliches Merkmal unserer Konzeption der Persistenz menschlicher Personen ist, dass diese in der Beobachterperspektive entwickelt wird und ausschließlich auf kausal oder funktional bestimmbare Entitäten Bezug nimmt. Da wir Personalität und Persönlichkeit an die Teilnehmerperspektive binden und diese realistisch deuten, sind wir auf die These festgelegt, dass Personalität und Persönlichkeit irreduzible Merkmale von menschlichen Personen sind. Es ist unbestreitbar, dass menschliche Individuen über die für Personalität erforderlichen Fähigkeiten, die auch zur Entwicklung einer Persönlichkeit notwendig sind, nur verfügen, weil sie über charakteristische Eigenschaften und Fähigkeiten von menschlichen Organismen verfügen, die sich in der Beobachterperspektive erfassen lassen. Obwohl die Dimension der personalen Lebensform nicht reduzierbar ist auf die Dimension unserer biologischen Existenz, ist Erstere weder vollkommen unabhängig noch gänzlich unbeeinflusst von Letzterer. Vielmehr handelt es sich bei den einschlägigen Eigenschaften und Fähigkeiten von menschlichen Organismen, aufgrund derer sie in der Lage sind, eine Persönlichkeit auszubilden und die Bedingungen der Personalität zu erfüllen, um so genannte ‚*enabling conditions*‘, also um Rahmenbedingungen, die uns in die Lage versetzen, ein personales Leben zu führen. Die Tatsache, dass wir zu Beginn unserer biologischen Existenz dazu noch nicht in der Lage sind, und die Tatsache, dass manche Menschen aufgrund schwerwiegender Behinderungen niemals oder ab bestimmten Phasen ihres Lebens nicht mehr dazu in der Lage sind, die Bedingungen der Personalität zu erfüllen, belegen unbestreitbar, dass unsere personale Lebensform auf ein komplexes Set von solchen Ermöglichungsbedingungen angewiesen ist. Wichtig ist jedoch, daran festzuhalten, dass diese Abhängigkeit weder automatisch zur Reduzierbarkeit noch zur Bestreitung der Realität des personalen Lebens führen muss.

Doch die Beziehung zwischen der biologischen und der personalen Dimension der *conditio humana* sind noch enger als es die Rede von Ermöglichungsbedingungen anzeigt. Das Konzept der Ermöglichungsbedingungen ist unter den Vorzeichen der Beobachterperspektive formuliert, weshalb man zumeist von kausalen Ermöglichungsbedingungen spricht. Aber auch unter dem Vorzeichen der Teilnehmerperspektive kommt das Abhängigkeitsverhältnis in den Blick. Denn unser Verständnis davon, ein personales Leben zu führen, wird in seiner konkreten inhaltlichen Ausgestaltung von vielen Faktoren beeinflusst, welchen wir aufgrund unserer biologischen Verfasstheit unterliegen. Dass wir auf bestimmte Weise gezeugt werden oder unsere biologische Entwicklung in Form von Wachstum und Altern abläuft, hinterlässt in unserer Vorstellung von Personalität und Persönlichkeit genauso Spuren wie die Tatsache, dass wir auf bestimmte Weise emotional und affektiv verfasst sind oder unsere kognitiven und emotionalen Kompetenzen nur in sozialen Interaktionen ausbilden können. Zwar sind, wie die Biotechnologie uns immer wieder bewusst macht, diese Prägungen kontingenter Art und damit im Prinzip wandelbar. Sie gehen aber *als interpretierte* Voraussetzungen sowohl in unser allgemeines Verständnis von Personalität und Persönlichkeit ein, als auch als je individuell ausgeprägte biologische Start- und Rahmenbedingung für die Persönlichkeit einzelner menschlicher Individuen. Man denke etwa an unsere Redeweise von Talenten, Temperament oder auch den Einfluss der körperlichen Verfasstheit auf die Persönlichkeit eines Menschen. Wir werden im letzten Kapitel dieses Buches auf die Verschränkung unserer biologischen und unserer personalen Existenz noch ausführlicher eingehen. Bis dahin werden wir, wieder mit dem Zweck, unsere gegenwärtige Problemstellung nicht komplizierter werden zu lassen als nötig, davon ausgehen, dass die Persistenz des menschlichen Individuums eine notwendige Bedingung dafür ist, dass eine Persönlichkeit über die Zeit hinweg existiert. Wie sich noch zeigen wird, kommt diese Prämisse in kulturell weit verbreiteten Vorstellungen von Unsterblichkeit oder Wiederauferstehung unter Druck.

8.1.2 Spezielle Elemente

Neben diesen allgemeinen Rahmenbedingungen einer Theorie personalen Lebens haben sich in unserer Erörterung von Parfits Provokation auch bereits spezifische Elemente der Struktur der Persönlichkeit abgezeichnet, die in diesem Abschnitt explizit gemacht werden sollen. Dabei stehen wir vor der Aufgabe, die evaluative und aktivische Dimension des personalen Selbstverhältnisses, die wir in der sechsten Bedingung der *person-making characteristics* formuliert haben, zu explizieren. Dies wird im Zusammenspiel mit einem weiteren wesentlichen Merkmal von Personen, ihrem Bewusstsein von der eigenen Existenz über die Zeit hinweg, zu geschehen haben. Auf diese Weise nehmen wir nicht nur einen wesentlichen Bestandteil der lockeschen Definition von Personalität und personaler Identität auf; wir werden auch an unsere Diskussion der erstpersönlich-einfachen Theorie wieder anschließen. Dort hatte sich zwar der negative Befund ergeben, dass Antizipationen und Erinnerungen keine befriedigenden Kriterien für die Frage nach der Einheit von Personen liefern können, gleichwohl haben wir in diesem Kontext schon gesehen, dass die Fähigkeit zu personalen Erinnerungen und antizipierender Vorwegnahme zukünftiger Weltzustände ein wesentliches Merkmal der personalen Lebensform darstellt. Vor allem Letzteres hat sich als Kernelement der Argumentation herauskristallisiert, die sich um Parfits Provokation dreht.

Der allgemeine Ertrag, den wir aus dieser Debatte um Parfits Provokation gewinnen, besteht zum einen darin, Einheit als Grundlage der persönlichen Lebensführung als einen irreduziblen Eigenwert erkannt zu haben. Zum anderen sind wir in den verschiedenen philosophischen Reaktionen auf Parfits These auf die spezifische Fähigkeit von Personen gestoßen, sich in zukünftige Zustände hineinzuversetzen. Diese Fähigkeit einer sich identifizierenden Bezugnahme auf zukünftige, aber auch vergangene Weltzustände ist es, die nun als Grundstruktur der personalen Lebensform, als Grundmuster der Persönlichkeit, sichtbar gemacht werden soll.

„Identifikation mit" als Grundstruktur der personalen Lebensform: Beim Aufräumen im Keller entdeckt Sophia einen alten Schuhkarton. Als sie ihn öffnet, finden sie darin vergilbte Fotos, darunter eines, auf dem eine Schulklasse abgebildet ist. Mit ihrem soeben geborgenen Schatz läuft sie zu ihrer Uroma Mia und fragt, wer die Personen auf diesem Bild sind. Nach kurzem Überlegen sagt die Uroma, dass es sich bei dieser Aufnahme um das Bild ihrer Abschlussklasse handelt. Auf Sophias Nachfrage, wo sie denn auf dem Foto zu finden sei, findet sich die Uroma nach kurzem Suchen und zeigt auf ein junges Mädchen in der dritten Reihe. Die Aussage: „Das bin ich" ist in dem geschilderten Kontext ohne weiteres verständlich. Ihres Selbstbezugnahme stellt je-

doch (soweit bisher beschrieben) keinen Fall von *Identifikation mit* dar, auf die wir im letzten Kapitel gestoßen sind. Vielmehr handelt es sich um eine Selbstbezugnahme, die wir *Identifikation als* nennen wollen. Bei Letzterer geht es darum, eine Entität als diejenige auszuweisen, auf die eine bestimmte Kennzeichnung zutrifft. In unserem Beispielfall wäre dies z. B. die Kennzeichnung „Uroma von Sophia“. Eine solche Identifikation als lässt sich auch mit Bezug auf zukünftige Weltzustände vornehmen.[92] Stellen wir uns vor, Caterina und Eva werde eine Geschichte erzählt, die davon handelt, dass zwei Cousinen einen Ausflug in die nahe gelegene Stadt machen, bei dem eines der Mädchen sich dort einige Buttons und das andere sich dort ein Paar Ohrringe kauft. Die beiden Cousinen haben sofort begriffen, dass es sich bei dieser Geschichte um eine Schilderung ihres morgigen Tages handelt; und nach kurzer Zeit ist auch jedem Kind klar, wer von ihnen beiden sich was wird kaufen dürfen. In diesem Fall gelingt es Caterina und Eva nach kurzer Zeit, sich als diejenige Person zu identifizieren, von der in der Erzählung die Rede ist.

Die Selbstbezugnahme der Identifikation als unterscheidet sich von der Selbstbezugnahme der Identifikation mit dadurch, dass es bei Ersterer nur um die kognitive Leistung der Zuordnung der Referenz geht. Sie enthält keine Informationen darüber, in welchem evaluativen Verhältnis sich die Uroma bzw. die beiden Cousinen zu den Personen verhalten, als die sie sich jeweils identifiziert haben. Stellen wir uns vor, dass unter den vielen Fotos, die Sophia gefunden hat, auch eines ist, welches ein junges Mädchen zeigt, das auf einem Kindergeburtstag ihr weißes Kleid mit Kakao bekleckert hat. Es steht zu erwarten, dass die alte Dame, wenn sie sich an diese Szene aus ihrer Vergangenheit zurückerinnert, nicht nur die Identifikation als vollzieht, sondern sich auch in evaluativer Weise zu dem damaligen Erlebnis verhält. Vielleicht schämt sie sich ihrer damaligen Ungeschicklichkeit oder in ihr kommt noch einmal die Empörung darüber hoch, dass man damals mit ihr geschimpft hat, obwohl doch ihr Bruder mutwillig das Verschütten des Kakaos verschuldet hat, indem er sie angerempelt hat. Eine solche evaluative Selbstreferenz lässt sich bei Personen auch mit Bezug auf die eigene Zukunft feststellen: Die beiden Kinder werden sich gegenüber der Schilderung ihres morgigen Tages nicht wertneutral verhalten, sondern das zukünftige Geschehen im Lichte ihrer gegenwärtigen Bedürfnisse und Wünsche bewerten. Eine solche Identifikation mit, die auch in den Gedankenexperimenten des letzten Kapitels eine wichtige Rolle gespielt hat, muss nicht unbedingt eine positive Identifikation mit sein. Vermutlich kennt jeder alte Aufnahmen oder Geschichten, in denen die Identifikation als mit einer negativen Identifikation mit – z. B. der Scham oder des Ärgerns über sich selbst – einhergeht. Dies passiert, wenn man sein damaliges Verhalten vom Standpunkt der gegenwärtigen Bedürfnisse oder Evaluationen aus als unangemessen, als unschicklich oder sogar als moralisch falsch einschätzt. Wenn uns diese alten Geschichten peinlich sind, weil wir uns darin kindisch vorkommen, oder wenn wir uns über uns selbst ärgern, weil wir uns in einem Konflikt haben gehen lassen oder weil wir einer Verlockung nicht haben widerstehen können, dann nehmen wir eine negative Identifikation mit unserem damaligen Zustand vor. Wie wir im letzten Kapitel gesehen haben, lassen sich positive wie negative Identifikationen mit den eigenen zukünftigen Zuständen an vielen Stellen in unserem alltäglichen Leben finden, nicht nur in den fantastischen Gedankenexperimenten der Philosophen, sondern auch in ganz alltäglichen Kontexten bis hin zu exzeptionellen Situationen, in denen wir uns überlegen, welche Richtung wir unserem weiteren Leben geben oder welche existenziellen Entscheidung wir treffen wollen. In solchen auf die Zukunft der eigenen Existenz ausgerichteten Überlegungen identifizieren wir uns nicht nur *als* diejenigen, die sich in der Zukunft in bestimmten Zuständen befinden, sondern wir nehmen in aller Regel auch eine evaluative Haltung dazu ein. Mit anderen Worten: Wir identifizieren uns, positiv oder negativ, *mit* ihnen.

Dass es sich bei der Identifikation mit um ein evaluatives Verhältnis handelt, ergibt sich aus den gerade geschilderten Fallbeispielen. Unsere Beispiele waren aber auch schon so gewählt, dass es sich in jedem Fall um Selbstbezugnahmen handelt. Da es uns hier um die personale Lebensform geht, ist diese Einschränkung angemessen, sodass wir terminologisch festlegen, dass *Identifikation mit* im Folgenden immer in der personalen Einstellung erfolgt, d.h. mit der Voraussetzung, dass eine Person sich auf ihre eigenen vergangenen oder zukünftigen Zustände bezieht. Damit lassen wir offen, wie die Redeweise, dass eine Person sich in der Identifikation mit auf sich selbst bezieht, weiter zu analysieren ist. Im Kontext unserer Antwort auf die zweite Grundfrage haben wir diesbezüglich die Position verteidigt, dass ein menschliches Individuum sich damit auf sich selbst qua persistierenden menschlichen Organismus bezieht. Von dieser spezifischen inhaltlichen These können wir unsere terminologische Festlegung aber freihalten, sodass sie auch dann noch plausibel ist, wenn man unsere Antwort auf die Frage der Persistenz nicht akzeptiert.

Identifikation mit ist der Spezialfall einer generellen menschlichen Fähigkeit, sich empathisch in andere Entitäten hineinzuversetzen (die Grenzen dieser Fähigkeit brauchen uns hier nicht weiter zu interessieren). Wenn wir uns im empathischen Sinne mit einer Romanfigur oder, z.B. während einer Live-Übertragung im Fernsehen, mit einer sich in einem Wettkampf befindlichen Person identifizieren, ‚fiebern' oder leiden wir mit, fühlen die Anspannung und die Erleichterung, die Freude, den Schmerz, die Enttäuschung und vieles andere mehr. In dieser empathischen Einstellung versetzen wir uns in die Lage dieser anderen Person und vollziehen nach, wie es uns an ihrer Stelle ginge, ohne dass wir dabei unterstellen würden, dass wir uns dabei auf uns selbst bezögen. Die empathische Einstellung kann ohne explizite Annahme der Identität oder sogar unter expliziter Annahme der Nichtidentität eingenommen werden. Sie enthält aber im Gegensatz zur Identifikation als stets ein evaluatives Moment, wenn dieses auch nicht in Form eines Urteils vorliegen muss, sondern auch im Modus einer Emotion oder eines Affekts realisiert sein kann.[93]

Die Identifikation mit ist in unserem terminologischen Sinne also der personale Sonderfall einer empathischen Einstellung, in der eine positive oder negative Bewertung des Zustands einer Entität, mit der man sich für identisch hält, vorgenommen wird. Der Maßstab dieser Evaluation sind, wie die alltäglichen Beispiele der Uroma und der Kinder nahe legen, Annahmen über das Gute oder das Gerechte, sowie darüber, was klug, sinnvoll oder wertvoll ist. Diese Annahmen können spezifische, individuelle Annahmen der Person sein, die sich mit einem zukünftigen Zustand identifiziert (wenn man z. B. heute darüber den Kopf schüttelt, vor vielen Jahren eine Lebenskrise durchlitten zu haben, weil sich eine Boy-Group aufgelöst hat). Es kann sich aber auch um allgemein akzeptierte soziale oder moralische Normen handeln (wenn man sich z. B. für vergangene Verhaltensweisen schämt, die aus der heutigen Sicht als unangemessen oder gar als ethisch nicht akzeptabel angesehen werden). Wir können diese beiden Bewertungspole, die für die Identifikation mit charakteristisch sind (und weit über logische oder instrumentelle Rationalität hinausgehen), den Bezug auf das gute und das gelingende Leben nennen. Ersteres bringt den intersubjektiv geteilten evaluativen Rahmen zum Ausdruck, Letzteres die jeweils individuelle Vorstellung, die eine Person davon hat, was ein (oder ihr) gutes Leben ist. Es liegt auf der Hand, dass die intersubjektive und die individuelle Konzeption in Widerspruch miteinander stehen können, dass also eine Person eine Lebensführung als gelingendes Leben betrachtet, welches aus intersubjektiver Perspektive nicht als eine Realisierung des guten Lebens gewertet werden würde (und vice versa).[94] Damit zeigt sich an dieser Stelle auf allgemeine Weise, wie die Grundstruktur des personalen Lebens mit unserer ethischen Praxis verbunden ist. Eine genauere Bestimmung dieser Bewertungsmaßstäbe sowie des angemessenen Verhältnisses zwischen dem guten und dem gelingenden Leben würde uns tief in den Bereich der philosophischen Ethik führen und damit zu weit von unserem eigentlichen Anliegen entfernen. Deshalb müssen diese knappen Ausführungen hier genügen.

Wir haben bis hierhin eine Grundidee von der personalen Lebensform als Identifikation mit entwickelt, in der sowohl die intertemporale als auch die evaluative Dimension sichtbar geworden sind. Was bisher noch nicht weiter expliziert wurde, ist der aktivische Charakter, der sich mit der personalen Lebensform verbindet. Dieser aktivische Charakter kam nicht nur in Korsgaards Kritik an Parfit zum Ausdruck, sondern findet seinen Niederschlag auch darin, dass wir von Personen annehmen und erwarten, dass sie ihr Leben führen, in ihrer Lebensführung aktiv sind und darin selbst bestimmen, wer sie sind und sein wollen. Indem wir jetzt diese aktivische Dimension des personalen Selbstverhältnisses kurz beleuchten, können wir auch den Bezug herstellen zu unserer vierten Adäquatheitsbedingung und aufzeigen, weshalb die Identifikation mit als Grundstruktur der personalen Lebensform eng verknüpft ist mit zwei zentralen Elementen unserer ethischen Praxis: dem Respekt vor personaler Integrität und dem Respekt vor personaler Autonomie.

Durch die Bestimmung von Identifikation mit als evaluativ liegt der aktivische Charakter dieses Selbstverhältnisses nahe, da Werte und Normen philosophisch in der Regel eher mit dem Wollen als dem Denken verbunden werden. Im Prinzip schließt nichts die Möglichkeit aus, dieses evaluative Selbstverhältnis als passives zu begreifen; eine Konzeption, die zumeist am Modell des Entdeckens ausgerichtet wird.[95] Dabei ist der Gegensatz von Denken und Wollen genauso schwierig zu fassen, wie die Unterscheidung von „aktiv“ und „passiv“ in diesem Kontext präzise zu bestimmen ist. Was das erstere betrifft, so müssen wir festhalten, dass zum Wollen zu zählende mentale Episoden, genauso wie Wahrnehmungen oder Überzeugungen, propositional strukturiert sind. Die Differenz kann also nicht in dem Unterschied von Propositionalität und Nichtpropositionalität des Gehaltes bestehen. Erfolgversprechender ist es, die intentionale Gerichtetheit als Unterscheidungskriterium heranzuziehen, wie es nicht erst Searle (1983) in seiner Variante der Sprechakttheorie, sondern bereits Fichte (1971: 2 f.) in seiner Analyse des Selbstbewusstseins vorgeschlagen hat. Eine „denkende“ intentionale Einstellung hat zum Ziel, einen bestehenden Sachverhalt zu erfassen. Eine „wollende“ intentionale Einstellung dagegen ist (in der Regel) darauf ausgerichtet, den Zustand der Welt dem propositionalen Gehalt des Wollens anzugleichen: Ich will die Tür öffnen und modifiziere durch mein Handeln den Weltzustand dementsprechend, in dem ich die geschlossene Tür öffne. Im Wahrnehmen ist das Ziel dagegen zu erkennen, was der Fall ist.

Mit dieser Überlegung kommen wir der zweiten Unterscheidung näher. Bedenkt man, dass begriffliche Leistungen immer auf eine aktive Leistung des erkennenden Subjekts angewiesen sind, macht es Sinn, alle propositionalen Einstellungen als aktiv zu charakterisieren. Wenn man in einem über diese auf die Spontaneität abzielende Bedeutung von „aktiv“ hinausgehenden Sinn davon sprechen will, dass bestimmte propositionale Einstellungen als „aktiv“ zu charakterisieren sind, dann hilft die Unterscheidung zwischen Denken und Wollen ein Stück weiter. Im Wollen wird das Bezugsobjekt durch das wollende Subjekt aktiv umgestaltet, während das Ziel im Denken ist, dass das Subjekt in einen propositionalen Zustand kommt, dessen Gehalt vorgegebenen Sachverhalten entspricht. Mit Bezug auf die selbstreferenzielle Relation, um die es uns hier geht, bedeutet die Charakterisierung der Identifikation mit als aktivisch, dass wir uns dieses Selbstverhältnis als eines der Selbstverwirklichung und als eines der aktiven Gestaltung der eigenen Persönlichkeit vorstellen müssen. Dass Personen sich mit eigenen zukünftigen oder vergangenen Zuständen identifizieren, bedeutet dann, dass sie nicht einfach nur erkennen, was mit ihnen diesbezüglich der Fall ist, sondern sich dazu aktiv gestaltend verhalten. Selbst das positive Evaluieren ist in diesem Sinne mehr als die lediglich passive Zurkenntnisnahme dessen, was der Fall ist.

Mit Bezug auf Erinnerungen und Antizipationen lässt sich für die personale Identifikation mit noch spezifischer sagen, dass Personen in der Regel darum bemüht sind, ihre mentalen Zustände als Sinneinheiten zu deuten, indem sie einzelne dieser Zustände in das Gesamtnetz ihres Selbstkonzepts integrieren. Diese Deutung (und Umdeutung) gilt nicht nur für Antizipationen, sondern auch für Erinnerungen. Es ist ein alltägliches und lebensweltlich vertrautes Phänomen, dass wir auch bei personalen Erinnerungen immer darum bemüht sind, uns unsere eigenen vergangenen Handlungsweisen und Motive im Lichte unseres gegenwärtigen Selbstkonzepts verständlich und akzeptabel zu machen. Mit Bezug auf Antizipationen haben wir bereits gesehen, dass wir zukünftige Zustände unserer selbst auf der Basis der gegenwärtigen Konzeption unserer Persönlichkeit evaluieren. Das Bestreben nach Kohärenz im Sinne einer sinnhaften Einheit ist ein definierendes Merkmal, welches den Normalfall der inhaltlichen Ausrichtung der Identifikation mit als personale Einstellung charakterisiert (vgl. Henning 2007).

Doch die Identifikation mit ist in einem noch über diese interpretatorische Erzeugung von Kohärenz hinausgehenden Sinne aktivisch. Es gehört zu unserem Verständnis von Personen, dass sie ihr Leben nicht einfach nur haben, sondern im Lichte ihrer eigenen evaluativen Einstellungen führen. Analog zum Wollen und Handeln begreifen wir die Identifikation mit eigenen zukünftigen Zuständen auch als den Versuch, unsere eigenen zukünftigen Zustände gemäß unserer eigenen Vorstellung von einem guten und gelingenden Leben zu beeinflussen und zu gestalten. Wir versuchen, in unserer zeitlich ausgedehnten Existenz eine Persönlichkeit zu entwickeln und Pläne zu verwirklichen, in denen sich manifestiert, wer wir sein und was wir erreichen wollen.[96] Eine Persönlichkeit umfasst in diesen unterschiedlichen Bedeutungen immer mehr als die lediglich passive Bestandsaufnahme dessen, was uns selbst betreffend der Fall ist.

Von hier aus ist es nicht mehr schwer, den Bezug der Identifikation mit zu den beiden fundamentalen Prinzipien unserer ethischen Praxis in seiner Grundstruktur sichtbar werden zu lassen. Zum einen ist eine Persönlichkeit als Resultat der Kohärenz- und Einheitsarbeit eine komplexe Sinnstruktur, die als solche prima facie Anspruch auf Beachtung verdient. Als Produkt einer aktivischen Bemühung eines Individuums stellt sie darüber hinaus die inhaltliche Manifestation dessen dar, worin die Integrität dieses Individuums besteht. Wir alle wissen, wie schwer es sein kann, eine kohärente und stabile Verfasstheit unserer Persönlichkeit zu erlangen. Daher sind wir in aller Regel bereit, diese Struktur zu respektieren, d. h. die erreichte Integrität dieses Individuums nicht ohne guten Grund zu stören oder gar zu zerstören. Wir respektieren Entscheidungen und Handlungen zu einem guten Teil deshalb, weil sie zur Persönlichkeit dieses Individuums passen, auch wenn wir selbst anders entscheiden und handeln würden. Doch nicht nur die Integrität nötigt uns Respekt ab. Weil wir die Persönlichkeit eines Individuums zu großen Teilen als Ergebnis seiner *eigenen Entscheidungen* begreifen, gilt sie uns auch als Ausdruck der Fähigkeit dieser Person zu einer autonomen, selbstbestimmten Lebensführung.[97] Der Respekt vor autonomen Entscheidungen und der Freiraum, den wir uns wechselseitig in unserer ethischen Praxis bei der Entwicklung, Ausgestaltung und Realisierung individueller Lebensentwürfe einräumen, zeigt, dass wir die Fähigkeit von Personen, für sich selbst zu definieren, welche Persönlichkeit sie sein wollen, für einen zentralen Wert erachten. Es besteht, anders gesagt, ein enger Zusammenhang zwischen dem Respekt vor der Persönlichkeit eines Individuums und dem Respekt vor den autonomen Entscheidungen von Personen, weil wir beides als Ausdruck von Selbstbestimmung begreifen.

Damit ist die formale Charakterisierung der Identifikation mit abgeschlossen. Sie wird als Grundstruktur der personalen Einstellung einer Person zu sich selbst im nächsten Abschnitt in ihrer allgemeinen Grundstruktur expliziert; eine inhaltliche Anreicherung dieser Struktur wird sich im nächsten Kapitel ergeben, wenn wir nach den Wahrheitsbedingungen für transtemporale Identitätsaussagen über die Persönlichkeit eines menschlichen Individuums fragen.[98]

8.2 Die Struktur der Persönlichkeit

Seit Anfang der 70er Jahre des letzten Jahrhunderts hat sich, maßgeblich initiiert durch die Arbeiten von Frankfurt (1988) und Dworkin (1988), ein Modell von personaler Autonomie entwickelt, welches als *higher-order theory* (HOT) bezeichnet wird. Unabhängig voneinander entwickeln Frankfurt und Dworkin Theorien, in denen sie versuchen, die Bedingungen der Autonomie von Personen zu ermitteln. Der Ausgangstext Frankfurts, auf dessen Theorie wir uns hier beschränken, erschien ursprünglich 1971 unter dem Titel „Freedom of the will and the concept of a person". Obwohl es Frankfurt in diesem frühen Aufsatz, wie der Titel andeutet, um den Begriff der Person und um das Problem der Willensfreiheit ging, hat sein Text vor allem in den Themenbereichen „personale Autonomie" und „moralische Verantwortung" eine starke Rezeption erfahren. Da wir im Folgenden Frankfurts HOT verwenden, um die Struktur der Persönlichkeit inhaltlich besser zu verstehen, müssen wir kurz das Verhältnis zu diesen anderen beiden Kontexten, die in den für uns interessanten Texten Frankfurts stets präsent sind, abklären.

In diesem Buch werden wir uns um das klassische Problem der Willensfreiheit in unserer Diskussion der personalen Lebensform nicht weiter kümmern. Die Fragen danach, auf welchen Freiheitsbegriff wir durch unser Selbstverständnis als Personen festgelegt sind und wie das Verhältnis dieses Freiheitsbegriffs zur metaphysischen Frage nach der Determiniertheit oder Indeterminiertheit der Welt philosophisch zu bestimmen sind, beschäftigt die Philosophie seit ihren Anfängen. Die Diskussion um diese Frage hat eine Komplexität erreicht, der wir in unserem Kontext nicht gerecht werden könnten. Dabei stehen sich mit dem kompatibilistischen und dem inkompatibilistischen Lager zwei Positionen gegenüber, zwischen denen eine eindeutige oder abschließende Bewertung nicht möglich ist. Während erstere behaupten, dass unser Selbstverständnis als verantwortlich Handelnde im Prinzip mit der Determiniertheit der Welt verträglich ist, gehen Inkompatibilisten von einer Unverträglichkeit aus. Wir werden diesen philosophischen Fragekomplex im Folgenden ignorieren; d. h. wir werden uns nicht einmal explizit um Neutralität bemühen können, sondern die Frage schlicht offen lassen müssen, auf welche Position uns unsere Überlegungen möglicherweise festlegen.

Der zweite Kontext, in dem Frankfurts Theorie stark rezipiert worden ist, lässt sich durch die Begriffe „personale Autonomie" und „moralische Verantwortung" charakterisieren. Frankfurts ursprüngliche Idee war es, das wesentliche Merkmal der personalen Lebensform in der Fähigkeit zur moralischen Verantwortung zu suchen und durch eine Bestimmung der Autonomie von Personen aufzufinden (vgl. Frankfurt 1988: Kapitel 2). Im Anschluss an seinen ersten Entwurf ist die Kernfrage nach der Struktur der personalen Lebensform, die ursprünglich den Ausgangspunkt gebildet hat, in den Hintergrund gerückt; die Fragen nach Autonomie und Verantwortung haben in der Folge ihre Eigendynamik entwickelt. Es liegt auf der Hand, dass eine Analyse der Persönlichkeit nicht alle Aspekte der anderen beiden Bereiche umfassen muss.

Denn es ist zu vermuten, dass Personen weder in jeder Hinsicht autonom sind, noch ist es plausibel anzunehmen, dass alle Aspekte des personalen Lebens in enger Relation zum Begriff der moralischen Verantwortung stehen werden. Außerdem werden aufgrund der diversen Verwendungskontexte, in denen wir Verantwortung und Autonomie zuschreiben, letztere beiden Konzepte zusätzlichen Anforderungen zu genügen haben, die in einer Analyse der Grundstruktur der personalen Lebensform nicht zwingend erfasst sein müssen. Mit anderen Worten: Personalität, Persönlichkeit, Autonomie und Verantwortung bilden ein dichtes und irreduzibles Geflecht aufeinander verweisender, sich partiell bedingender und voraussetzender sowie sich gegenseitig erhellender Begriffe. Wir werden daher im Folgenden diejenigen Aspekte der Diskussion um Frankfurts HOT, die sich auf die speziellen Aspekte von Verantwortung und Autonomie beziehen, nicht weiter verfolgen, sondern uns auf die Elemente von HOT konzentrieren, in denen die Grundstruktur der personalen Lebensform sichtbar wird. Damit nähern wir uns der ursprünglichen Intuition Frankfurts wieder an, der seine Überlegungen anfangs im Kontext einer Analyse des Begriffs der Person verortet hatte.

In seinem Aufsatz „Freedom of the will and the concept of a person" sucht Frankfurt nach dem Merkmal, durch welches sich der Wille von Personen von dem anderer Wesen unterscheidet, die ebenfalls intentionale Einstellungen haben. Es ist, so Frankfurt, dieses Differenzmerkmal, aufgrund dessen Personen Adressaten von Verantwortungszuschreibungen und autonome Akteure sein können. Das gesuchte Merkmal, so Frankfurts Vorschlag (1988: 12), ist eine „capacity for reflective self-evaluation". Diese wird sichtbar, wenn man die praktischen intentionalen Einstellungen, d.h. also Wünsche, Absichten etc., in ein Stufenmodell einfügt. In unserer Analyse der Bedingungen der Personalität haben wir, im Anschluss an Überlegungen von Dennett, bereits für die theoretischen intentionalen Einstellungen, also für Überzeugungen, eine solche Unterscheidung von Einstellungen verschiedener Stufen kennen gelernt. Nun ist es Zeit, den dort liegen gelassenen Hinweis, dass man analog auch für die praktischen Einstellungen eine hierarchische Struktur entwickeln kann, wieder aufzugreifen. Wir werden dabei den Terminus „Wunsch" als Oberbegriff für alle praktischen intentionalen Einstellungen verwenden und in unserer Darstellung stets von erstpersönlichen Einstellungen ausgehen.

Frankfurt definiert Wünsche erster Stufe als praktische intentionale Einstellungen, die auf Handlungen gerichtet sind; also z.B. „Ich wünsche, dass ich das Fenster öffne". Nun haben wir im Normalfall zu jedem Zeitpunkt eine Vielzahl solcher Wünsche erster Stufe. Daher ist es wichtig, denjenigen unter ihnen, der zu einem Zeitpunkt handlungswirksam wird, terminologisch auszuzeichnen. Der Wille einer Person zu einem Zeitpunkt soll deshalb derjenige erstpersönliche Wunsch erster Stufe sein, der effektiv wird, d.h. eine Handlung initiiert.[99] Unter Handlungsfreiheit können wir dann die Freiheit verstehen, dass ein Subjekt von Wünschen erster Stufe nicht daran gehindert ist, seinen Willen in die Tat umzusetzen.

Diese Handlungsfreiheit ist kein Spezifikum für Personen und nicht hinreichend dafür, den entsprechenden Subjekten Verantwortung oder Autonomie zuzuschreiben. Ersichtlich genießen viele Tiere, die in der Lage sind, ihre Absichten in Handlungen umzusetzen, Handlungsfreiheit, wenn z.B. eine Katze oder ein Hund sich zu dem Ort in der Wohnung begeben, an dem sie ihren Hunger stillen können. Um den zentralen Unterschied zwischen solchen Subjekten und Personen sichtbar werden zu lassen, führt Frankfurt nun Wünsche zweiter Stufe ein. Ein Beispiel für einen solchen Wunsch zweiter Stufe ist etwa, wenn ich mir wünsche, den Wunsch zu erwerben, in einer philosophischen Diskussion geduldig zuzuhören. Während ein Wunsch erster Stufe eine Handlung zum Gegenstand hat, hat ein Wunsch zweiter Stufe einen Wunsch erster Stufe zum Gegenstand. Formal können wir mit diesem Verfahren Wünsche beliebiger Stufe erzeugen, indem wir definieren, dass ein Wunsch der Stufe n+1 einen Wunsch der Stufe n zum Gegenstand hat. Fragt man sich nun, weshalb wir auf diese Weise dem wesentlichen Merkmal von Personen näher gekommen sein sollen, so lautet die Antwort, dass ein Subjekt in einem solchen Wunsch zweiter Stufe zum Ausdruck bringt, welche Wünsche erster Stufe es erwerben will bzw. welche seiner Wünsche erster Stufe, die es de facto bereits hat, es bejaht (oder ablehnt). In Wünschen zweiter Stufe liegt also bereits eine Form der Reflexivität und evaluativen Selbstbezugnahme vor, die wir als zentrales Element von Personalität eingefordert haben. Analog zu der Unterscheidung von Wunsch erster Stufe und Wille führt Frankfurt auch auf der zweiten Stufe eine Unterscheidung zwischen bloßen Wünschen zweiter Stufe und Volitionen ein. Der Unterschied zwischen beiden lässt sich an zwei Merkmalen festmachen: Wünsche zweiter Stufe können sich auf Wünsche erster Stufe beziehen, die dem Subjekt zu dem fraglichen Zeitpunkt nicht zukommen: Ich kann mir wünschen, einen Wunsch nach geduldigem Zuhören zu erwerben. Volitionen dagegen können sich nur auf Wünsche erster Stufe beziehen, die dem Subjekt zum fraglichen Zeitpunkt faktisch zukommen. Vor allem liegt der Unterschied zwischen Wünschen zweiter Stufe und Volitionen darin begründet, dass in Letzteren zum Ausdruck kommen muss, dass ich möchte, dass der fragliche Wunsch erster Stufe auch mein Wille, d.h. handlungswirksam wird. Wenn wir unser Beispiel des geduldigen Zuhörens vom Wunsch zweiter Stufe in eine Volition umwandeln, dann ergibt sich also: Ich wünsche (= Volition), dass der (mir faktisch zukommende) Wunsch, geduldig zuzuhören, mein Wille ist, d.h. sich gegebenenfalls gegenüber konkurrierenden Wünschen erster Stufe wie z. B. dem, einen Argumentationsfehler umgehend zu korrigieren, durchsetzt.

Frankfurts Vorschlag lautet nun, dass wir in Volitionen *die* Struktur des Willens gefunden haben, durch welche sich Personen von anderen Subjekten praktischer intentionaler Einstellungen unterscheiden, und aufgrund welcher ihnen Autonomie und Verantwortung zukommen kann. Dass eine Struktur, die allein die Handlungsfreiheit erfasst, dazu nicht ausreicht, ist evident. Um die Unverzichtbarkeit von Volitionen zu demonstrieren, schildert Frankfurt einige Fallbeispiele.

Stellen wir uns ein Subjekt vor, welches konfligierende Wünsche erster Stufe hat, die es nicht zugleich befriedigen kann. Ein solches Subjekt kann nun entweder vollkommen darauf verzichten, Wünsche zweiter Stufe auszubilden. Es lässt die Wünsche erster Ordnung einfach laufen und handelt nach dem Wunsch erster Stufe, der sich de facto durchsetzt. Es ist klar, dass es unsere Bedingungen der Personalität nicht erfüllt und in keinem plausiblen Sinne als autonom anzuerkennen ist. Ein solches Subjekt, welches per definitionem die Fähigkeit hat, Wünsche zweiter Stufe auszubilden (sonst könnte es nicht darauf verzichten), dann aber nicht daran interessiert ist, diese Fähigkeit auch auszuüben, verfehlt mit Sicherheit die personale Dimension ihrer Existenz.[100]

Stellen wir uns nun im Gegensatz dazu die Subjekte Ulrich, Harry und Jim vor, die solche Wünsche zweiter Stufe ausbilden. Ulrich entwickelt unterschiedliche Vorstellungen davon, welche Gestalt seine Persönlichkeit annehmen könnte. Diese Vorstellungen können wir in die Form der Wünsche zweiter Stufe kleiden: Ulrich hat den Wunsch, einen Wunsch danach, erfolgreicher Leistungssportler zu werden, zu erwerben. Zugleich hat er den Wunsch, einen Wunsch danach, erfolgreicher Wissenschaftler zu werden, zu bekommen. Außerdem hat er den Wunsch, einen Wunsch danach, erfolgreicher Künstler zu werden, auszubilden. Ulrich hat also drei Wünsche zweiter Stufe, in denen er jeweils wünscht, auf der ersten Stufe einen Wunsch nach einem bestimmten Lebensweg und nach einer bestimmten damit verbundenen Persönlichkeit zu erwerben. Aber Ulrich bleibt im Stadium der Wünsche zweiter Stufe und bildet keine Volition aus. Seine Konzeption der eigenen Persönlichkeit bleibt im Möglichkeitsraum, ohne dass er sich jemals dazu entscheidet, einen dieser Wünsche wirklich erwerben zu wollen. Bei Ulrich greifen die praktischen Einstellungen erster und zweiter Stufe nicht so ineinander, dass wir seine Handlungen als Ausdruck dessen verstehen könnten, was er auf der zweiten Stufe an Vorstellungen seiner selbst entwickelt. Es lässt sich mit guten Gründen behaupten, dass Ulrich die Bedingungen der Personalität zu einem hohen Maße erfüllt. Dennoch bleibt ein Defizit, aufgrund dessen wir zögern, ihn als eine vollwertige Person zu begreifen. Unbestreitbar würden wir Ulrich nicht als eine autonome Person begreifen, die ihr eigenes Leben aktiv gestaltet. Vermutlich würde jemand wie Ulrich zwar durchaus für seine Handlungen verantwortlich gemacht. Vor allem würden wir ihn dafür kritisieren (und in diesem Sinne dafür verantwortlich machen), dass er sein Leben nicht selbst in die Hand nimmt und aktiv zu gestalten versucht. Unsere Reaktionen auf Ulrich belegen, dass es zwischen Personalität, Autonomie und Verantwortung ein enges begriffliches Beziehungsgeflecht gibt. Zu erahnen ist aber auch, dass sich diese drei Bereiche nicht auf einen Begriff reduzieren oder in eine simple Abhängigkeitsrelation bringen lassen werden.

Harry und Jim entwickeln im Gegensatz zu Ulrich Volitionen, in denen sie sich auf ihre Wünsche erster Ordnung beziehen und dazu Stellung nehmen, welcher dieser Wünsche erster Ordnung ihr Wille sein soll. Harry scheitert daran, seine Volition auf der Ebene der Handlungsfreiheit umzusetzen. Stattdessen setzt sich ein anderer Wunsch durch, sodass Harry seiner eigenen Handlung mit einem inneren Widerstand gegenüber steht. Er kann sich mit seinem Tun nicht identifizieren, sondern erlebt sich selbst als jemanden, der seinem Willen ausgeliefert ist. Jim dagegen schafft es, seine Volition auf der ersten Stufe als Handlung durchzusetzen. Er handelt so, dass er auf der zweiten Ebene seine Handlung bejaht, weil sie Ausdruck seiner Volition ist. Harry und Jim sind beide sicherlich Personen; ihre Persönlichkeit kommt in dem Binnenverhältnis ihrer Volitionen, Wünsche zweiter und erster Stufe sowie ihrer Handlungen zum Ausdruck. Es spielt keine entscheidende Rolle, dass eine Person mit ihrer Volition erfolgreich ist, damit wir diese Volition als Ausdruck ihrer personalen Lebensführung begreifen. Die interne evaluative Selbstbezugnahme, die sich in dieser Struktur manifestiert, macht beide, Harry und Jim, zu geeigneten Kandidaten dafür, eine eigene Persönlichkeit zugeschrieben zu bekommen, die Ausdruck ihrer eigenen Autonomie und Grundlage ihrer Verantwortung ist.

Die in dieser Struktur sich manifestierende *capacity for reflective self-evaluation* wird von Frankfurt (1988: Kapitel 5 u. 12) an anderer Stelle „identification“ genannt. Sie entspricht dem Selbstverhältnis, welches wir hier als Identifikation mit charakterisiert haben. Die Auswertung unserer drei Fälle zeigt, dass schon in der Struktur der Konstellation von Wünschen zweiter und erster Stufe die Grundbedingungen der Personalität erfüllt sind; allerdings fällt es bei Ulrich schwer, sich seine Handlungen als Manifestationen einer Persönlichkeit verständlich zu machen, in denen er selbst sein Leben führt. Dies ist es, was Harry und Jim von ihm unterscheidet. Beide erheben durch das Ausbilden von Volitionen den Anspruch, selbst zu definieren, wer sie sind und sein wollen. Während wir Jims Handlungen dabei als erfolgreiche Manifestationen dieses Versuchs, ein personales Leben zu führen, begreifen können, verstehen wir Harry gerade darin als Person, dass wir nachvollziehen, weshalb er sich mit seinen faktischen Handlungen nur negativ identifizieren kann.

Unsere Darstellung der drei Fälle ist Frankfurt darin gefolgt, die Struktur der reflexiven Selbstevaluation anhand einer punktuellen Betrachtung sichtbar werden zu lassen. Punktuell ist diese Betrachtung in doppelter Hinsicht. Erstens haben wir unsere Perspektive auf das Verhältnis einzelner Volitionen zu Wünschen erster Stufe und Handlungen beschränkt. Eine Persönlichkeit wird sich strukturell nur beschreiben lassen, wenn wir uns die Menge von Volitionen sowie Wünschen zweiter und erster Stufe näher anschauen, die einem Subjekt zukommen. Eine Persönlichkeit ist unbezweifelbar, um eine Wendung von Wittgenstein zu gebrauchen, ein komplexes „Muster im Lebensteppich" eines Subjekts, welches durch eine solche punktuelle Betrachtung nicht vollständig erfasst werden kann. Wir würden Harry wohl nicht mehr als Person verstehen, eindeutig seine Autonomie in Frage stellen und vermutlich an seiner psychischen Gesundheit zweifeln, wenn er permanent Fehlschläge erleiden würde bei seinem Versuch, Volitionen erfolgreich umzusetzen. Umgekehrt wäre es eine massive Überforderung, wenn wir von Personen verlangen, dass sie faktisch immer erfolgreich dabei sind, ihre Volitionen durchzubringen. Lokale Fehlschläge müssen wir sicherlich genauso zulassen wie Handlungen, die gar nicht von Volitionen oder Wünschen zweiter Stufe evaluativ begleitet werden. Es ist, zumindest für menschliche Personen, schlicht unmöglich, zu allen Aspekten der eigenen Lebensführung eine reflexiv-evaluative Perspektive zu entwickeln. Es wäre eine zu anspruchsvolle Bedingung an Personalität, zu fordern, dass Volitionen immer erfolgreich sein müssen. Wenn wir der Frage nachgehen, in welchem Maße und in welcher Weise wir das, was Jim vor Harry auszeichnet, für die Entwicklung einer Persönlichkeit und für das Führen eines personalen Lebens als notwendig erachten, dann stellen wir uns bereits die Frage nach den Identitätsbedingungen für Persönlichkeit. Ihr werden wir uns im nächsten Kapitel zuwenden. Zweitens ist unsere bisherige Betrachtung in dem Sinne punktuell, dass wir bei einer rein synchronen Betrachtung stehen geblieben sind. Auf diese Weise kommt die biografische und intertemporale Dimension des personalen Lebens noch nicht in den Blick. Doch die Erweiterung in diesem diachronen Sinne wird uns ebenfalls zur Frage nach den Identitätsbedingungen für Persönlichkeit führen, die wir jetzt noch nicht in Angriff nehmen werden.

Frankfurts Vorschlag hat zahlreiche Einwände hervorgerufen. Viele davon haben sich auf seine Behauptung konzentriert, dass Autonomie und Verantwortung lediglich die Ausbildung von Volitionen voraussetzen müssen, nicht aber auf eine Form von Willensfreiheit angewiesen sind, welche mit Determinismus inkompatibel ist. Diesen Aspekt der gesamten Debatte müssen wir vollständig ausblenden. Viele andere Einwände, denen Frankfurts Theorie ausgesetzt ist, beziehen sich auf den Anspruch, dass die *higher-order theory* in der Lage ist, unser Verständnis von personaler Autonomie und unsere Praxis von Verantwortungszuschreibung philosophisch befriedigend zu explizieren. Damit liegt die eigentliche Stoßrichtung dieser Debatte nicht in der Richtung unseres Fragens. Dennoch zeigen sich in den Einwänden, die auf die Struktur der Identifikation und die Bedingungen personaler Autonomie ausgerichtet sind, sowie in den Entgegnungen und Weiterentwicklungen des frankfurtschen Vorschlags wichtige Aspekte des personalen Lebens, die wir im nächsten Kapitel für unsere eigenen Überlegungen fruchtbar machen können.

8.3 Fazit: der ontologische Status der Persönlichkeit

Bevor wir unsere Analyse der Persönlichkeit weiter vorantreiben, ist es sinnvoll, kurz auf den ontologischen Status der Persönlichkeit einzugehen, auf den wir uns durch unsere Überlegungen in diesem Kapitel festgelegt haben. Dies wird uns helfen, in den nächsten beiden Kapiteln die Fragen nach der Persistenz und der Persönlichkeit menschlicher Personen nicht miteinander zu vermengen. Nur so können wir uns dann abschließend Gedanken darüber machen, wie die verschiedenen Dimensionen des personalen Lebens von uns Menschen miteinander verwoben sind und sich zu dem komplexen Phänomen verdichten, welches wir im Alltag als *die* ‚Identität' einer Person erleben.

Persönlichkeit als individuelle Ausgestaltung der Personalität ist eine komplexe und dynamische Eigenschaft von menschlichen Organismen, die durch Eigenschaften und Dispositionen des jeweiligen menschlichen Individuums sowie seines sozialen Umfelds konstituiert wird. Die interne Struktur dieser Persönlichkeit lässt Veränderungen zu, die zum einen als aktivisches Selbstverhältnis des menschlichen Individuums begreifbar und zum anderen als *Biografie* nachvollziehbar sein müssen.[101] Veränderungen, die sich in dieser personalen Perspektive nicht verständlich machen lassen, können nicht als Dynamik dieser bestimmten Persönlichkeit gedeutet werden, sondern müssen als Verlust einer Persönlichkeit und gegebenenfalls als Entstehung einer neuen Persönlichkeit gelten. Wenn sich die Persönlichkeit eines Menschen – z. B. durch zunehmende Senilität oder wachsende Demenz – verändert, dann wird nur das aktivische Bemühen dieses Menschen zur Bewahrung seiner Persönlichkeit als neuer eigener Zug seiner Persönlichkeit gezählt werden, während die Veränderungen, die ihm aufgrund dieser Prozesse geschehen, als Verluste aufzufassen sind. Die auf diese passive

Weise entstehende neue Gesamtstruktur wird daher nicht als neue Persönlichkeit, sondern als Schwundstufe der vormaligen Persönlichkeit dieses Menschen interpretiert.[102]

Die im Alltag verankerte Redeweise von Persönlichkeitsveränderungen ist allerdings irreführend, da sie nicht die dynamische Veränderung einer Persönlichkeit beschreibt (was eher als Persönlichkeitsentwicklung zu bezeichnet wäre), sondern den Wechsel von einer Persönlichkeit zu einer anderen meint. Erhellend ist diese Redeweise und kann als Beleg für unsere Unterscheidung von Persistenz und Persönlichkeit gewertet werden, weil ihr das Bild des persistierenden menschlichen Individuums zugrunde liegt, das seine Persönlichkeit verändert. Für diesen Prozess wäre jedoch, um Irreführungen zu vermeiden, die Redeweise von Persönlichkeitswechsel passender. Deutlich wird, dass wir in unserer alltäglichen Praxis zwischen einer Persönlichkeitsveränderung im Sinne der Persönlichkeitsentwicklung und der Persönlichkeitsveränderung in dem Sinne unterscheiden, dass ein menschliches Individuum zu zwei verschiedenen Zeitpunkten seiner Existenz nicht ein und dieselbe Persönlichkeit ist. Unklar ist aber, nach welchen Kriterien wir in unserer alltäglichen Praxis zwischen Persönlichkeitsveränderungen im ersten und im zweiten Sinne differenzieren. Daher müssen wir uns im nächsten Kapitel den Identitätsbedingungen für Persönlichkeit widmen, d.h. der Frage nachgehen, welche Art von Veränderung als Entwicklung einer bestimmten Persönlichkeit P gelten kann und welche Art von Veränderung als Ende der Existenz von P gewertet werden muss.

Die Vorstellung einer Persönlichkeitsveränderung im Sinne des Wechsels von einer bestimmten Persönlichkeit zu einer anderen Persönlichkeit unterstellt, dass es einen persistierenden ‚Träger' dieser beiden Persönlichkeiten gibt. Ansonsten würde die Rede vom Persönlichkeitswechsel keinen Sinn machen.[103] Um diesem Aspekt Rechnung zu tragen, müssen wir Persönlichkeit als nicht-konstitutive Eigenschaft verstehen in dem Sinne, dass ein Individuum X eine bestimmte Persönlichkeit verlieren kann, ohne dass X dadurch aufhört zu existieren. Mit anderen Worten: Aus dem Konzept der Persönlichkeit lassen sich keine Persistenzbedingungen ermitteln. Dies deckt sich mit den Ergebnissen, zu denen wir bei unserer Behandlung der Persistenzfrage gekommen sind.

An dieser Stelle ist daran zu erinnern, dass wir bereits im Kontext der Analyse der Bedingungen der Personalität die These zurückgewiesen haben, dass evaluative und nur in der Teilnehmerperspektive erfassbare Entitäten gar nicht oder weniger real sind als solche Entitäten, die sich in der Beobachterperspektive erschließen. Daher folgt aus der Tatsache, dass Persönlichkeit nicht konstitutiv ist, keineswegs, dass es sich bei Persönlichkeiten um Fiktionen, Illusionen oder etwas nicht Reales handelt. Ganz im Gegenteil: Persönlichkeit ist ein zentrales und unsere ethische Praxis fundamental prägendes Merkmal der menschlichen Lebensform. An seiner Realität zu zweifeln verlangt, viele philosophische Prämissen zu akzeptieren, die ihrerseits wesentlich unplausibler sind als das Phänomen, dessen Realität aufgrund seiner evaluativen Verfasstheit bestritten oder herabgesetzt werden soll. Die sich hieraus ergebende Frage, der wir uns im übernächsten Kapitel stellen werden, lautet, wie sich die Persistenz des menschlichen Organismus und die Identitätsbedingungen für Persönlichkeit zueinander verhalten. Wie wir dort sehen werden, eröffnet diese Frage eine erhellende Perspektive auf die Frage nach einer individuellen Weiterexistenz nach dem Tode. Doch bevor wir uns dieser Herausforderung stellen können, müssen wir erst ein klareres Verständnis von den Identitätsbedingungen für Persönlichkeiten gewinnen. Die Antwort auf dieses Problem wird zugleich die Struktur der „Identifikation mit" inhaltlich anreichern und die evaluative Dimension der personalen Lebensform konkreter zu bestimmen erlauben.

9. Biografische Kohärenz

> Ein Mann, der Herrn K. lange nicht gesehen hatte, begrüßte ihn mit den Worten: „Sie haben sich gar nicht verändert." „Oh!", sagte Herr K. und erbleichte.
>
> Bertold Brecht

In unserer alltäglichen ethischen Praxis finden wir, z. B. im Kontext der Zurechnung von Handlungen oder der Zuschreibung von Verantwortung, Bezüge zur personalen ‚Identität' im Sinne aller unserer drei Grundfragen. Wenn ein Kind für eine Tat mit der Begründung nicht zur Rechenschaft gezogen wird, dass es ja noch keine erwachsene Person sei, dann wird offenkundig ein Bezug zu den Bedingungen der Personalität hergestellt. Wenn (z. B. in einem Kriminalfilm) eine Person als Täter ausscheidet, weil sie nachweisen kann, dass sie sich zur Tatzeit an einem anderen Ort aufgehalten hat, dann scheidet sie als Täter aus. Gleiches gilt, wenn wir (z. B. in historischen Kontexten) feststellen, dass eine Person zu dem fraglichen Zeitpunkt noch nicht geboren oder bereits verstorben war. Diese für unsere ethische Praxis selbstverständlichen Überlegungen verweisen auf die Bedingungen der menschlichen Persistenz (aus diesem Grunde werden sie auch nur in Mystery-Krimis oder Fantasy-Filmen bewusst außer Kraft gesetzt). Personale ‚Identität' im Sinne der biografischen Kohärenz, die Gegenstand dieses Kapitels sein soll, kommt in unserer alltäglichen Praxis vor allem im Kontext von Entschuldigungen oder bei dem Plädoyer für mildernde Umstände (aber auch für eine besonders schwere Schuld des Täters) vor. Wenn wir bei einer lange zurückliegenden Tat bereit sind, dem Täter ein geringeres Strafmaß zuzusprechen, weil sich seine Persönlichkeit mittlerweile geändert hat, oder wenn wir einem Wiederholungs- oder Überzeugungstäter eine besonders schwere Schuld aufgrund seines sich durchhaltenden Charakters aufbürden, dann beziehen wir uns auf die Persönlichkeit des Täters, die sich geändert hat oder konstant geblieben ist. Gleiches gilt für den Fall, in dem wir die für X untypische Tat damit entschuldigen, dass X sich auf eine Weise verhalten hat, die eigentlich nicht zu ihm passt und ihm passiert ist, weil besondere Umstände (z. B. Stress oder starke emotionale Betroffenheit) vorlagen. X hat, so sprechen wir in diesen Fällen, neben sich gestanden oder war während der Tat außer sich. Wenn wir dabei nicht unterstellen, dass X zum Zeitpunkt der Tat unzurechnungsfähig war, weil er die Bedingungen der

Personalität zeitweilig gar nicht erfüllt hat (z.B. durch Trunkenheit oder Einfluss anderer Drogen), dann lassen sich solche Entschuldigungen am plausibelsten unter Bezug auf die Persönlichkeit von X rekonstruieren. Denn wir sind sicher, dass wir von ein und derselben X sagen, ihre Persönlichkeit habe sich über die Jahre geändert oder komme in der Wiederholungstat unverändert zum Ausdruck.

Für die meisten alltäglichen Kontexte ist es nicht wichtig, zwischen unseren drei Grundfragen zu unterscheiden. Wie sich im zweiten Abschnitt dieses Kapitels zeigen wird, führt diese fehlende Differenzierung in besonderen Konstellationen jedoch zu Irritationen. Aus philosophischer Sicht ist es daher nicht nur aufgrund des höheren Anspruchs an Systematizität, den wir im Alltag nicht erheben (müssen), sondern auch aufgrund dieser realen ‚*puzzle cases*' wichtig, die drei Weisen, die Rede von personaler ‚Identität' zu verstehen, zu unterscheiden.

In diesem Kapitel wird es um die dritte Grundfrage und damit um solche Aussagen gehen, die sich auf die Persönlichkeit oder auch Veränderungen der Persönlichkeit beziehen. Unser Ziel ist es dabei, die diesem alltäglichen Vorverständnis eingeschriebenen Identitätsbedingungen für Persönlichkeit zu ermitteln. Für diese steht hier der Begriff der biografischen Kohärenz, zu dem einleitend kurz etwas gesagt werden muss. Über bloße Konsistenz im Sinne der logischen Widerspruchsfreiheit hinaus fordert Kohärenz einen inhaltlichen Zusammenhang sowie eine explikatorische Plausibilität ein. Wenn wir in diesem Kapitel Kohärenz als biografische näher bestimmen, so dient dies dem Zweck, das thematische Bezugsfeld auszuweisen, an dem sich die gesuchte Kohärenz zu bewähren hat. In die biografische Kohärenz gehen zwei inhaltliche Vorgaben ein, die für unser alltägliches Vorverständnis dessen, was es heißt, sein Leben als eine menschliche Person zu führen, zentral sind. Zum einen ist dies das allgemeine Verständnis des aktivischen und evaluativen Selbstverhältnisses, das für Personen wesentlich ist (vgl. dazu die sechste Bedingung unserer *person-making characteristics* in Kapitel 2.3). Zum anderen spielt die spezifische zeitliche Ausrichtung unserer menschlichen Existenz von der Geburt bis zum Tode eine zentrale, die biografische Kohärenz strukturierende Rolle. Diese spezifische zeitliche Ausrichtung ergibt sich teilweise aus den biologischen Gesetzmäßigkeiten, die für menschliche Organismen einschlägig sind. Sie besteht außerdem in den kulturellen Ausdeutungen und Formungen, die wir diesen biologischen Vorgaben unserer menschlichen Lebensform im sozialen Kontext geben. Da diese sozialen Deutungsmuster ein höheres Maß an Varianz ausweisen als die biologischen Vorgaben selbst, kommt an dieser Stelle ein Maßstab ins Spiel, der über weitestgehend geteilte anthropologische Vorgaben bis hin zu kulturellen Deutungsmustern, die für bestimmte soziale Gruppen spezifisch sind, reicht. Vorstellungen von biografischer Kohärenz, der ‚Identität' von Persönlichkeit über die Zeit hinweg sowie Annahmen über die Grenzen der Veränderbarkeit von einer Persönlichkeit werden daher je nach historischem, kulturellem und sozialem Hintergrund voneinander abweichen. Gleichwohl müssen sie, um als Realisierungen biografischer Kohärenz gelten zu können, der Teilnehmerperspektive zugänglich und damit intersubjektiv verstehbar sein.[104] Der Anspruch dieses Kapitels ist nicht, die Voraussetzungen und Rahmenbedingungen für biografische Kohärenz philosophisch zu entwickeln und das Ergebnis dann unserer alltäglichen Praxis der Identifikation und Interpretation von Persönlichkeit vorzuschreiben. Das Ziel ist vielmehr, von unserer alltäglichen Praxis aus die wichtigsten Kriterien zur Bestimmung der Reichweite und der Grenzen der Veränderbarkeit von Persönlichkeit zu ermitteln. Dabei soll der aktivische und evaluative Charakter sichtbar werden, durch den sich die Personalität bei und die Persönlichkeit von Menschen auszeichnet (hier können wir an unsere Ergebnisse aus den letzten beiden Kapiteln anknüpfen). Wenn wir diese unserer Praxis eingeschriebenen Kriterien in den Grundzügen ermittelt haben (Abschnitt 1), können wir anschließend versuchen, spezifischere Muster für unsere Identifikation von Persönlichkeiten, die sich über die Zeit hinweg verändern, herauszuarbeiten. Dazu werden uns unter anderem reale *‚puzzle cases‘* dienen, d.h. Fälle, in denen unsere normalen Interpretationsstrategien nicht erfolgreich sind, weil Letztere gerade dort sichtbar bzw. thematisch werden, wo sie nicht mehr greifen (Abschnitt 2).

9.1 Einheitsarbeit: Kohärenz im Wandel

Da wir die Kriterien der Identität für die Persönlichkeit menschlicher Individuen ermitteln wollen, ist es wichtig, im ersten Schritt unser Vorverständnis von Persönlichkeit nach einem für Menschen zuträglichen Maß zu entwickeln. Dazu ist es notwendig, unsere Konzeption der Persönlichkeit abzugrenzen von einer Vorstellung, die ich das „Ideal der Persönlichkeit“ nennen möchte. Im zweiten Schritt soll dann im Anschluss an eine Diskussion um Frankfurts Analyse personaler Autonomie gezeigt werden, auf welche Weise Persönlichkeit als Quelle des besonderen ethischen Status von Personen ausgewiesen werden kann.

9.1.1 Persönlichkeit nach menschlichem Maß

Die Vorstellung, eine eigene Persönlichkeit zu entwickeln und ein eigenes Leben zu führen, gehört zweifelsohne zu den fundamentalen und weitgehend akzeptierten Wertvorstellungen in unserer Kultur. Wir verstehen uns selbst und andere als Menschen mit einer jeweils eigenen Persönlichkeit, wenn es uns gelingt, aus unserem und ihrem Leben Sinn in Form einer Lebensgeschichte zu machen. Und wir verstehen diese Lebensgeschichte als die jeweils *eigene* des fraglichen Individuums, wenn es uns gelingt, diese Biografie als Ausdruck und Produkt der jeweils eigenen Wunsch- und Wertvorstellungen des jeweiligen Individuums zu begreifen.[105] Dabei ist jedoch auf zwei idealisierende Anforderungen zu achten, von denen wir die eine als endliche empirische Wesen in der Regel nicht erfüllen und die andere nicht erfüllen müssen.

Bei der in der Teilnehmerperspektive vollzogenen Interpretation von Personen unterstellen wir als heuristischen Maßstab Rationalität (im Sinne logischer und instrumenteller Rationalität) sowie biografische Kohärenz. Es kann für menschliche Personen keine notwendige Bedingung sein, den mit diesem Maßstab einhergehenden Anforderungen vollständig zu genügen. Menschliche Personen verfügen in der Regel nicht über ein widerspruchsfreies Set von Wünschen, Wertvorstellungen oder Überzeugungen, wie es die Rationalitätsbedingung fordert. Unsere Biografien sind in der Regel ebenfalls weit davon entfernt, in sich vollkommen stimmig zu sein. Dieser ideale Maßstab von Rationalität und Kohärenz ist notwendig, damit wir überhaupt die Rationalitäts- und Sinnzusammenhänge entdecken können, aufgrund derer wir für andere und uns selbst zu Personen werden. Daraus folgt aber nicht, dass nur Wesen, die diesem Maßstab vollständig entsprechen, als Personen erkannt und anerkannt werden können. Denn Rationalitätsdefizite oder fehlende Kohärenz werden nur sichtbar, wenn wir die Teilnehmerperspektive einnehmen und den darin enthaltenen Maßstab anlegen. Würden wir nicht nach Rationalität und biografischer Kohärenz suchen, würden wir die von Menschen ausgebildeten Persönlichkeiten nicht erkennen, da sie in der Beobachterperspektive nicht erfasst werden können. Wir erkennen die Persönlichkeit, indem wir sie auf diesen Maßstab beziehen. Dazu gehört, zumindest bei menschlichen Personen, in der Regel auch, zu erkennen, wo die Persönlichkeit eines Menschen diesem Maßstab nicht genügt. Dabei gibt es für die Nichterfüllung dieses Maßstabs eine Schwelle, die nicht unterschritten werden darf, ohne dass wir aufhören würden, dem fraglichen Individuum noch eine Persönlichkeit zuzuschreiben (vgl. dazu den zweiten Abschnitt dieses Kapitels). Doch daraus folgt nicht, dass ein Mensch nur dann eine Persönlichkeit hat, wenn er ideale Rationalität oder perfekte biografische Kohärenz aufweist. Als Wesen, die andere und auch sich selbst als Personen verstehen, unterliegen wir diesem Maßstab, müssen ihn aber nur zu einem bestimmten Grad erfüllen, um als Menschen mit eigener Persönlichkeit erkannt und anerkannt werden zu können.

Die Redeweise von einer *eigenen* Persönlichkeit, oder der Anspruch, einen *eigenen* Lebensweg zu gehen oder, wie es z.B. in der existenzialistischen Philosophie heißt, sich selbst zu entwerfen, können zu einer weiteren Überlastung führen. Diese besteht darin, „eigen" im Sinne einer unverwechselbaren Originalität oder Einzigartigkeit zu verstehen, wie sie im romantischen Begriff des Genies konzipiert worden ist.[106] An dieser Stelle ist es wichtig, das Ideal der Persönlichkeit im Sinne eines einmaligen biografischen Entwurfes, in dem sich die individuelle Originalität eines Subjekts manifestiert, zu unterscheiden von unserem Konzept der Persönlichkeit, das diese Originalitätsbedingung nicht enthält. Eine realistische Konzeption der Persönlichkeit, die der Tatsache Rechnung trägt, dass Menschen in aller Regel eine eigene Persönlichkeit ausbilden, die den Anspruch der Originalität nicht einlöst, kann dieses romantische Ideal der Persönlichkeit im Sinne eines originären Lebensentwurfs nur als Leitbild integrieren. Offensichtlich gehört es in unserer Kultur zu den von vielen Personen geteilten Wertvorstellungen und hat seinen Weg bis in die Popmusik oder die Werbung gemacht. Eine realistische Konzeption der Persönlichkeit darf aber nicht den Fehler begehen, die faktische Erfüllung dieses Ideals zu einer notwendigen Bedingung dafür zu machen, dass man überhaupt eine Persönlichkeit ausbilden und zuerkannt bekommen kann. Anders als die dem Personenverstehen eingeschriebenen Anforderungen von Rationalität und biografischer Kohärenz stellt dieses Ideal der Persönlichkeit nicht einmal einen notwendigen Maßstab dafür dar, die Persönlichkeit eines Menschen zu erfassen. Es lässt sich vielmehr auch eine Gesellschaft von sich wechselseitig als Personen erkennenden und anerkennenden Subjekten denken, in der die Ansprüche auf Originalität und Einzigartigkeit irrelevant sind.

Wir gehen bei unseren Überlegungen davon aus, dass unsere alltägliche Praxis Kriterien der Interpretation und Identifikation der Persönlichkeit menschlicher Personen enthält. Aus diesem Grunde müssen wir es auf jeden Fall vermeiden, die Voraussetzungen dafür, eine Persönlichkeit zu haben, so zu definieren, dass menschliche Personen sie im Standardfall nicht erfüllen. Eine realistische Konzeption der Persönlichkeit wird vielmehr Grade der biografischen Kohärenz zulassen müssen. Vorstellbar ist auch, den psychologischen Gesamtzustand in einen die Persönlichkeit ausmachenden Kern und weniger mit der Persönlichkeit verbundene Randbereiche zu unterteilen oder Grade der Verzahnung zwischen Elementen des psychologischen Gesamtzustandes zuzulassen. Auf diese Weise wird es möglich, von der Persönlichkeit isolierte oder mit ihr nur lose verbundene Elemente zu identifizieren (wichtig ist dabei, dass diese Unterscheidungen an die Teilnehmerperspektive gebunden bleiben und nicht im Sinne rein kausaler oder funktionaler Differenzierungen verstanden werden). Wie sich gleich zeigen wird, lassen sich solche Interpretationsschemata entwickeln, die auch den aktivischen und evaluativen Charakter des personalen Selbstverhältnisses erfassen. Die weitergehende Frage, die wir dabei außerdem beantworten müssen, lautet: Was bedeutet „eigen“ in unserem Konzept der Persönlichkeit, wenn damit nicht das Ideal der Persönlichkeit gemeint ist?

9.1.2 Persönlichkeit als Quelle des besonderen ethischen Status von Personen

Es ist weitgehend unbestritten, dass Personalität und Persönlichkeit mit einem ausgezeichneten ethischen Status verbunden sind.[107] Personen kommt ein besonderer ethischer Status zu: Die Persönlichkeit einer Person wird unter dem Stichwort der Bewahrung ihrer Integrität berücksichtigt, und autonome Entscheidungen oder Handlungen einer Person sind ethisch in dem Sinne zu respektieren, dass sie nicht ohne gravierende ethische Gründe verhindert oder eingeschränkt werden dürfen. Gerade der Begriff der Autonomie im Sinne der Vorstellung, ein eigenes Leben zu führen, steht in unserer Ethik zunehmend im Mittelpunkt.

Wie wir im letzten Kapitel bereits gesehen haben, hat Frankfurt in seiner Analyse von Freiheit und Verantwortung ein Modell des evaluativen Selbstverhältnisses entwickelt, welches nicht nur für eine Analyse der Autonomie, sondern auch für eine Explikation von Personalität und Persönlichkeit herangezogen werden kann. Die Grundidee von Frankfurts HOT besteht darin, dass Personen sich zu ihrem Willen mittels Volitionen verhalten und sich mit ihren Wünschen erster Stufe (positiv oder negativ) identifizieren.[108] Die für unsere Überlegungen entscheidende Einsicht Frankfurts ist es, dass Personen auf diese Weise ein evaluatives Selbstverhältnis ausbilden, durch welches sie festlegen, wer sie sind und sein wollen. Die Diskussion, die sich um Frankfurts Vorschlag entwickelt hat, und die Verfeinerungen, die er im Laufe dieser Debatte an seinem Modell vorgenommen hat, haben sich primär auf Autonomie und Verantwortung konzentriert.[109] Dabei macht Frankfurt nicht die Autonomie einer Handlung zum primären Gegenstand seiner Analyse, sondern fragt stets danach, worin die Autonomie des Willens einer Person zu verorten ist. Weil sich dieses in sich komplexe Merkmal als Explikation unserer sechsten Bedingung der Personalität deuten lässt, kann Frankfurts Theorie als eine Analyse *personaler* Autonomie gelesen werden: Auf diese Weise lassen sich aus ihr wertvolle Einsichten für unsere Frage nach der Struktur der Persönlichkeit entnehmen.

Frankfurts ursprüngliches Modell zeichnet sich durch folgende zwei Merkmale aus: Zum einen analysiert Frankfurt Autonomie und Verantwortung mittels einer *rein synchronen* Struktur, d.h. der zu einem Zeitpunkt gegebenen Konstellation von Volitionen und Wünschen (wobei die Vernetzung dieser Volitions-Wunsch-Paare mit den Wünschen und Überzeugungen im Sinne der für Rationalität und Personalität notwendigen Kohärenz mit erfasst sein soll). Zum anderen ist Frankfurt darum bemüht, diese Struktur *rein internal*, d. h. ausschließlich durch Akte der Identifikation des fraglichen Subjekts zu bestimmen. Sein Ziel ist es, eine in diesem Sinne internale Analyse personaler Autonomie zu entwickeln. Beide Merkmale sind in der Diskussion in die Kritik geraten, wobei die beiden Kritikpunkte sachlich miteinander verbunden sind. Sie zielen auf Fälle ab, in denen die von Frankfurt geforderten Bedingungen erfüllt sind, wir die fragliche Person aber nicht als autonom ansehen würden.[110]

Al ist eine Person, d. h. er verfügt über die für Personalität hinreichenden Eigenschaften und Fähigkeiten. Betrachten wir Al zu einem Zeitpunkt t, dann zeichnet sich sein psychologischer Gesamtzustand nicht nur durch hinreichende Kohärenz seiner Wünsche, Volitionen und Überzeugungen aus. Al identifiziert sich auch mit den für seine Entscheidungen und Handlungen zu t relevanten Wünschen mittels entsprechender Volitionen. Damit hätten wir Al, wenn Frankfurts Analysevorschlag angemessen wäre, zu t als autonome Person zu charakterisieren. Wir können auf jeden Fall sagen, dass sich in der Struktur von Überzeugungen, Wünschen und Volitionen die Persönlichkeit von Al zum Zeitpunkt t manifestiert, da darin festgelegt ist, wer Al ist und – aufgrund der mit Volitionen einhergehenden Identifikationen – sein will.[111] Die Kohärenz, von der wir bis hierhin gesprochen haben, ist jedoch nicht die spezifische Form der biografischen Kohärenz, da die temporale Verfasstheit, die sich in der Biografie einer menschlichen Person niederschlägt, in der rein synchronen Perspektive, die Frankfurts Modell vorsieht, nicht erfasst werden kann.

Gegen die Beschränkung auf eine rein synchrone Betrachtungsweise lässt sich als *erster* Einwand ein Gegenbeispiel vorbringen: Wir gehen davon aus, dass Al zu t die von Frankfurt geforderten Bedingungen erfüllt. Zusätzlich nehmen wir an, dass Al zu einem vor t liegenden Zeitpunkt t* das Opfer massiver, von ihm aber nicht bemerkter Manipulationen gewesen ist. Durch diese Manipulationen hat Al die Überzeugungen, Wünsche und Volitionen erworben, die zu t seine Persönlichkeit konstituieren. Wenn wir diese Informationen über Als Vorgeschichte bei der Bewertung (zu t) hinzuziehen, werden wir dem Urteil, dass Al zu t eine autonome Person ist, nicht mehr zustimmen.[112] Um die Inadäquatheit des frankfurtschen Vorschlags nachzuweisen, ist es nicht notwendig, den Grad oder die Art und Weise der Manipulation zu t* genauer zu bestimmen, die uns dazu bringen würde, Al zu t personale Autonomie abzusprechen. Dafür reicht ein Gegenbeispiel aus, welches sich leicht entwerfen lässt, wenn man an massive Manipulationen durch einen allmächtigen Dämon, an allgegenwärtige Indoktrination durch totalitäre Systeme oder ähnliches denkt (die Literatur ist reich an solchen Szenarien, erwähnt seien nur Skinners *Walden Two*, Huxleys *Brave New World* oder Orwells *1984*). Offensichtlich muss ein angemessenes Konzept personaler Autonomie die spezifische Form diachroner Kohärenzerzeugung berücksichtigen, die für Personen typisch ist. Wir haben sie in der Form von Antizipationen und Erinnerungen bereits untersucht und festgestellt, dass Personen über ein Bewusstsein ihrer eigenen zeitlich ausgedehnten Existenz verfügen und sich erinnernd und antizipierend zu ihrer Vergangenheit und Zukunft verhalten. Als menschliche Personen entwerfen wir evaluative Konzepte unserer selbst, in denen wir ausdrücken, wer wir sein wollen, und wir versuchen, diese Konzepte durch unser Handeln zu realisieren.[113] Wie sich bei der Diskussion von Parfits Provokation (vgl. Kapitel 7) gezeigt hat, werden besonders bei den zukunftsbezogenen Antizipationen die aktivischen evaluativen Selbstbezugnahmen, die für Personen charakteristisch sind, sichtbar. Die biografische Kohärenz einer Person enthält als entscheidende Komponente die Übereinstimmung von antizipiertem und realisiertem Selbstbild, welches dabei als Resultat der Einheitsarbeit und des Versuchs der Person verstanden wird, ihr Leben im Lichte eigener Vorstellungen zu gestalten. Aber auch Erinnerungen stellen nicht einfach nur Abbildungen oder Protokolle vergangener Episoden dar. Als zu t aktuale mentale Episoden werden sie von den Personen im Lichte der zu t aktualen Überzeugungen, Wünsche und Volitionen gedeutet und gelegentlich umgedeutet (vgl. dazu Wollheim 1984). Dies dient der Erzeugung einer biografischen Kohärenz, wobei es selbstverständlich auch Fälle gibt, in denen eine Person die Diskrepanz zwischen ihrem vergangenen und ihrem gegenwärtigen Selbstentwurf explizit betont (also das Erinnerte bewusst dissonant deutet). Auf diese Weise kann die jeweilige Person eine grundlegende Veränderung (bzw. Umorientierung) ihrer Persönlichkeit herausstreichen, womit sie in der Regel zum Ausdruck bringt, dass diese Veränderung das Resultat ihrer eigenen Entscheidungen und Selbstentwürfe ist (vgl. dazu den nächsten Abschnitt dieses Kapitels). Damit Al zu t personale Autonomie zuerkannt bekommen kann, muss es möglich sein, seine Persönlichkeit zu t als Resultat seiner eigenen Versuche, eine Persönlichkeit zu entwickeln, zu verstehen. Diese wird von dem rein synchronen Ansatz Frankfurts nicht erfasst, da diese Bedingung die diachrone Struktur der biografischen Kohärenz zum Gegenstand hat, durch welche sich eine personale Lebensführung auszeichnet. So verweist uns die Unzulänglichkeit des frankfurtschen Modells auf die diachrone Verfasstheit der Persönlichkeit. Nur die Integration dieser diachronen Komponente erlaubt es, die spezifische Struktur personaler Autonomie zu erfassen, wie sie von menschlichen Personen realisiert wird.[114]

Dass die Hinzunahme der diachronen Perspektive für sich genommen nicht ausreicht, um das Modell Frankfurts als Analyse personaler Autonomie adäquat zu machen, zeigt der *zweite* Einwand, der sich gegen den Internalismus dieses Modells wendet. Wenn man nämlich versuchen würde, den ersten Einwand zu blockieren, indem man die Abwesenheit jedweder Einflussnahme auf die Ausbildung von Überzeugungen, Wünschen oder Volitionen einer Person forderte, dann wäre das Resultat, dass menschliche Personen keine personale Autonomie ausbilden können. Denn ohne Sozialisation erwerben Menschen nicht die für Personalität und personale Autonomie notwendigen Eigenschaften und Fähigkeiten (was nicht ausschließt, dass es für diese Eigenschaften und Fähigkeiten *enabling conditions* gibt, die einem Menschen ohne soziales Umfeld zukommen können). Deshalb kann nicht jede Form von Einflussnahme als mit der personalen Autonomie unverträgliche Manipulation ausgeschlossen werden, wenn wir weiterhin daran festhalten wollen, dass personale Autonomie etwas ist, was menschliche Personen in der Regel ausbilden können.

Wir können hier nicht einmal ansatzweise untersuchen, welche Einflussnahmen mit personaler Autonomie verträglich und welche möglicherweise sogar für ihre Ausbildung und Ausübung unverzichtbar sind (vgl. dazu Quante b). In unserem Kontext können wir nur festhalten, dass wir die Teilnehmerperspektive als Verschränkung von Ich und Wir konzipiert und die soziale Konstituiertheit von Personalität und Persönlichkeit durch Anerkennungsrelationen explizit zugestanden haben. Aus diesem Grunde können wir das Faktum, welches dem rein internalen Ansatz von Frankfurts Konzeption personaler Autonomie Schwierigkeiten bereitet, problemlos in unsere Antwort auf die dritte Grundfrage integrieren. Personalität und Persönlichkeit sind bei menschlichen Personen sozial vermittelt. Aus diesem Grunde kann nicht jede Form sozialer Einflussnahme mit personaler Autonomie unverträglich sein. Die Frage, die sich für eine ausgearbeitete Theorie personaler Autonomie an dieser Stelle anschließt, lautet dann: Wie lassen sich autonomiekompatible von mit personaler Autonomie nicht verträglichen Einflussnahmen unterscheiden? Und welche Art von Einstellungen zur eigenen Lebensgeschichte sind notwendig und hinreichend dafür (oder zumindest verträglich damit), dass eine Person als autonom gelten kann?[115] Unsere Konzeption von Personalität und Persönlichkeit eröffnet den begrifflichen Raum, diese Fragen zu behandeln, füllt ihn jedoch nicht aus. Daher ist es möglich, X Personalität und Persönlichkeit zuzuschreiben, ohne damit X auch schon personale Autonomie zuerkennen zu müssen. Die Nichtzuerkennung oder Absprache personaler Autonomie mag Konsequenzen für den ethischen Status von X und den ethischen Wert seiner Persönlichkeit haben und wird in der Regel dazu führen, dass X nicht oder nur in vermindertem Maße verantwortlich für sein Handeln und seine Persönlichkeit ist. Fehlende personale Autonomie führt jedoch nicht notwendigerweise dazu, dass X keine Person sein oder keine Persönlichkeit ausbilden kann.

Die durch den Versuch, ein adäquates Konzept personaler Autonomie zu entwickeln, erzwungene Erweiterung des frankfurtschen Modells HOT um eine temporal-kausale, eine temporal-biografische und eine soziale Dimension zeigt, dass wesentliche Merkmale des für menschliche Personen konstitutiven evaluativen Selbstverhältnisses in unseren ethischen (und begrifflichen) Intuitionen verankert sind. Es ist gerade die evaluative und aktivische Verfasstheit des personalen Selbstverhältnisses, wodurch wir die Persönlichkeit von X zu einem Zeitpunkt t als Resultat ihrer Identifikationsakte und ihrer Bemühungen, die eigenen Entwürfe in ihrer Biografie zu realisieren, und damit als Resultat der eigenen Anstrengung um biografische Kohärenz begreifen. Sie ist es auch, die verständlich macht, weshalb wir Respekt vor dieser Persönlichkeit haben: Wir achten die Integrität der Persönlichkeit, weil wir sie als etwas verstehen, was das jeweilige Individuum (in der Regel teilweise) bewusst und willentlich hervorgebracht hat. Zugleich wird von hier aus verständlich, weshalb wir Persönlichkeit als ein graduelles Phänomen verstehen, sodass wir sinnvoll von stärkeren und schwächeren Persönlichkeiten sprechen können. Je mehr wir die Persönlichkeit von X zu einem Zeitpunkt als Resultat ihres eigenen Bemühens um biografische Kohärenz und als Realisation ihrer eigenen evaluativen Selbstkonzepte verstehen können, desto größer ist der Grad, in dem wir diese Persönlichkeit mit X identifizieren, wenn wir etwa sagen, dass X eine starke Persönlichkeit ist.[116] Zugleich ist sichtbar geworden, dass wir eine Persönlichkeit, die wir X zu zwei verschiedenen Zeitpunkten als ein und dieselbe zuschreiben, nicht so konzipieren dürfen, dass Veränderungen ausgeschlossen werden. Es gehört gerade zur Dynamik des personalen Selbstverhältnisses, dass auch Veränderungen der eigenen Persönlichkeit als Ausdruck derselben und als Erzeugung biografischer Kohärenz durch das jeweilige Individuum verstehbar sein müssen. Damit steht jetzt die Frage im Raum, ob unsere alltägliche Praxis Kriterien bereithält, anhand derer wir entscheiden können, ob es sich bei der Persönlichkeit von X zu t und der Persönlichkeit von X zu t* um ein und dieselbe Persönlichkeit handelt oder nicht.

9.2 Die aktive Hervorbringung biografischer Kohärenz als Identitätsbedingung für Persönlichkeit

Wir beziehen uns im Alltag, wenn wir Identitätsaussagen über menschliche Personen zu verschiedenen Zeitpunkten machen, nicht nur auf die Persistenz, sondern auch auf die Persönlichkeit. Wenn wir sagen, dass X, der jetzt (= t) gerade von der Polizei verhaftet wird, derselbe X ist, der vor vier Wochen (= t*) eine Tankstelle überfallen hat, dann behaupten wir, dass zwischen X zu t* und X zu t die Bedingungen der diachronen Einheit erfüllt sind, aufgrund derer diese Identitätsaussage wahr ist. Wir haben (in den Kapiteln 3 bis 6) gesehen, dass die Wahrheitsbedingungen für solche transtemporalen Identitätsaussagen in der Beobachterperspektive ermittelt werden können und von der jeweiligen Art abhängen, zu der X gehört. Wir haben die verschiedenen Versuche, den Begriff der Person zur Ermittlung solcher Wahrheitsbedingungen zu verwenden und auf dieser Basis Bedingungen der diachronen Einheit von Personen *als solche* zu formulieren, mit einem skeptischen Resultat abgebrochen. Unser Alternativvorschlag lautet, dass wir im Falle menschlicher Personen die Bedingungen der diachronen Einheit als Persistenz des menschlichen Organismus auffassen. Auf dieser Grundlage lässt sich die Aussage, dass die menschliche Person X zu t identisch ist mit der menschlichen Person X zu t* auf ihre Wahrheitsbedingungen hin befragen. Die Einfügung der Kennzeichnung „menschliche Person" ist eine Zutat der philosophischen Interpretation, weil wir diese Spezifizierung im Alltag in der Regel nicht explizit machen müssen, da der Redekontext (in Verbindung mit dem geteilten Wissen der Kommunizierenden) den Sinn der Aussage vervollständigt.[117] Wir unterstellen mit unserer alltäglichen Aussage, so unser Deutungsvorschlag, dass es sich bei X zu t* und zu t um ein und denselben Menschen handelt.

In unserer alltäglichen Praxis finden wir aber auch transtemporale Identitätsaussagen einer anderen Art, die aus philosophischer Sicht von der oben angeführten zu unterscheiden sind. Wenn wir z. B. sagen, dass X, der früher (= t*) ein zu Ausschweifungen aller Art neigender Exzentriker gewesen ist, aufgrund des Eintritts in einen religiösen Orden heute (= t) zu einer ganz anderen Person geworden ist, dann wollen wir nicht sagen, dass X zu t* nicht ein und dasselbe menschliche Individuum ist wie X zu t (einen etwas prosaischeren Fall bringt folgende Aussage zum Ausdruck: „Seitdem X Vater geworden ist, hat er sich von einem ‚Bruder Leichtfuß' zu einer verantwortungsvollen Person verändert, und sein bisheriger Lebenswandel ist wie umgekrempelt!"). Wir gehen in solchen Fällen davon aus, dass es sich um ein und dasselbe X zu zwei verschiedenen Zeitpunkten handelt.[118] Unsere Aussage zielt darauf ab, dass X im Zeitraum zwischen t* und t eine bedeutsame Veränderung durchgemacht hat. Wir möchten zum Ausdruck bringen, dass sich die Persönlichkeit von X in der Zwischenzeit verändert hat. Möglicherweise wollen wir sogar behaupten, dass die Persönlichkeit von X zu t mit der Persönlichkeit von X zu t* nicht identisch ist. Bevor wir uns der Frage zuwenden, wie diese auf die Persönlichkeit von X bezogenen transtemporalen Identitätsaussagen zu verstehen sind, müssen wir erst noch kurz das Verhältnis zu den auf die menschliche Persistenz bezogenen transtemporalen Identitätsaussagen bestimmen.

Personalität und Persönlichkeit sind Eigenschaften von Individuen, die als ihre Träger oder Substrate fungieren. Da wir uns auf menschliche Personen beschränken, geht es im Folgenden um menschliche Individuen als Substrate von Personalität und Persönlichkeit. Und weil es uns im Kontext unserer dritten Grundfrage um die Persönlichkeit als die jeweils individuelle Ausprägung der Personalität eines menschlichen Individuums geht, brauchen wir uns um eine genauere Analyse von Personalität jetzt nicht weiter zu kümmern.

Unsere alltägliche Redeweise weist bezüglich des Verhältnisses von X als menschliches Individuum und der Persönlichkeit von X eine Doppeldeutigkeit auf, die in normalen Redekontexten unproblematisch ist, unter besonderen Bedingungen jedoch Anlass zu Verwirrungen geben kann. Daher ist es aus philosophischer Sicht notwendig, diese Doppeldeutigkeit auszuräumen. Wir sprechen zumeist davon, dass X eine bestimmte Persönlichkeit *hat*. Damit wird das Modell von Eigenschaft und Träger explizit zum Ausdruck gebracht. Gelegentlich sprechen wir aber auch davon, dass X eine bestimmte Persönlichkeit *ist*. Buchstäblich genommen würden wir mit dieser zweiten Redeweise Persönlichkeit selbst in die Rolle des Substrats bringen und uns damit das Problem einhandeln, das Verhältnis der beiden Substrate X qua menschlicher Organismus und Y qua Persönlichkeit zueinander bestimmen zu müssen. Unsere Entscheidung, die Redeweise von Person X im sortalen Sinne als X, dem die Eigenschaft der Personalität zukommt, zu interpretieren, und Personalität nicht als konstitutives Sortale in dem Sinne, dass es Bedingungen der Einheit bereitstellt, aufzufassen, ist unter anderem dadurch motiviert, dieses Problem nicht entstehen zu lassen. Aus diesem Grunde legen wir hier auch die Redeweise, dass X Personalität oder eine Persönlichkeit *hat*, zugrunde, da wir auf diese Weise das Träger-Eigenschafts-Modell verwenden können. Dieses Vorgehen ist einerseits gut begründet durch die Argumente, die wir im Kontext der Erörterung der zweiten Grundfrage entwickelt haben. Es lässt sich überdies dadurch plausibel machen, dass wir eine Erklärung für die Redeweise, dass X eine bestimmte Persönlichkeit *ist*, anbieten (die Tatsache, dass wir diese Redeweise nicht bei Personalität, sondern nur bei Persönlichkeit verwenden, ist ein weiteres Argument für unsere Deutung). Die Persönlichkeit eines menschlichen Individuums X ist etwas, das von X zumindest in Teilen aktiv und willentlich hervorgebracht worden ist. Eine menschliche Person drückt in ihrer Persönlichkeit aus, wer sie ist und sein will. Diese Fähigkeit ist konstitutiv für das personale Leben von Menschen und wird von uns generell wertgeschätzt. Außerdem respektieren wir im Normalfall, dass die Persönlichkeit einer menschlichen Person etwas ist, worin sich die Autonomie und die Wertvorstellungen dieses Individuums manifestieren. Aufgrund dieser ausgezeichneten evaluativen Bedeutung von Persönlichkeit generell und aufgrund des – zumindest im Normalfall – besonders ‚intimen' Verhältnisses eines menschlichen Individuums zu seiner eigenen Persönlichkeit ist es möglich, das Individuum mit dieser für es im evaluativen Sinne wesentlichen Eigenschaft zu identifizieren. Es handelt sich schlicht um eine Redeweise pars pro toto, in der wir das für eine Entität wesentliche oder besonders charakteristische Merkmal für „die Sache selbst", d. h. für das Individuum selbst ansetzen. Da Personalität für uns in unserer alltäglichen ethischen Praxis von großer Bedeutung und die Persönlichkeit die individuelle Ausprägung derselben ist, wird die Gleichsetzung von X mit ihrer Persönlichkeit verständlich. Dennoch ist es für unsere philosophischen Zwecke sinnvoll, sie explizit zugunsten des Träger-Eigenschafts-Modells aufzulösen, da wir nun, wenn es um die Identitätsbedingungen für Persönlichkeit geht, die Persönlichkeit von X ohnehin zum Gegenstand der Rede machen müssen (es handelt sich hierbei um eine Sicherheitsmaßnahme zur Vermeidung philosophischer Irrtümer).[119]

Im Folgenden geht es um die Frage, welche Veränderungen die Persönlichkeit einer menschlichen Person X durchlaufen kann, ohne dass wir aufhören, sie als dieselbe Persönlichkeit aufzufassen. Es geht also um den Unterschied zwischen Veränderung und Wechsel der Persönlichkeit. Da es uns um die biografische Kohärenz eines menschlichen Individuums geht, können wir an dieser Stelle per definitionem festlegen, dass die Identität des Trägers X eine notwendige Bedingung für die Identität einer Persönlichkeit P ist.[120] Unter der Voraussetzung, dass X und Y nicht ein und dasselbe menschliche Individuum sind, kann die Persönlichkeit P von X mit der Persönlichkeit P' von Y nicht identisch sein.[121] Denkbar ist jedoch, dass es sich bei P und P' um den gleichen Persönlichkeitstyp handelt; die Individuation einer konkreten Persönlichkeit ist dagegen immer an die Identität ihres Trägers gebunden. Wenn wir nun die Aussage

(A 1') Die Persönlichkeit P von X zu t hat sich gegenüber der Persönlichkeit P* von X zu t* verändert.

verstehen wollen, können wir als unstrittig voraussetzen, dass X zu t ein und dasselbe menschliche Individuum ist wie X zu t*. Außerdem soll zusätzlich gelten, dass X genau dann eine Persönlichkeit hat, wenn X Personalität zukommt (und umgekehrt).[122] Unter dieser Voraussetzung ist klar, dass es sich bei X in unserer Aussage um eine Person handelt. Deshalb können wir folgern, dass es sich bei X um eine menschliche Person handelt, und (A 1') umformulieren in:

(A 1) Die Persönlichkeit P der menschlichen Person X zu t hat sich gegenüber der Persönlichkeit P* von X zu t* verändert.

Nun müssen wir zwischen zwei Lesarten von (A 1) unterscheiden:

(A 2) Die Persönlichkeit P* ist, trotz Veränderungen, mit der Persönlichkeit P identisch.
(A 3) Die Persönlichkeit P* ist mit der Persönlichkeit P nicht identisch.

Die Frage, die damit im Raum steht, lautet: Welche Veränderungen der Persönlichkeit von X sind damit vereinbar, weiterhin von ein und derselben Persönlichkeit von X zu sprechen, und welche sind damit nicht vereinbar, sodass wir von einem Wechsel der Persönlichkeit sprechen müssen?

Persönlichkeitsveränderungen oder Wechsel der Persönlichkeit – ad (A 2). Unstrittig ist, dass sich die Persönlichkeit eines menschlichen Individuums X im Laufe seiner Zeit verändert.[123] Normalerweise sprechen wir davon, dass X reifer geworden ist. Gelegentlich charakterisieren wir solche Veränderungen negativ, wenn wir z. B. sagen, dass X resigniert hat oder verbittert ist. Gelegentlich heben wir aber auch hervor, dass X „sich selbst treu" oder „ganz die Alte" geblieben ist. Damit wird dann auf eine Konstanz in der Persönlichkeit von X hingewiesen, die nicht jede Veränderung dieser Persönlichkeit ausschließen muss, sondern sich auf besonders zentrale Merkmale derselben beschränken kann.[124] In evaluativer Hinsicht werden sowohl die Fähigkeit zur Veränderung als auch die Entwicklung der Stabilität einer Persönlichkeit je nach Kontext positiv oder negativ bewertet. Wenn wir sagen, dass X „in sich ruht" oder eine „gefestigte Persönlichkeit" ist, dann bewerten wir die erreichte Stabilität als positives Merkmal eines Reifungsprozesses. Wenn wir den gleichen Zustand dagegen als mangelnde Flexibilität oder Resignation charakterisieren, bewerten wir ihn negativ. Außerdem lassen sich Persönlichkeitsveränderungen einerseits als Ausdruck von Flexibilität und der Bereitschaft, sich weiter zu entwickeln, beschreiben, andererseits aber auch negativ charakterisieren. Wir sprechen dann beispielsweise von Flatterhaftigkeit, Unstetigkeit oder Oberflächlichkeit. Es ist weder so, dass Veränderungen der Persönlichkeit stets negativ, noch so, dass die Stabilität einer Persönlichkeit durchweg positiv beurteilt wird. Vielmehr zeigt sich in unserer alltäglichen Praxis, dass wir zwar ein Interesse daran haben, dass sich die Persönlichkeit unserer Mitmenschen nicht permanent oder zu schnell ändert: Stabilität erzeugt Sicherheit und bildet die Basis von Kooperation und Vertrauen. Dennoch erwarten wir von anderen auch Flexibilität, Lernbereitschaft und

Anpassungsfähigkeit. Aus diesem Grunde hilft uns die Bewertung der Veränderung von Persönlichkeit anderer nur begrenzt weiter, wenn es um die Bedingungen der Identität von Persönlichkeiten durch Veränderungen hindurch geht.

Fragen wir uns deshalb aus der eigenen Perspektive, welche Veränderungen unserer eigenen Persönlichkeit wir als Veränderungen und welche Ereignisse wir als Wechsel der Persönlichkeit beschreiben würden. Doch auch auf diesem Wege kommen wir unserem Ziel nicht sehr viel näher. Der Grund dafür liegt in Folgendem: Wenn ich mir mit Bezug auf die eigene Biografie die Frage stellen, ob meine damalige Persönlichkeit P* zu t* trotz Veränderungen noch identisch ist mit meiner gegenwärtigen Persönlichkeit P, dann stelle ich automatisch ein durch Antizipationen und Erinnerungen konstituiertes evaluatives Selbstverhältnis her, welches als biografische Einheit gewertet werden kann. Mit anderen Worten: Ich erzeuge gerade durch die Antworten auf die Frage, die ich mir vorlege, die Strukturen, die notwendig sind, um P als Veränderung von P* auffassen zu können. Natürlich kann ich die Geschichte dieser Veränderung auf viele Weisen erzählen. Ich kann mir darin eine eher aktive oder eine eher passive Rolle zusprechen. Wichtig wird auch sein, ob ich die Veränderungen als langsamen und kontinuierlichen Prozess erlebe oder als plötzliche Konversion oder Umwälzung meiner selbst. Ich kann diese Veränderungen bedauern, indem ich zugestehe, dass ich den jugendlichen Elan und die Bereitschaft zum Engagement verloren habe. Oder ich kann sie begrüßen, indem ich sage, dass ich nun zu mir selbst gefunden habe und mich nicht mehr jedes Widerfahrnis gleich aus der Bahn wirft. Wir können auch im eigenen Fall die unterschiedlichen Bewertungen, die wir bei Persönlichkeitsveränderungen unserer Mitmenschen treffen, vornehmen.

Angesichts der von uns unterstellten Verschränkung von Ich und Wir in der Teilnehmerperspektive kann diese Parallelität der Selbst- und Fremdinterpretation nicht wirklich überraschen. Selbstverständlich verstärken oder korrigieren sich diese Deutungen in der sozialen Interaktion auch gegenseitig. Unser Befund lässt den Verdacht aufkommen, dass der in (A 3) beschriebene Fall eines Persönlichkeitswechsels gar nicht konsistent denkbar ist, weil wir durch die Voraussetzungen, die wir beim Verstehen Anderer (und von uns selbst) als Personen machen, stets die für (A 2) notwendigen Bedingungen schaffen. Dies wäre jedoch, wie die nun folgenden Überlegungen zeigen sollen, nicht nur ein unplausibles Ergebnis, sondern auch ein voreiliger Schluss.

Persönlichkeitsstörungen als lebensweltlicher Testfall – ad (A 3). Wenn es richtig ist, dass das in der Teilnehmerperspektive vorgenommene Personenverstehen eine Vorentscheidung zugunsten der Lesart von (A 1) im Sinne von (A 2) mit sich bringt, dann ist zu vermuten, dass Fälle, die wir im Sinne von (A 3) deuten, Grenzfälle für die Teilnehmperspektive darstellen oder ganz aus dieser herausfallen werden. Genau dies ist bei bestimmten psychischen Erkrankungen, die wir hier allgemein als Persönlichkeitsstörungen bezeichnen, der Fall. Im Alltag sind die Übergänge von in sich ruhenden, hin und her gerissenen, zerrissenen oder gespaltenen Persönlichkeiten fließend. Die philosophische Deutung dieses Spektrums von Phänomenen ist daher schwierig. Vorab muss noch einmal betont werden, dass die Betrachtung dieser Grenz- und Extremfälle im Sinne einer negativen Ersatzprobe durchgeführt wird. Es kann nicht darum gehen, ein Konzept von Personalität oder Persönlichkeit zu entwickeln, welches sich von diesen Randfällen ausgehend an die Normalbedingungen annähert. Nicht nur im Recht gilt die methodologische Regel: „Hard cases make bad laws.“ Vielmehr sollen die folgenden Überlegungen sichtbar machen, weshalb diese Fälle problematisch und verwirrend sind, und zeigen, wie sich ihre Interpretation in unsere Gesamtkonzeption einfügen lässt. Über diese methodologische Vorgabe hinaus muss zugestanden werden, dass der Begriff der Krankheit komplex ist und eigene Probleme mit sich bringt, weil in ihn sowohl irreduzibel evaluative als auch naturwissenschaftlich erfassbare Komponenten eingehen. Dies gilt insbesondere für den Begriff der psychischen Krankheit, da hier die normativen und evaluativen Konstitutionsbedingungen für mentale Episoden sowie, im Falle der Persönlichkeitsstörungen, die sozial vermittelten Kriterien der biografischen Kohärenz mit im Spiel sind (vgl. dazu Schramme 2000).

Wenn wir feststellen, dass eine menschliche Person X zu t sich in fundamentaler Weise nicht mehr mit ihren aktualen mentalen Episoden identifizieren kann, weil sie diese mentalen Episoden nicht als zu ihrem psychischen Set zugehörige erlebt, dann ist die synchrone Einheit dieser Person nicht gegeben und wir sprechen von einer gespaltenen oder schizophrenen Persönlichkeit (mentale Episoden, die im funktionalen und kausalen Sinne zum mentalen Gesamtzustand dieses Subjekts gehören, werden von diesem Subjekt als fremde Stimmen, externe Mächte u. ä. erlebt). Auch in diachroner Perspektive lassen sich solche radikal fehlschlagenden Identifikationen z. B. im Krankheitsbild der multiplen Persönlichkeit beobachten. Hier werden zeitlich und thematisch ausgedehnte Abschnitte mentaler Episoden vom fraglichen Subjekt als nicht zu ihm selbst gehörige abgetrennt und als eigene Persönlichkeiten interpretiert. Im Gegensatz zu einer negativen Identifikation mit einer aktualen oder erinnerten mentalen Episode wird in diesen Fällen einer fundamentalen oder radikalen Nichtidentifikation schon die Zugehörigkeit dieser Episode zur eigenen Psyche bestritten und nicht nur ihr Haben negativ bewertet.

Charakteristisch für diese Fälle, in denen eine massive Störung der biografischen Kohärenz vorliegt, ist, dass die fraglichen Episoden einerseits aus der Beobachterperspektive heraus unzweifelhaft[125] zum psychischen Gesamthaushalt des fraglichen Subjekts gehören, es andererseits in der Teilnehmerperspektive aber nicht möglich ist, sie als Elemente einer biografischen Einheit zu deuten.[126] Aus diesem Grunde bleibt nur noch die Möglichkeit, aus der verstehenden Teilnehmerperspektive in die kausal und funktional erklärende Beobachterperspektive zu wechseln. Damit wird der psychische Gesamtzustand des fraglichen Subjekts nicht mehr als Persönlichkeit aufgefasst, sondern vielmehr auf der Ebene der Ermöglichungsbedingungen nach den zu behebenden Ursachen für diese Störung gesucht.[127] Aus diesem Grunde ist es plausibel, als eine Bedingung für Personalität zu fordern, dass X zu t nur dann Personalität zukommt, wenn X zu t genau eine Persönlichkeit P hat.[128]

Damit können wir festhalten, dass Fälle von Typ (A 3) innerhalb der Teilnehmerperspektive als Störungen wahrgenommen werden, bei denen unsere Strategie des Personenverstehens nicht mehr greift (dies ist bei massiver Irrationalität und psychischen Störungen generell zu beobachten).[129] Grenzwertig ist hier das Phänomen der Konversion, welches von den betroffenen Subjekten häufig als von außen kommendes Ereignis und nicht als rasche eigene Umarbeitung der eigenen Persönlichkeit beschrieben wird. Wenn man, wie ich vorschlagen möchte, in solchen Fällen die Selbstinterpretation als aktiv hervorbringendes Subjekt der Veränderung als notwendige Bedingung für die Lesart von Persönlichkeitsveränderung im Sinne von (A 2) akzeptiert, dann hätten wir z.B. im in der Bibel berichteten Fall des Wandels von Saulus zu Paulus ein Beispiel für ein menschliches Individuum, welches zu zwei verschiedenen Zeitpunkten zwei verschiedene Persönlichkeiten ausgebildet hat. Der Wechsel zwischen beiden wird vom Subjekt (und der sozialen Umgebung) nicht als aktive Selbstveränderung mittels Identifikation beschrieben.[130]

Es ist im Rahmen unserer Untersuchung nicht möglich, die Diskussion dieser irritierenden und faszinierenden Fälle weiter zu vertiefen. Stattdessen können wie festhalten, welche Kriterien biografischer Kohärenz sich ergeben haben. Entscheidend ist, dass sich die Veränderung der Persönlichkeit für die jeweilige Person selbst und für die interpretierenden Subjekte als aktives Erzeugen einer biografischen Kohärenz durch Identifikation mit gegenwärtigen, vergangenen (beim Erinnern) und zukünftigen (beim Antizipieren) Eigenschaften und Wünschen verständlich machen lässt. Auch eine negative Identifikation mit einem Wunsch oder einer Eigenschaft kann in die biografische Einheit integriert werden, wenn sie sich stimmig in das evaluative Selbstbild des jeweiligen Individuums einfügt. Biografische Kohärenz schließt weder Spannungen aus, noch erfordert sie, dass alle Elemente der psychischen Gesamtstruktur gleichermaßen zentral oder in gleichem Maße miteinander verbunden sind. Manche Überzeugungen, Wünsche oder

Eigenschaften sind für die Persönlichkeit eines Individuums wesentlich, andere arbiträr. All diese Charakterisierungen sind evaluative Interpretationen, bei denen es immer auch zu Abweichungen zwischen der Eigen- und der Fremdwahrnehmung kommen kann. Möglicherweise wird z. B. ein Individuum etwas als unwesentlich für die eigene Persönlichkeit ansehen, was sein soziales Umfeld gerade für zentral hält.[131] Die aktivische Verfasstheit der biografischen Kohärenz ist damit, so unser Resultat, nicht nur das entscheidende Merkmal, worin der Respekt vor personaler Autonomie und Integrität der Person fundiert ist. Sie ist auch der Aspekt der Personalität, der als Kriterium für die Identität der Persönlichkeit durch Veränderungen hindurch fungiert. Als Teil einer sozialen Praxis sind die Grenzen fließend und die konkreten Deutungsmuster variabel. Gerade dadurch eignen sich Personalität und Persönlichkeit als Grundlage des Werts personaler Autonomie, der in unserer Kultur von entscheidender Bedeutung ist.[132]

9.3 Fazit: Gradualität und Flexibilität unserer Persönlichkeit

Damit ist der Versuch, aus unserer alltäglichen Praxis der Interpretation und Identifikation von Persönlichkeit Kriterien der Identität von Persönlichkeit zu ermitteln, abgeschlossen. Wie zu erwarten war, ist das in unserer alltäglichen Praxis vorfindliche Kriterium der aktiv hervorgebrachten biografischen Kohärenz kontextuell gebunden und seine jeweilige Ausdeutung pragmatisch ausgerichtet. Angesichts der Verankerung des Respekts vor personaler Autonomie, der Integrität der individuellen Persönlichkeit und der Anerkennung des Rechts auf ein selbstbestimmtes Leben ist diese Flexibilität jedoch nicht nur zu erwarten, sondern auch angemessen und plausibel. Es wäre der Musterfall einer fehlplazierten Anwendung des Ideals begrifflicher Exaktheit, diese Variabilität, Kontextgebundenheit und Weichheit der Kriterien durch quantifizierbare Modelle einfangen oder gar eliminieren zu wollen. Das philosophische Bestreben nach Systematizität und Klarheit muss dem Phänomenbereich angemessen bleiben, wobei für unseren Kontext vor allem die Orientierung an der Teilnehmerperspektive entscheidend ist. Wenn wir beachten, dass unsere dritte Grundfrage in dieser Perspektive zu beantworten ist, dann können wir zwei Fehler vermeiden. Erstens laufen wir nicht Gefahr, die Persistenz menschlicher Personen mit der Identität der Persönlichkeit zu verwechseln, sodass der Anerkennung der konstitutiven Funktion sozialer Standards für die Identität der Persönlichkeit der Anschein, kontraintuitiv zu sein, genommen werden kann. Denn diese prima facie unplausiblen Konsequenzen stellen sich nicht ein, wenn man die Kriterien der Persistenz und die der Identität von Persönlichkeit auseinander hält. Damit werden viele der philosophischen Manöver, die wir bei unserer Diskussion der Theorien personaler Einheit (vgl. Kapitel 5) kennen gelernt haben, gegenstandslos. Bedenken wir außerdem, dass die Teilnehmerperspektive die essenzielle Verschränkung von erstpersönlicher und sozialer Perspektive, von Ich und Wir, impliziert, dann können wir zweitens der Versuchung widerstehen, der sozialen Verfasstheit der Persönlichkeit durch eine Hypostasierung der erstpersönlichen Selbstbezugnahme begegnen zu wollen (Kapitel 4). Weder sind die sozialen Standards, auf die wir in unserer Untersuchung gestoßen sind, vollkommen instabil, noch können sie die durch unsere biologische und anthropologische Verfasstheit gesetzten Rahmenbedingungen beliebig ignorieren. Versteht man das Zusammenspiel von erstpersönlicher und sozialer Konstitution der Persönlichkeit in ihrer konstitutiven Funktion, erhält man eine Konzeption der Persönlichkeit, die sich nahtlos an unsere ethische Praxis anschließen lässt und es erlaubt, die Rolle zu explizieren, welche Persönlichkeit, Autonomie und Verantwortung in ihr spielen.[133]

Eine Untersuchung der Persönlichkeit reicht, auch wenn sie von der Diskussion um Frankfurts Analyse personaler Autonomie ihren Ausgangspunkt nimmt, für sich genommen nicht aus, eine angemessene Konzeption von personaler Autonomie zu entwickeln. Das Zusammenspiel von Sozialisation und Selbstbestimmung, wie es in unserem Kontext für die Beantwortung der dritten Grundfrage zu explizieren war, ist nicht so weit bestimmt, wie es für eine Analyse personaler Autonomie notwendig wäre. Mit dem hier Geleisteten lassen sich nicht alle Fälle ausschließen, in denen ein Mensch eine Persönlichkeit aktiv hervorbringt und sich mit dieser identifiziert, dennoch aber von uns nicht als autonom bezeichnet werden würde. Der sachliche Grund hierfür liegt darin, dass nicht die generelle Abwesenheit von sozialer Einflussnahme als notwendige und hinreichende Bedingung für menschliche Personen zu fordern ist. Unter Voraussetzung einer solchen Bedingung gäbe es keine autonomen menschlichen Personen, da wir unsere Personalität und Persönlichkeit nur in sozialer Interaktion ausbilden und bewähren können. Vielmehr müssen die Weisen der Sozialisation, die zur Ausbildung von personaler Autonomie führen, von solchen Einflussnahmen unterschieden werden, die zwar zur Ausbildung einer Persönlichkeit, nicht aber zur Entwicklung einer autonomen Persönlichkeit führen (vgl. Quante (a)). Personalität und Persönlichkeit sind, das haben unsere Überlegungen zu Frankfurts *higher-order theory* und deren Diskussion gezeigt, zwar notwendig, nicht aber hinreichend für personale Autonomie. Eine Analyse des Begriffs der Person liefert aus diesem Grunde nicht auch schon einen Analyse personaler Autonomie. Letztere zu entfalten bedürfte einer eigenen Monografie und gehört sachlich nicht mehr in den Problemkreis unserer jetzigen Untersuchung. Stattdessen müssen wir abschließend der Frage nachgehen, wie sich menschliche Persistenz und Persönlichkeit zueinander verhalten. Denn unsere Entscheidung, die Frage nach *der* ‚Identität' der Person in drei Grundfragen aufzulösen, hat sich zwar an vielen Stellen als Problem lösend oder Problem vermeidend bewährt. Wirklich befriedigend kann sie aber erst sein, wenn es uns gelingt zu erklären, weshalb wir – solange die Dinge normal laufen – die ‚Identität' der menschlichen Person als ein zwar komplexes, aber doch einheitliches Phänomen erleben. Dies soll Thema des abschließenden Kapitels sein, in dem wir uns auch der Frage stellen, ob unser Deutungsvorschlag insgesamt mit in der Menschheit weit verbreiteten und lange tradierten religiösen Vorstellungen von einer personalen Weiterexistenz über den Tod hinaus verträglich ist.

10. Die Einheit der menschlichen Person

> Die tiefsten Probleme des modernen Lebens quellen aus dem Anspruch des Individuums, die Selbständigkeit und Eigenart seines Daseins gegen die Übermächte der Gesellschaft, des geschichtlich Ererbten, der äußerlichen Kultur und Technik des Lebens zu bewahren.
>
> Georg Simmel

Wir haben unsere Untersuchung der personalen Lebensform, die wir unter der Perspektive der Frage nach ‚der personalen Identität' durchgeführt haben, mit der Entscheidung begonnen, diese Frage in die drei Grundfragen nach den Bedingungen der Personalität, den Bedingungen der personalen Einheit und der Struktur der Persönlichkeit aufzulösen. Dabei hatte ich zu Beginn angekündigt, dass dieser Zugang uns helfen wird, manche verwirrenden Sachverhalte zu entwirren, viele philosophische Probleme zu vermeiden und einige zu lösen. Unbestreitbar hat unser Vorschlag viele neue Fragen aufgeworfen und andere unbeantwortet lassen müssen. Der entscheidende Vorteil, der aus meiner Sicht dennoch für das in dieser Abhandlung gewählte Vorgehen spricht, liegt darin, dass die Fragen nun zumindest richtig gestellt sind. Sofern die hier entfalteten Überlegungen stichhaltig sind, ist dies bereits ein großer Fortschritt, auch wenn wir die jetzt richtig gestellten Fragen im Rahmen dieses Buches nicht vollständig behandeln können. Deshalb endet dieses letzte Kapitel mit einem Abschnitt zu den offenen Enden (wohlwollender könnte man auch sagen, zu den angrenzenden Problemen).

Vor allem unsere in den Kapiteln 3 bis 5 argumentativ vorbereitete und in Kapitel 6 vollzogene Entscheidung, die Frage nach ‚der personalen Identität' im Sinne unserer zweiten Grundfrage umzuwandeln in die Frage nach der diachronen Einheit der menschlichen Person, und unser darauf aufbauender Vorschlag, diese modifizierte Frage nicht mittels des Begriffs der Person, sondern unter Verwendung des rein biologisch verstandenen Begriffs des Menschen zu beantworten, wird aus mehreren Gründen skeptisch beäugt werden: *Erstens* haben wir hier keine Kriterien der Persistenz menschlicher Organismen entwickelt, sodass mit Recht zu fragen bleibt, ob sich eine solche Theorie in philosophisch befriedigender Weise wird entwickeln lassen. *Zweitens* haben wir mit unserer Entscheidung anscheinend den Philosophen eines ihrer zentralen Themen, die Suche nach den Bedingungen der Einheit von Personen als solchen, weggenommen. Dieser Anschein trügt allerdings:

Wir haben (in Kapitel 5) zwar die Suche nach solchen Einheitsbedingungen aus guten Gründen mit einem skeptischen Resultat abgebrochen. Aber wir haben in unserer Untersuchung an keiner Stelle den Anspruch erhoben, nachgewiesen zu haben, dass eine solche Suche notwendigerweise erfolglos sein muss.[134] *Drittens* werden manche Leser mit der Begrenzung der Frage nach personaler Einheit auf die Persistenz einer menschlichen Person Probleme haben, weil es zumindest auf den ersten Blick so aussieht, als begäbe sich unsere hier entwickelte Position damit in Widerspruch zu allen religiösen oder metaphysischen Theorien, welche die Möglichkeit oder das Faktum der Weiterexistenz einer Person über den biologischen Tod hinaus behaupten. Angesichts der von uns immer wieder gesuchten und beanspruchten Anschlussfähigkeit unserer Gesamtkonzeption an unsere alltägliche Praxis und das Überzeugungssystem des Common Sense wäre eine solche Unverträglichkeit ein nicht unbeachtlicher Nachteil, da solche religiösen oder metaphysischen Überzeugungen allgemein, d. h. kulturell und historisch weit verbreitet sowie auch heute noch in vielen Gesellschaften breit akzeptiert sind. Die Frage, der wir im zweiten Abschnitt dieses Kapitels nachgehen werden, ist allerdings, ob die damit behauptete Unverträglichkeit wirklich besteht. Der *vierte*, sicher für die meisten der gegenüber dem biologischen Ansatz kritisch eingestellten Leser schwerwiegendste Einwand lässt sich so formulieren: Der biologische Ansatz führt einen unplausiblen Dualismus zwischen Mensch und Person ein, durch welchen die Einheit des Phänomens personalen Lebens, welches menschliche Personen *als Einheit* erleben, zersetzt wird. Wir haben in den letzten drei Kapiteln den Dualismus im Sinne einer Dualität der zwei Substanzen Mensch und Person explizit abgelehnt und entfaltet, wie sich das Verhältnis von Personalität und Persönlichkeit deuten lässt, ohne dass ein solcher Dualismus von Mensch und Person impliziert ist. Darüber hinaus bleibt jetzt noch zu explizieren, worin die Einheit der menschlichen Person in unserem Ansatz besteht. Diese Erläuterung sollte auch erklären helfen, weshalb menschliche Personen ihr personales Leben in aller Regel als ein einheitliches Phänomen erleben. Dieser Aufgabe ist der nun folgende erste Abschnitt gewidmet.[135]

10.1 Die Verschränkung von Persistenz und Persönlichkeit

Für menschliche Personen sind sowohl ihr Personsein als auch ihr Menschsein charakteristisch; sie erleben im Normalfall ihr menschliches Personsein als ein einheitliches Phänomen. Auf der Grundlage unserer Konzeption lässt sich menschliche Persistenz begreifen als raum-zeitliche Ausdehnung eines menschlichen Organismus, die einen

Normalverlauf hat, der sich mittels biologischer Gesetze beschreiben lässt. Solche Beschreibungen enthalten funktionale und Kausalaussagen, weshalb sie an die Beobachterperspektive gebunden sind.

Das Personsein des Menschen lässt sich unter zwei Gesichtspunkten betrachten, die beide auf die Teilnehmerperspektive angewiesen sind: Die Bedingungen der Personalität enthalten den Anforderungskatalog an Eigenschaften und Fähigkeiten, die ein Individuum X erfüllen muss, um als Person erkannt und anerkannt werden zu können. Die jeweils individuelle Ausprägung dieser Personalität, zu der vor allem das jeweilige evaluative Selbstverhältnis von X gehört, welches sich in seiner aktiven Hervorbringung biografischer Kohärenz manifestiert, ist die Persönlichkeit von X (dies ist der zweite Gesichtspunkt, unter dem sich das personale Leben von Menschen betrachten lässt).

Eine der fundamentalen Prämissen unserer gesamten Untersuchung besagt, dass sich die Dualität von Beobachter- und Teilnehmerperspektive weder zugunsten der Ersteren noch zugunsten der Letzteren eliminieren lässt.[136] Unter dieser Voraussetzung haben wir nur die Möglichkeit, die Einheit der menschlichen Person als Verschränkung von Aspekten zu rekonstruieren, die für sich genommen jeweils in der Beobachter- bzw. der Teilnehmerperspektive expliziert werden müssen. Ausgeschlossen ist damit ein Standpunkt, von dem aus die Einheit der menschlichen Person „in einem Blick" erfasst werden kann. Prima facie erleben wir dies in unserem Alltag anders. Der Grund dafür ist jedoch schnell gefunden: Wenn im Normalfall zwei unterschiedliche Aspekte, Arten von Eigenschaften oder Ereignissen immer in einer bestimmten Anordnung zueinander stehen, dann wird diese normale Anordnung als der Standardfall erlebt. Die interne Komplexität muss uns solange nicht auffallen, wie diese Standardbedingungen nicht gestört werden, sodass wir das gesamte Phänomen, hier das personale Leben von Menschen, sowohl im eigenen wie im Falle anderer Menschen, als ein einheitliches Phänomen erleben. Nur in Störfällen, in denen die komplexe Einheit nicht mehr vorliegt, werden die in der philosophischen Analyse zu unterscheidenden Aspekte auch im Alltag für uns erkennbar. Dies erklärt zum einen, weshalb die Störungsfälle uns im Alltag verwirren, wenn ihre Analyse begriffliche und methodologische Unterscheidungen verlangt, über die wir im Alltag nicht verfügen. Zum anderen macht diese Überlegung plausibel, weshalb wir über die fraglichen Unterscheidungen im Alltag nicht verfügen müssen: Weil der Standardfall das reibungslose Ineinandergreifen der beiden Dimensionen des menschlichen Personseins impliziert, erleben wir unser personales Leben als Einheit und müssen nicht darauf achten, die verschiedenen Aspekte dieses komplexen Phänomens nach Beobachter- und Teilnehmerperspektive zu sortieren.

Auf der Grundlage unseres hier entwickelten Verständnisses menschlicher Personen müssen wir dagegen versuchen, das Zusammenspiel von Persistenz und Persönlichkeit philosophisch einsichtig zu machen. Unter den methodologischen Vorgaben kann dieses Zusammenspiel nur die Verschränkung zweier Perspektiven und das Ineinandergreifen zweier Arten von Relationen sein.[137] Innerhalb der Beobachterperspektive kommen die Eigenschaften und Fähigkeiten des menschlichen Organismus *als Ermöglichungsbedingungen* (*enabling conditions*) für Personalität und Persönlichkeit in den Blick.[138] Innerhalb der Teilnehmerperspektive dagegen kommen die physischen und biologischen Aspekte des Menschseins *als Interpretationen* in den Blick. In beiden Fällen muss man eine allgemeine und eine spezielle Konstellation unterscheiden: Man kann in der Beobachterperspektive die Ermöglichungsbedingungen für Personalität und Persönlichkeit im Allgemeinen oder für eine bestimmte menschliche Person X mit einer spezifischen Persönlichkeit P ermitteln. In der Teilnehmerperspektive wiederum kann man erstens fragen, wie unser generelles Verständnis von Personalität und Persönlichkeit die allgemeine physische und biologische Verfasstheit des Menschen als Interpretation enthält. Und zweitens kann man fragen, wie eine menschliche Person X ihre allgemeine und spezifische Beschaffenheit als menschliches Individuum interpretierend in ihre Persönlichkeit P integriert hat. Die folgende Tabelle stellt diese verschiedenen Elemente der Verschränkung von Persistenz und Persönlichkeit bei menschlichen Personen im Überblick dar:

Verschränkung von Persistenz und Persönlichkeit bei menschlichen Personen	*Allgemeine* Verschränkung	*Spezifische* Verschränkung
Beobachterperspektive (kausale oder funktionale Ermöglichungsbedingungen)	I. Allgemeine Ermöglichungsbedingungen für Personalität und Persönlichkeit	II. Die spezifische physische und biologische Beschaffenheit als Erklärungsgrund für die individuelle Persönlichkeit P eines menschlichen Individuums X
Teilnehmerperspektive (Interpretation oder Identifikation)	III. Die allgemeine physische und biologische Verfasstheit des Menschen geht mittels Interpretation in das allgemeine Konzept von Personalität und Persönlichkeit ein	IV. Eine menschliche Person X identifiziert sich in seiner Persönlichkeit P (i) mit der allgemeinen physischen und biologischen Verfasstheit des Menschen sowie (ii) mit seiner spezifischen physischen und biologischen Verfasstheit

Schon diese grobe schematische Darstellung lässt erahnen, auf welch vielfältige Weise bei menschlichen Personen die beiden Aspekte Mensch und Person (Personalität und Persönlichkeit) ineinander verschränkt sind. Wir können hier keine ausführliche Beschreibung aller möglichen Bezüge, die sich in den vier Feldern ergeben, vorlegen. Allgemein kann man die Relation, die zwischen dem Mensch- und dem Personsein bei menschlichen Personen vorliegt, als *kontingent-konstitutiv* charakterisieren.[139]

Weil die allgemeine menschliche Verfasstheit für unser Verständnis der personalen Lebensform prägend ist, *konstituiert* die Erstere in einem doppelten Sinn die Letztere: Zum einen stellen die kausalen und funktionalen Ermöglichungsbedingungen den Rahmen bereit, innerhalb dessen wir Personalität und Persönlichkeit sozial und individuell ausgestalten können. Menschen vermehren sich beispielsweise zweigeschlechtlich und verfügen über eine bestimmte emotionale oder affektive Grundausstattung, wodurch unsere Möglichkeiten der Entwicklung von Personalität und Persönlichkeit geformt sind. Zum anderen gehen die kausalen und funktionalen Vorgaben auch als interpretierte in unsere Vorstellung von biografischer Kohärenz ein, indem wir z. B. verlangen, dass ein Individuum der Tatsache Rechnung trägt, dass es altern wird und krank werden kann, dass es verschiedene soziale Rollen (Kind, Vater oder Mutter, Oma oder Opa) durchläuft etc. Diese zeitliche Strukturierung, die immer auch sozial ausgestaltet und (in diesem Sinne) interpretiert vorliegt, prägt unser allgemeines Vorverständnis davon, was es heißt, als menschliche Person ein Leben zu führen, auf ganz fundamentale Weise. Diese durch den Menschaspekt unserem personalen Leben mitgegebene Tiefengrammatik ist so grundlegend, dass sie uns in der Regel kaum auffällt. Daher ist uns die kulturelle und soziale Relationalität unserer Vorstellung von Personalität und Persönlichkeit deutlicher bewusst als die anthropologisch-biologische. In einem gewissen Sinne (und Ausmaß) konstituieren jedoch auch unsere Vorstellungen von Personalität und Persönlichkeit unsere biologischen oder physischen Grundlagen. So haben z. B. individuelle Lebenspläne und Lebensstile Auswirkungen auf die physischen oder biologischen Eigenschaften und Fähigkeiten konkreter Individuen (man denke etwa an Übergewichtigkeit oder an die Auswirkungen von Extremsportarten). Längerfristig haben auch tradierte Lebensgewohnheiten (z. B. Hygiene, Qualität der Nahrung, Leben in Großstädten, Einsatz von Technik zur Lebensführung) Auswirkungen auf die biologische und physische Ausstattung des Menschen. Die Tatsache, dass Menschen zu personalem Leben, einschließlich des Aufbaus komplexer sozialer Systeme etc., fähig sind, wirkt auf das Menschsein des Menschen zurück.

Diese vielschichtige Konstitutionsbeziehung ist zugleich *kontingent*. Das bedeutet zum einen, dass sie fragil ist und zusammenbrechen kann (klare Beispiele für das Wegbrechen der Ermöglichungsbedingungen für Personalität und Persönlichkeit sind schwerwiegende genetische Defekte bei Embryonen oder Demenzerkrankungen im Endstadium). Zum anderen lassen sich kontingente Bezüge auch – absichtlich oder unabsichtlich – umgestalten. Nichts hindert daran, dass bestimmte physische oder biologische Merkmale im Wandel der Zeiten oder in verschiedenen Kulturen unterschiedlich interpretiert werden (Musterbeispiel ist die historisch und kulturell sehr divergierende Deutung mentaler Erkrankungen). Außerdem lassen sich die physischen oder biologischen Grundlagen im Prinzip (und faktisch) durch den Einsatz von Technik verändern. Wenn es möglich sein wird, einen Menschen vollständig außerhalb des Mutterleibs aufwachsen zu lassen (Stichwort „künstliche Gebärmutter"), oder wenn es möglich wird, menschliche Fortpflanzung ohne Beitrag von Männern zu ermöglichen, dann haben sich tief verankerte, aber eben kontingte Voraussetzungen unseres Zusammenlebens verändert.[140] Schon jetzt ist es beispielsweise medizinisch möglich, einer 60-jährigen Frau Eierstöcke einer jungen Frau zu implantieren, sodass es ihr möglich wird, zu einem späteren Zeitpunkt Kinder zu bekommen als dies rein biologisch vorher möglich war. Es liegt auf der Hand, dass die Entwicklung und Bereitstellung solcher Möglichkeiten unsere Selbstdeutung als menschliche Personen auf vielfältige Weise verändern wird.[141] Die Tatsache allein, dass die gegebene Konstellation auf vielfältige Weise veränderbar ist, reicht aus, um die Relation zwischen dem Mensch- und dem Personsein menschlicher Personen als kontingent zu charakterisieren.[142]

Wie eingangs dieses Abschnitts bereits angedeutet, sind die kontingent-konstitutiven Verschränkungen unseres Mensch- und Personseins im Normalfall gegeben. Die Verschränkung selbst wird im Alltag nur bei Störungen thematisch und führt dann zu Irritationen; kommen solche Störfälle häufig oder in bestimmten Lebensabschnitten sogar regelmäßig vor, wie etwa das Nachlassen des Kurzzeitgedächtnisses im Alter, dann integrieren wir diese Störfälle als für dieses Lebensalter erwartbare oder zumindest tolerierbare Besonderheiten in unsere alltäglichen Deutungsschemata (wir stellen die Zerstreutheit und Vergesslichkeit in Rechnung, sind nachsichtig und treffen Vorkehrungen).[143]

Auch in der Philosophie wird der kontingente Charakter dieser Verschränkung thematisch, wenn Philosophen versuchen, den Begriff der Person zu bestimmen oder ein Konzept personaler ‚Identität' für Personen als solche zu entwickeln. Bei diesem Vorhaben müssen sie erstens davon ausgehen, dass die Verschränkung von Mensch- und Personsein kontingent ist. Zweitens versuchen viele, konstitutive und notwendige Bedingungen für personale ‚Identität' als solche zu finden. Unsere Skepsis bezüglich der Erfolgschancen dieses Projekts ist in dieser Untersuchung bereits mehrfach zum Ausdruck gekommen und muss an dieser Stelle nicht wiederholt werden. Die Kontingenz der Verschränkung von Mensch- und Personsein in der Philosophie gerät außerdem dort in den Blick, wo es um die Erörterung von technischen Eingriffen (wie z. B. in der Reproduktionsmedizin oder der Humangenetik) geht, welche die Kontingenz unserer menschlichen Grundausstattung faktisch beweisen. An dieser Stelle kann man als Philosoph entweder versuchen, die neuen Optionen ethisch zu bewerten, oder darüber nachdenken, welche Konsequenzen diese Erosion der kontingent-konstitutiven Verschränkung für unser Selbstverständnis als menschliche Personen hat. Beides können wir an dieser Stelle nicht weiterverfolgen. Aber wir können festhalten, dass diese technischen Veränderungen de facto auf die gleiche Weise funktionieren wie die negativen Ersatzproben, die wir als plausible Form der Gedankenexperimente zugelassen haben (vgl. Kapitel 7).

Die beiden Arten der Verschränkung innerhalb der Beobachterperspektive (Felder I und II) werden in den empirischen Wissenschaften, die sich mit der Erforschung des Mentalen befassen, thematisiert (z. B. Hirnforschung oder Kognitionswissenschaften). Man kann ohne Übertreibung sagen, dass dieses Forschungsprojekt seit nahezu zwanzig Jahren zu den am intensivsten betriebenen gehört. Dabei wird diese ‚Naturalisierung des Mentalen' durch die Philosophie des Geistes intensiv begleitet.[144] Diese empirische Forschung ist sinnvoll, wenn man zwei extreme Positionen vermeidet. Die eine Extremposition besteht in einer radikal dualistischen These, die jegliche empirisch untersuchbare Beziehung zwischen den physischen oder biologischen Eigenschaften und Fähigkeiten des Menschen auf der einen und seinen mentalen Eigenschaften und Fähigkeiten auf der anderen Seite bestreitet. Die schon im Alltag offensichtlichen Evidenzen, man denke nur an den Zusammenhang von übermäßigem Alkoholkonsum und der Fähigkeit zu rationaler Gesprächsführung, lassen eine solche Entschränkung als vollkommen unplausibel erscheinen (wir werden im nächsten Abschnitt dieses Kapitels möglichen Motiven für diese radikale Position begegnen). Genauso unplausibel ist die, vor allem in szientistischen Kreisen der Philosophie anzutreffende These, dass es Mentales gar nicht gebe. Diese andere Extremposition nennt sich Eliminativismus, sie ergibt sich, wenn man davon ausgeht, dass nur solche Entitäten existieren, die von den besten naturwissenschaftlichen Theorien postuliert werden (daher auch Szientismus), und außerdem akzeptiert, dass das Mentale Eigenschaften aufweist, die einer Reduktion auf naturwissenschaftliche Entitäten unüberwindlich im Wege stehen.[145] Zwischen diesen beiden Extremen findet sich ein großes Spektrum reduktionistischer Ansätze, die alle – unter Voraussetzung unterschiedlich starker Ansprüche an Reduktion – beanspruchen, das Mentale auf etwas Nichtmentales, den Naturwissenschaften Zugehöriges zu reduzieren; implizit wird damit auch die Möglichkeit der Übersetzung der Teilnehmer- in die Beobachterperspektive behauptet. Da wir Letzteres qua Prämisse bestreiten, stellt die Konzeption der Ermöglichungsbedingungen eine nichtreduktive Relation dar. Auch solche sind in den letzten Jahrzehnten in der Philosophie des Geistes breit diskutiert worden.[146] Die Charakterisierung der Beziehung zwischen Persistenz einerseits sowie Personalität und Persönlichkeit andererseits ist mit reduktiven wie nichtreduktiven Theorien vereinbar, schließt jedoch die beiden Extrempositionen aus.

Es ist hier nicht möglich, eine detaillierte Darstellung der vielfältigen Verschränkungen vorzulegen, die sich in empirischer wie philosophischer Sicht bisher haben ermitteln lassen. Hinweisen möchte ich nur darauf, dass sich in diesem Forschungsgebiet die von uns verwendete Strategie der negativen Ersatzproben bewährt hat. Das empirische und philosophische Studium von Fällen, die von den Normalfällen abweichen, lässt nicht nur die kausalen Störbeziehungen erkennbar werden.[147] Indirekt sichtbar wird auch das im Standardfall gegebene funktionierende Zusammenspiel, welches dazu führt, dass menschliche Personen in der Regel die für Personalität und Persönlichkeit notwendigen Eigenschaften und Fähigkeiten entwickeln.[148] Wenn von der Normalität abweichende Hirnfunktionen oder Hirnschädigungen, die z.B. durch Unfälle, Schlaganfälle oder Tumoren verursacht werden, dazu führen, dass einem menschlichen Individuum nicht länger die für Personalität und Persönlichkeit notwendigen Eigenschaften und Fähigkeiten zukommen, dann lassen sich Rückschlüsse auf kausale Ermöglichungsbedingungen für diese Eigenschaften und Fähigkeiten ziehen (auch wenn diese möglicherweise zur Zeit nur in Hirnlokalisationen oder der Angabe für Schwellenwerte von Botenstoffen im Gehirn etc. bestehen).[149]

Die beiden Arten der Verschränkung von Menschsein und Personsein innerhalb der Teilnehmerperspektive (Felder III und IV) nehmen vielfältige Formen an. Da die hierfür konstitutive Relation die der Interpretation oder Identifikation ist, gibt es eine große historische, kulturelle und individuelle Bandbreite. Einige Beschaffenheiten der menschlichen Lebensform sind – zumindest bisher – so fundamental, dass sie ihre Spuren in allen Kulturen hinterlassen haben. Dass Menschen geboren werden, heranwachsen, leidensfähig und auf soziale Kontakte unterschiedlichster Art angewiesen sind, unter Krankheiten leiden und sterben müssen, gehört z.B. zu diesen basalen Charakteristika. Dennoch haben diese fundamentalen Dinge unterschiedliche kulturelle Ausdeutungen erfahren, sodass es ein vermutlich überzogenes philosophisches Projekt wäre, hier analog zu den kausalen und funktionalen Bedingungen, die Gegenstand der Verschränkung in der Beobachterperspektive (Felder I und II) sind, invariante Strukturen oder eine anthropologische Essenz ausfindig machen zu wollen.[150] In den Religionen schlagen sich kulturelle Ausdeutungen von Krankheit, Sterben und Tod genauso nieder wie interpretierende Reflexionen auf die emotionale oder affektive Verfasstheit des Menschen. Die Umbrüche, die z. B. die Phänomene der Liebe, der Verletzlichkeit oder der Sterblichkeit erfahren, wenn eine Gesellschaft einen Säkularisierungsprozess durchläuft, zeigen nicht nur, dass diese Aspekte des Menschseins in die Vorstellungen davon, ein personales Leben zu führen, Eingang finden. Sie belegen auch, dass diese Integration abhängig ist von allgemeinen Wert- und Weltvorstellungen, dem Stand der Technik oder der sozialen Verfasstheit der Gesellschaftsformation. Dennoch hinterlässt die Beschaffenheit des Menschseins, ohne dass wir hier ausführlicher auf Beispiele eingehen können, tief liegende Spuren in unserem allgemeinen Verständnis von Personalität und Persönlichkeit. Eines dieser Elemente ist, dass menschliche Personen sich interpretierend und evaluierend zu ihrem Menschsein verhalten, sodass dieses individuelle Verhältnis ein konstitutiver Bestandteil ihrer Persönlichkeit wird.

Die Verschränkung des Mensch- und des Personseins innerhalb der Teilnehmerperspektive unterscheidet sich nicht nur aufgrund dieser Variabilität von der in der Beobachterperspektive ermittelbaren Verschränkung, sondern auch deshalb, weil die spezifische Verschränkung innerhalb der Teilnehmerperspektive (Feld IV) zwei Ausrichtungen hat. Eine menschliche Person X verhält sich nicht nur interpretierend zu der Tatsache, dass sie überhaupt als Mensch existiert, sondern auch zu ihrer jeweils individuellen physischen und biologischen Verfasstheit. Paradigmatisch für die erste Ausrichtung sind beispielsweise religiöse Überzeugungen, in denen die allgemein menschliche Lebensform thematisiert wird (z. B. Krone der Schöpfung oder gottähnlich zu sein und über dem Rest der Natur zu stehen), oder der philosophische Protest, nur ein Tier und kein Gott zu sein.[151] Auch in der Kunst finden sich viele Werke, in denen eine menschliche *Person* ihre Interpretation und Evaluation der Tatsache zum Ausdruck bringt, als *menschliche* Person zu existieren. Gleiches lässt sich von der Philosophie sagen. Es ist unbestreitbar, dass die Persönlichkeit von Menschen durch diese Überzeugungen und Wertvorstellungen geprägt ist. Vor allem die Integration des Aspekts des Menschseins (z. B. Bedürfnisse) in den des Personseins (z. B. Rationalität oder Selbstbestimmung) und die Gewichtung beider zueinander in den jeweiligen Lebensentwürfen und Lebensplänen bilden ein wesentliches Merkmal der Persönlichkeit einer menschlichen Person (nicht nur qua Selbstentwurf, sondern auch qua Lebensführung).

Paradigmatisch für die zweite Ausrichtung, welche die Konstitution der Persönlichkeit von X noch entscheidender prägen kann, weil sie individueller ist, sind die Interpretation und Evaluation der spezifischen Beschaffenheit einer menschlichen Person in ihre eigene Persönlichkeit. Wir verhalten uns dazu, weiblich oder männlich, groß gewachsen oder eher klein zu sein, leiden unter dünnem Haar oder sind stolz auf eine angenehme Stimme. Unsere emotionalen und affektiven Startbedingungen machen uns das Leben leichter oder stehen uns bei der Realisierung unserer Projekte immer wieder im Wege. Wir wären gerne mutiger und risikofreudiger oder besonnener und ausgeglichener. Wir können unter unserem eigenen Temperament leiden und unsere besonderen Fähigkeiten als ein Geschenk (oder eine Verpflichtung) begreifen. Gleichgültig, welche Interpretation oder Evaluation X seiner spezifischen menschlichen Ausstattung gibt, es ist unbestreitbar, dass diese interpretierende und evaluative Selbstbezugnahme ein wesentliches Charakteristikum der Persönlichkeit von X sein wird. Manche Personen verstehen wir so, dass sie ihre spezifischen menschlichen Vorgaben kultivieren und ausleben. Andere begreifen wir so, dass sie ihr Leben lang gegen bestimmte Vorgaben ankämpfen oder versuchen, diese Vorgaben mit ihren eigentlichen Lebensplänen in Einklang zu bringen.[152]

Besonders deutlich wird diese zweite Ausrichtung der spezifischen Verschränkung, wenn wir uns fragen, wie menschliche Individuen mit Behinderungen (oder Krankheiten) umgehen.[153] An diesen Fällen wird klar, dass nicht nur die Tatsache der Behinderung für die Persönlichkeit einer behinderten Person X konstitutiv ist, sondern auch die Art und Weise, wie X sich zu dieser spezifischen Vorgabe seiner personalen Existenz verhält. Unsere Gesellschaft führt seit vielen Jahren einen Diskurs über den Zusammenhang von Behinderung, Bewertung der Lebensqualität und Würde des Menschen, der angemessen nur expliziert werden kann, wenn beachtet wird, dass nicht nur die Behinderung (oder Krankheit) als solche, sondern auch die interpretierende und evaluative Integration derselben in die Persönlichkeit eines menschlichen Individuums zu berücksichtigen sind. Im Kontext der Präimplantationsdiagnostik beispielsweise wird folgendes Argument vorgebracht: Wenn wir die Anlage zu einer Behinderung als hinreichenden Grund dafür anerkennen, das Leben eines von dieser Behinderung betroffenen menschlichen Embryos zu beenden, dann verstößt diese Wertentscheidung gegen die Würde aller menschlichen Personen, die mit dieser Behinderung leben. Wir können jetzt nicht in die spezielle Debatte der biomedizinischen Ethik einsteigen, sondern verweisen auf diesen Zusammenhang nur aus folgenden beiden Gründen: Erstens wird an dieser Argumentation sichtbar, wie sich die allgemeine und spezielle Verschränkung von Mensch- und Personsein in unserem alltäglichen Selbstverständnis bemerkbar machen kann. Zweitens kann eine angemessene Erörterung dieses Arguments gegen die Zulässigkeit der Präimplantationsdiagnostik nur durchgeführt werden, wenn man die hier explizierte Struktur dieser Verschränkungen differenziert betrachtet. Bei der in Frage stehenden Entscheidung geht es darum, menschliches

Leben mit spezifischen Behinderungen als für das betroffene Individuum selbst nicht lebenswert zu bewerten. Ob dies für menschliche Personen, die mit einer solchen Behinderung leben, einen Würdeverstoß darstellt, kann man nur beantworten, wenn man der Frage nachgeht, wie sich die von einer solchen Behinderung betroffenen Menschen selbst interpretierend und evaluativ zu dieser spezifischen Vorgabe ihrer eigenen Existenz verhalten (oder rationalerweise dazu verhalten sollten). Ohne diese Debatte jetzt weiter vertiefen zu wollen, sollte klar geworden sein, auf welch vielfältige Weise unser Mensch- und Personsein miteinander verwoben sind. Es sollte auch deutlich geworden sein, dass unsere Gesamtkonzeption diesen engen Zusammenhang nicht ignoriert oder gar auflöst, sondern im Gegenteil die begrifflichen Ressourcen bereitstellt, seine komplexe Struktur sichtbar werden zu lassen (vgl. dazu Quante 2003).

10.2 Wiederauferstehung: Existenz über den Tod hinaus

Religiöse Überzeugungen sind in der Menschheit nach wie vor weit verbreitet. Da Geburt, Sterben und Tod eines Menschen zentrale Erfahrungen darstellen, die bisher kulturinvariant gemacht werden, spielen Vorstellungen von der Weiterexistenz eines Individuums X nach dem Tode der menschlichen Person X in vielen Religionen eine zentrale Rolle. Daneben, und teilweise die verschiedenen Vorstellungen von Wiederauferstehung, von einem Leben nach dem Tode oder von der Weiterexistenz über den Tod hinaus überlagernd, gibt es in Religion und Philosophie Vorstellungen von Unsterblichkeit.[154]

Da wir uns in unserer Untersuchung mehrfach gegen revisionäre Metaphysik und ein unbegründetes Abweichen von den lebensweltlich weit geteilten Überzeugungen ausgesprochen haben, ist es für uns relevant zu diskutieren, wie sich unsere Antwort auf die Frage nach der Einheit der Person zu der (religiösen oder metaphysischen) Vorstellung einer Wiederauferstehung oder Weiterexistenz über den Tod hinaus verhält. Unser Ziel kann dabei nicht sein, den Status religiöser Überzeugungen zu klären und etwas über ihre epistemische Berechtigung oder gar ihren Wahrheitsgehalt zu sagen. Dies bedeutet, dass es für unsere Frage unwichtig ist, ob z. B. die Wiederauferstehung oder die Weiterexistenz über den Tod hinaus durch einen allmächtigen Gott erwirkt wird oder sich aufgrund eines ungeheuren Zufalls einfach nur ereignet. Vielfach ist behauptet worden, dass diese beiden Optionen hinsichtlich ihrer epistemischen Berechtigung anders zu bewerten sind. Unter der Voraussetzung, dass es einen allmächtigen Gott gibt, wird die Annahme der Wiederauferstehung oder der Weiterexistenz über den Tod hinaus, so die Überlegung, wahrscheinlicher als ohne diese Voraussetzung. Daher sei, so die Schlussfolgerung, die Frage nach Wiederauferstehung und Weiterexistenz über den Tod hinaus nicht neutral gegenüber der Frage nach der Existenz eines allmächtigen Gottes. Wir werden uns um die Berechtigung dieser religiösen (oder auch metaphysischen) Annahmen nicht kümmern und können daher die Frage nach der Existenz eines allmächtigen Gottes ausklammern.[155] Aus diesen Gründen muss im Folgenden nicht der Versuch unternommen werden, die verschiedenen Konzeptionen (oder Vorstellungen) der Wiederauferstehung oder der Weiterexistenz über den Tod hinaus im Detail zu erörtern. Die Überlegungen in diesem Abschnitt haben einen weit bescheideneren Anspruch: Zu klären ist nur, ob unsere Antwort auf die Frage nach der Einheit der Person uns hinsichtlich der Frage nach Wiederauferstehung oder Weiterexistenz über den Tod hinaus festlegt, oder ob sie neutral gegenüber diesem Thema ist. Unsere Überlegungen sind damit nicht als Beitrag zur Begründung oder Widerlegung solcher Annahmen zu verstehen.

Wenn wir uns diesem Themenkomplex über die Frage nach der Wiederauferstehung oder der Weiterexistenz über den Tod hinaus annähern und sie in Beziehung setzen zu der Frage nach der Einheit der menschlichen Person, dann umgehen wir erstens die Vorstellung der Unsterblichkeit; außerdem blenden wir zweitens evaluative Fragen aus, die in Philosophie und Religion mit Blick auf Wiederauferstehung, Weiterexistenz über den Tod hinaus und Unsterblichkeit ebenfalls Tradition haben. Beides sei zu Beginn kurz begründet.

Vorstellungen von Unsterblichkeit auf der einen und von Wiederauferstehung oder Weiterexistenz über den Tod hinaus auf der anderen Seite sind *erstens* zu unterscheiden. So kann zur Unsterblichkeit nicht nur die postmortale Weiterexistenz, d. h. die Existenz eines Individuums X zu Zeitpunkten nach seinem Ende als menschliches Individuum, sondern auch die Präexistenz, d. h. die Existenz eines Individuums X zu Zeitpunkten vor Beginn seiner Existenz als menschliches Individuum, gehören. Hier geht es nur um die Frage, ob unsere Antwort auf die Einheit der menschlichen Person mit Vorstellungen der Unsterblichkeit, der Wiederauferstehung oder der Weiterexistenz über den Tod hinaus verträglich oder unvereinbar ist. Die Frage, ob es für andere Arten von Entitäten als menschliche Individuen Sinn macht, von Unsterblichkeit, Wiederauferstehung oder Weiterexistenz über den Tod hinaus zu sprechen, ist nicht Gegenstand unserer Überlegungen. Unter dieser Voraussetzung muss jede Konzeption der Unsterblichkeit eine religiöse oder metaphysische Deutung des Faktums vorlegen, dass menschliche Individuen sterben und der Tod ihre Existenz als menschliche Organismen beendet. Das Problem der Präexistenz können wir dabei ausblenden. Zum einen erfordert die Vorstellung der Unsterblichkeit nicht die Annahme der Präexistenz, sondern nur, dass ein Individuum X von dem Zeitpunkt seines Entstehens t an ab einem späteren Zeitpunkt t* ohne zeitliches Ende existiert. Zum anderen wird sich zeigen, dass sich unsere Antwort auf die Leitfrage dieses Abschnitts:

> Wie verhält sich unsere Antwort auf die zweite Grundfrage zu den Vorstellungen der Wiederauferstehung und der Weiterexistenz über den Tod hinaus?

auf das Verhältnis unseres biologischen Ansatzes zur Unsterblichkeit übertragen lässt. Umgekehrt muss jede Konzeption der Unsterblichkeit von Individuen, die zumindest eine gewisse Phase ihrer Existenz als menschliche Individuen persistieren, eine befriedigende Deutung des biologischen Todes vorlegen, die mit der Behauptung der Unsterblichkeit und damit auch mit der Behauptung der Existenz des fraglichen Individuums zu Zeitpunkten nach dem biologischen Tode verträglich ist. Die Vorstellungen der Wiederauferstehung und der Weiterexistenz über den Tod hinaus erfüllen genau diese Funktion. Dabei konnotiert „Wiederauferstehung" die Vorstellung, dass die zeitlich ausgedehnte Existenz des fraglichen Individuums für bestimmte Zeitspannen unterbrochen ist, während „Weiterexistenz über den Tod hinaus" dies zwar nicht ausschließt, zugleich aber auch die Möglichkeit offen lässt, dass das fragliche Individuum das Ereignis seines biologischen Todes übersteht, ohne zeitweilig nicht zu existieren. Wir können diese Differenz bis auf weiteres vernachlässigen; aus rein stilistischen Gründen verwende ich im Folgenden den Begriff der Weiterexistenz ohne zusätzliche qualifizierende Bestimmungen im Sinne einer ununterbrochenen oder unterbrochenen Weiterexistenz eines Individuums X zu Zeitpunkten t* nach dem Tod des menschlichen Individuums X (zum Zeitpunkt t).

Indem wir nach der Verträglichkeit unserer Antwort auf die zweite Grundfrage mit Vorstellungen der Weiterexistenz über den Tod hinaus fragen, blenden wir *zweitens* einige philosophische Fragen aus, die ebenfalls mit dem Tod verbunden sind. So geht es uns weder um die Frage, welche evaluative Einstellung eine menschliche Person zu der Möglichkeit einnehmen sollte, nach dem Tode weiterzuexistieren, noch um die damit verbundene Frage, ob es für menschliche Personen rational ist, den eigenen Tod zu fürchten (Letztere lässt sich auch in die Frage transformieren, ob der Tod ein Übel ist). Unsere Überlegungen zur Struktur von Antizipation und Evaluation liefern begriffliche Grundlagen, die helfen können, diese Fragen zu beantworten (vgl. Kapitel 7.2.2). Sie gehören aber in den Bereich der Ethik und hängen nicht unmittelbar mit unserem Themenbereich zusammen. Wir zielen vielmehr auf die Frage ab, ob es Sinn macht, von der individuellen Weiterexistenz eines menschlichen Individuums X im wörtlichen Sinne zu sprechen. Die umständliche Charakterisierung „individuelle Weiterexistenz" soll zwei Optionen ausschließen: die Weiterexistenz als entindividualisierter Teil eines kosmischen Bewusstseins und die Weiterexistenz der Teile von X (z.B. der Atome seines Körpers) als hinreichende Bedingung für die Weiterexistenz von X. Mit „im wörtlichen Sinne" wird darauf hingewiesen, dass es uns nicht um die Weiterexistenz im Gedächtnis der Arbeiterklasse oder der *hall of fame* des Jazz geht, also nicht um die Weiterexistenz in der Erinnerung anderer Personen. Und die Rede vom menschlichen Individuum ist gewählt, weil damit nicht nur menschliche Personen, sondern auch Menschen erfasst werden, die keine Personalität ausgebildet oder den Status der Personalität vor ihrem Tode wieder verloren haben. In vielen religiösen Vorstellungen ist auch für diese menschlichen Individuen die Weiterexistenz vorgesehen (angesichts der in manchen Regionen der Welt immer noch hohen Rate von Fehlgeburten und dem häufigen frühen Tod von Kindern ist dies nicht weiter überraschend).

Prima facie hat es den Anschein, als wäre unsere Antwort auf die zweite Grundfrage mit der Weiterexistenz eines menschlichen Individuums über den Tod hinaus unverträglich. Dieser Schein trügt. Um das zu sehen, müssen wir einige Fallunterscheidungen einführen. Zum einen kann man die These vertreten, dass ein menschliches Individuum aus einer immateriellen Seelensubstanz und einem menschlichen Organismus zusammengesetzt ist. Wenn zusätzlich gilt, dass für die transtemporale Einheit nicht erforderlich ist, dass sich das Individuum erstpersönlich auf sich bezieht, dann kann man den Tod des menschlichen Individuums als ununterbrochene Weiterexistenz der immateriellen Seele deuten, die sich im biologischen Tod vom fraglichen menschlichen Organismus trennt. Mit Locke bin ich zwar geneigt zu sagen, dass wir zu wenig über die Einheitsbedingungen solcher immaterieller Substanzen wissen, um die Plausibilität dieser Annahmen überprüfen zu können. Inkompatibel mit den in unserer Untersuchung in Anspruch genommenen Prämissen und aufgestellten Thesen ist diese Konzeption aber nicht.[156] Der Vorteil, die transtemporale Einheit der Seele nicht an erstpersönliche Selbstbezugnahmen zu binden, liegt zum einen darin, auch solche menschlichen Individuen mit erfassen zu können, die nicht über Selbstbewusstsein verfügt haben.[157] Zum anderen wird damit das von uns gegen die erstpersönlich-einfachen Theorien personaler Identität ins Spiel gebrachte Problem der Lücken im Bewusstseinsstrom umgangen. Wenn die Seele für ihre eigene transtemporale Identität keine permanente erstpersönliche Selbstbezugnahme benötigt, ist sie von unseren Überlegungen zur Funktionsweise dieser Art von Selbstbezugnahme nicht betroffen.

Für eine Analyse der personalen Lebensform ist diese Konzeption der Wiederauferstehung jedoch nicht geeignet.[158] Die Seele wird als eine Substanz behandelt, für deren transtemporale Einheit erstpersönliche Selbstverhältnisse wie Erinnerungen oder Antizipationen nicht notwendig sind. Damit ist diese Art der Weiterexistenz für eine Analyse der personalen Weiterexistenz nicht einschlägig. Dies zeigt sich daran, dass die transtemporale Einheit der so konzipierten Seele auch für menschliche Individuen gilt, welche die Bedingungen der Personalität nicht erfüllen. Dies mag aus religiösen oder ethischen Gründen ein wünschenswertes Resultat sein. Es zeigt aber, dass diese Konzeption kein geeignetes Modell für die personale Weiterexistenz eines Individuums ist. Wird dagegen die transtemporale Existenz der Seele an die erstpersönliche Selbstbezugnahme gebunden, treffen unsere Einwände gegen erstpersönlich-einfache Theorien personaler Identität, die wir im vierten Kapitel entfaltet haben, auch hier zu. Mit einer solchen Konzeption der Weiterexistenz, die zumindest wesentliche Elemente der personalen Weiterexistenz einzufangen versucht, sind unsere Überlegungen nicht kompatibel.

In den großen Religionen wird die Weiterexistenz zumeist nicht als transtemporale Einheit einer immateriellen Seele über den Tod des menschlichen Individuums hinaus konzipiert, sondern als Weiterexistenz des menschlichen Individuums als leibliches Wesen.[159] Dabei werden unterschiedliche Antworten auf die Frage gegeben, ob es ausreicht, dass diese Weiterexistenz überhaupt in körperlicher Form stattfindet, ob es sich im Falle menschlicher Individuen um einen menschlichen Körper handeln muss, oder ob es sich sogar um einen mit dem Körper des Individuums vor dem Tode typidentischen Körper handeln muss. In der strengsten Form wird behauptet, dass das menschliche Individuum in seinem eigenen Körper wieder aufersteht. Ich möchte die Unplausibilität der Konzentration auf den Körper des menschlichen Individuums hier nicht noch einmal diskutieren, sondern verstehe diese Aussagen so, dass die Weiterexistenz qua Organismus gemeint ist (worin auch immer die Persistenzbedingungen für menschliche Organismen bestehen, und wie auch immer die Relation zwischen einem Organismus und seinem Körper weiter bestimmt sein mag). Unter dieser Voraussetzung haben wir drei Hauptformen der Weiterexistenz zu unterscheiden (ich verwende im Folgenden „Leib“ als Kennzeichnung dieser körperlich-organismischen Einheit):

(i) Das menschliche Individuum X existiert nach dem biologischen Tode als leibliches Wesen nichtmenschlicher Art weiter.

(ii) Das menschliche Individuum X existiert nach dem biologischen Tode in einem menschlichen Leib weiter, der möglicherweise mit dem individuellen Leib von X zu einem Zeitpunkt seiner Existenz vor dem Tode typidentisch ist.

(iii) Das menschliche Individuum X existiert nach dem biologischen Tode in einem menschlichen Leib weiter, der numerisch identisch ist mit seinem individuellen Leib vor seinem biologischen Tode.

An dieser Stelle ist es wichtig zu entscheiden, ob wir über menschliche Organismen als solche oder über menschliche Personen sprechen. Gehen wir zuerst davon aus, dass wir fragen, ob es die Weiterexistenz eines menschlichen Organismus nach dem biologischen Tode geben kann. Es wird schnell klar, dass (i) keine sinnvolle Konzeption darstellt, da nach dem biologischen Tod von X kein menschliches Individuum X mehr existiert. Auch die Option (ii) ist keine sinnvolle Antwort auf die Frage nach der Weiterexistenz von X, da qua Prämisse nur eine exakte Kopie von X weiterexistiert, die Bedingung der Identität aber nicht erfüllt ist. Die dritte Option dagegen ist entweder widersprüchlich, da die Bedeutung von „biologischer Tod“ mit der Annahme der ununterbrochenen Weiterexistenz des menschlichen Organismus unverträglich ist. Oder sie ist mit unserem biologischen Ansatz unverträglich, wenn mit Weiterexistenz die Wiederauferstehung als numerisch identischer menschlicher Organismus nach einer zwischenzeitlichen Phase der Nichtexistenz gemeint ist. Diese Option ist unserer Konzeption zufolge für menschliche Organismen ausgeschlossen: Im Unterschied zu Artefakten können menschliche Organismen nur als kontinuierliche Prozesse existieren, die keine Unterbrechungen zulassen.

Unterstellen wir nun, dass es sich bei X um eine menschliche Person handelt. Nun bekommen die drei Optionen einen anderen Sinn. Während die dritte Option weiterhin entweder widersprüchlich oder mit unseren Annahmen zur Persistenz menschlicher Organismen unverträglich ist, gewinnen die erste und die zweite Option einen anderen Gehalt. Mit der ersten Option kann nun gemeint sein, dass die menschliche Person X qua Person X nach dem biologischen Tode der menschlichen Person X als leibliches Wesen irgendeiner Art weiterexistiert. Dabei kann, je nach vorausgesetzter Konzeption der transtemporalen Einheit von Personen als solchen, sogar ein Artefakt als leibliche Basis hinreichend sein. Die zweite Option fordert als strengere Bedingung zusätzlich, dass die menschliche Person X auch nach ihrem biologischen Tode wieder als menschliche Person X weiterexistiert.[160]

Sind diese beiden Vorstellungen der Weiterexistenz mit unserer Antwort auf die zweite Grundfrage unverträglich oder nicht? Die Antwort lautet, dass unser biologischer Ansatz als Antwort auf die zweite Grundfrage mit den Optionen (i) und (ii) verträglich ist, wenn man X als Person beschreibt. Der Grund dafür ist schlicht, dass wir die Suche nach Einheitsbedingungen für Personen als solche im fünften Kapitel zwar mit einem skeptischen Resultat abgebrochen haben. Wir haben dort aber nicht die Behauptung aufgestellt, dass sich solche Bedingungen nicht finden lassen können. Damit haben wir die logische Möglichkeit von Einheitsbedingungen für Personen als solche eingeräumt. Aus diesem Grunde ist erstens offen geblieben, ob diese transtemporalen Einheitsbedingungen für Personen als solche Unterbrechungen zulassen (daher müssen wir an dieser Stelle nicht zwischen Wiederauferstehung und ununterbrochener Weiterexistenz differenzieren). Zweitens haben wir auch nichts darüber gesagt, ob die Einheitsbedingungen für Personen als solche fordern, dass X zu allen Zeitpunkten seiner Existenz zu ein und derselben Art von Entitäten gehört (aus diesem Grunde sind sowohl die erste wie auch die zweite Option mit unserer Antwort auf die zweite Grundfrage vereinbar).

Das Fazit lautet also: Unser biologischer Ansatz ist mit Vorstellungen der Weiterexistenz menschlicher Personen (qua Personen) logisch verträglich, weil er nicht die Behauptung enthält, dass es transtemporale Einheitsbedingungen nicht geben kann. Aufgrund unserer skeptischen Wendung liefert der biologische Ansatz und unsere Untersuchung als Ganze aber keine Argumente, die zeigen, wie sich die Vorstellung der Weiterexistenz einer menschlichen Person über den biologischen Tod hinaus philosophisch begreiflich machen lässt. Diese Auslassung ist beabsichtigt.

10.3 Anstelle eines Fazits: offene Enden

Unser Versuch, das Spezifische der personalen Lebensform anhand der Suche nach Kriterien personaler ‚Identität' zu ermitteln, ist abgeschlossen. Wenn nun anstelle eines Fazits abschließend über die offenen Enden unserer Untersuchung gesprochen wird, dann sollte man dies nicht dahingehend missverstehen, als wäre unsere Suche ergebnislos geblieben. Wir haben in diesem Buch Antworten auf viele Fragen und Detailprobleme vorgelegt, die mit der Frage nach personaler ‚Identität' verbunden sind. Einige dieser Antworten mussten kursorisch bleiben; unsere Ausführungen lassen daher auch unter diesem Gesichtspunkt manches offen. Die Rede von den offenen Enden hat hier jedoch einen anderen, grundsätzlicheren Sinn. Die personale Lebensform ist komplex und lässt sich, zumindest aus philosophischer Sicht, als ein Phänomen begreifen, anlässlich dessen sich einige fundamentale philosophische Fragestellungen gegenseitig durchdringen. Unser Versuch, diesem komplexen Phänomen gerecht zu werden, musste daher notwendigerweise – implizit oder explizit – Stellung zu diesen Fragen nehmen oder Festlegungen bezüglich dieser anderen philosophischen Probleme, die für sich jeweils Gegenstand ausführlicher und kontroverser Debatten sind, treffen. Dies gilt besonders für unsere Beantwortung der zweiten Grundfrage nach der Einheit der menschlichen Person.

Unsere Zurückweisung der erstpersönlich-einfachen Konzeption beispielsweise ist nicht neutral gegenüber konkurrierenden Analysen des Selbstbewusstseins. Dieses ist selbst ein philosophisch rätselhaftes

Phänomen und seit mehr als zweihundert Jahren Gegenstand intensiver philosophischer Deutungen und Kontroversen. Unsere Analyse von Erinnerungen und Antizipationen enthält Annahmen über die Funktionsweise von „ich" und tangiert das schwierige Verhältnis von Selbstbewusstsein und Zeit.[161] Es ist klar, dass eine philosophische Explikation der personalen Lebensform zu beidem etwas sagen muss. Genauso klar sollte aber sein, dass eine ausführliche Absicherung unserer Ausführungen, soweit sie den Themenkomplex Selbstbewusstsein und „ich" betreffen, eine eigene Monografie erfordert. Gleiches gilt von unserem Lösungsvorschlag, die zweite Grundfrage mittels des biologischen Ansatzes zu beantworten. Diesen Vorschlag auszuarbeiten bedeutet, sich in das Gebiet der Philosophie der Biologie zu begeben, um z. B. das Verhältnis von mentalen, biologischen und physischen Eigenschaften zu klären. Auch die grundlegenden Begriffe des Organismus oder der biologischen Spezies werfen weit reichende Fragen auf, die wir in unserer Untersuchung nicht einmal ansatzweise behandelt haben. Einige unserer Prämissen, wie z. B. die Annahme der Existenz biologischer Gesetze, haben wir offen gelegt. Die damit verbundenen Beweislasten jedoch konnten wir in unserer Untersuchung nicht abtragen. Vielmehr mussten wir uns in einem Exkurs darauf beschränken, das Verhältnis von „Mensch" und „Person" zu bestimmen, welches sich als Konsequenz unserer skeptischen Antwort auf den Versuch, Einheitsbedingungen für Personen als solche zu finden, ergibt.

Auch unsere Antwort auf die anderen beiden Grundfragen berührt viele philosophische Fragen. Vor allem die Abkopplung unserer Zugangsweise von explizit ethischen und metaethischen Fragestellungen ist folgenreich. Wenn unsere Antwort auf die dritte Grundfrage plausibel ist, dann liefert eine Explikation der personalen Lebensform als solche noch keine erschöpfende Analyse unserer Konzepte von personaler Autonomie und Verantwortung. Dies bedeutet, dass wir unsere ethische Praxis der Zuerkennung von Autonomie und der Zuschreibung von Verantwortung nicht ausschließlich mittels einer reichhaltigen Konzeption personaler ‚Identität', wie wir sie hier entfaltet haben, werden explizieren können. So gesehen verweist unsere Untersuchung auf ein offenes Ende im Sinne zweier angrenzender philosophischer Projekte: die Klärung unseres Verständnisses von personaler Autonomie und von Verantwortung. Es besteht die Möglichkeit, dass eine befriedigende Explikation dieser beiden Konzepte Rückwirkungen auf unser Verständnis von Personalität und Persönlichkeit haben wird.

Ich bin davon überzeugt, dass personales Leben, personale Autonomie und Verantwortung drei zentrale, sich gegenseitig stützende und sich wechselseitig erhellende Grundpfeiler unserer ethischen Praxis sind. Daher bin ich sicher, dass unsere Untersuchung nicht nur ein offenes Ende im Sinne angrenzender Fragestellungen und noch einzulösender Beweislasten hat. Vermutlich wird eine eingehende Analyse von personaler Autonomie und Verantwortung dazu führen, dass die hier vorgeschlagenen Kriterien der biografischen Kohärenz und des aktivischen evaluativen Selbstverhältnisses inhaltlich spezifiziert werden können. Damit haben unsere Überlegungen auch ein internes offenes Ende; wir sollten deshalb nicht beanspruchen, unser hier vorgelegter Vorschlag habe die Struktur der personalen Lebensform abschließend geklärt. Mancher Leser wird vermutlich der Ansicht sein, dass zumindest dieses offene Ende für unsere Ausführungen ernüchternd oder gar enttäuschend ist. Ich persönlich bin eher geneigt, es als Ansporn zu nehmen, das Bild der personalen Lebensform, welches hier in den Grundrissen skizziert worden ist, weiter zu entwerfen und im Detail auszugestalten.

Anmerkungen

1 Ich verwende „evaluativ“ als Oberbegriff, der sowohl den Bereich des Guten wie den des Richtigen oder Gerechten umfasst. Daher wird die umständliche Redeweise von evaluativ und normativ im Folgenden nicht mehr verwendet. „Normativ“ steht von jetzt an ausschließlich für Anforderungen logischer oder instrumenteller Rationalität.

2 Ich verwende den Terminus „Entität“ in dieser Untersuchung durchgehend in dem neutralen Sinn von „Gegenstand der Rede“, sodass hiermit keine ontologischen Vorentscheidungen einhergehen (ich danke Pirmin Stekeler-Weithofer dafür, dass er mich auf hier lauernde Missverständnisse hingewiesen hat).

3 Ich verwende den Begriff des Sortalen in einem weiten Sinne: Nicht jedes Sortale ist konstitutiv in dem Sinne, dass es Persistenzbedingungen für die fragliche Art von Entitäten gibt; vgl. zu den konstitutiven Sortalen Kapitel 5 und 6 sowie zum Begriff der Persistenz Kapitel 6.2.

4 „Kennen“ steht hierbei primär für ein praktisches Wissen, ein *Know-how*; d.h. wir können den Begriff sinnvoll verwenden. Ein solches praktisches Wissen ist nicht davon abhängig, dass wir es auch in ein theoretisches Wissen, ein *know that* überführen können. Die philosophische Analyse kann dieses im *know how* enthaltene implizite Wissen jedoch (zumindest partiell) explizit machen und in ein *know that* überführen.

5 Im Folgenden gelten „diachron“ und „transtemporal“ als bedeutungsgleich.

6 Die Konzeption der „kontingenten Identität“ bezieht ihre provokative Kraft gerade aus diesem weitgehenden Konsens. Die Beispiele, die für eine solche kontingente Identitätsrelation sprechen, haben die Form: Diese Menge Gold ist jetzt kontingenter Weise identisch mit dem Siegerpokal. Wenn wir ihn morgen wegen unserer notorischen Finanzprobleme einschmelzen, ist der so entstehende Goldklumpen immer noch mit der jetzigen Menge Gold identisch, nicht aber mehr mit dem jetzt existierenden Pokal. Die Gründe, weshalb dieser Fall kein gutes Argument dafür ist, der Relation der Identität die modale Stärke der Kontingenz zuzuschreiben, werden im Kapitel 6 erläutert.

7 Philosophisch problematisieren lässt sich diese Unterscheidung zwischen der *tensed* und *tenseless* Kopula, wenn man im Anschluss an Kant, Fichte oder Hegel versucht, die logischen Grundkategorien aus der präsentischen Verfasstheit des Selbstbewusstseins abzuleiten. Eine solche philosophische Explikation transzendiert aber sicherlich unsere alltägliche Praxis von Identitätsbehauptungen, sodass wir sie für die Zwecke dieser Untersuchung ausblenden können.

8 Diese Redeweise ist, wie sich später herausstellen wird, irreführend (vgl. Kapitel 7 und 9).

9 Alltagssprachlich verstehen wir den Begriff der Identifikation im Sinne einer positiven bzw. bejahenden Einstellung. In unserer Analyse der aktivischen und evaluativen Verfasstheit von menschlichen Personen werden wir stattdessen „Identifikation“ als Oberbegriff verwenden, unter den positive und negative evaluative Einstellungen fallen.

10 Unter einer *Klasse* von Entitäten verstehe ich die Menge von Entitäten, die unter ein Sortale fallen, ohne dass dieses die Klasse konstituierende Sortale Einheitsbedingungen für die zu dieser Klasse gehörenden Entitäten liefert. Unter einer *Art* von Entitäten verstehe ich ein Universale, welches durch einen Artbegriff be-

nannt wird, wobei Artbegriffe solche Sortale sind, die Einheitsbedingungen für die Entitäten liefern, die von dieser Art sind.

11 Diese Argumente als Schlüsse zu präsentieren bedeutet nicht, dass diese Argumente logisch schlüssig sind.

12 Dennetts Instrumentalismus besagt im Kern, dass wir propositionale Einstellung lediglich zum Zwecke des Erklärens und der Prognose menschlichen Verhaltens benutzen, ohne dass diesen theoretischen Postulaten in der Realität etwas entspricht, was sich nicht auch in einem Vokabular beschreiben ließe, welches von mentalen oder intentionalen Begriffen frei ist; vgl. dazu Quante (1995).

13 Vgl. dazu Quante (2006a: Kapitel V und VI).

14 Vgl. dazu Grice (1979a und 1979b) sowie Meggle (1983).

15 Dem Aspekt der intersubjektiven Konstituiertheit von Personalität gehe ich ausführlich nach in Quante (2007).

16 „Erstpersönlich" meint dabei, wenn nichts anderes ausdrücklich vermerkt ist, immer die Selbstbezugnahme in der ersten Person Singular, die im Deutschen mit „ich" erfolgt.

17 Alle Zitatnachweise mittels Seitenzahlen ohne weitere Angaben beziehen sich in diesem Abschnitt auf diesen Text.

18 Die ontologischen Fragen, die das Ich (oder das Selbst) betreffen, werden wir in unserer Untersuchung nicht thematisieren können.

19 Auf eine andere Sorte von Gegenbeispielen, die ihre Kraft auch mit Bezug auf das modifizierte psychologische Kriterium noch bewahren, kommen wir an späterer Stelle bei der systematischen Diskussion unserer zweiten Grundfrage zu sprechen; vgl. Kapitel 5.1.2.

20 Weshalb die Autoren, die diesen Weg in der gegenwärtigen Diskussion eingeschlagen haben, an diesem Punkt trotzdem der Meinung gewesen sind, der Grundidee von Locke weiter treu zu bleiben, werden wir im nächsten Kapitel ausführlich erörtern. Im Kern liegt es daran, dass sie auf der Basis einer funktionalistischen Analyse mentaler Episoden Lockes Neutralitätsgebot gegenüber dem Körper-Geist-Dualismus aufrecht erhalten können.

21 Im Folgenden verwende ich die soeben eingeführten Kürzel.

22 Zu den Selbstbewusstseinstheorien von Fichte und Hegel vgl. Halbig/Quante (2000).

23 Aus diesem Grunde lasse ich im Folgenden die distanzierenden einfachen Anführungsstriche weg, wenn Identität im Sinne von Einheit gebraucht wird.

24 Genau genommen sind mit diesen Annahmen nur die Theorien umrissen, welche die vierte Option ergreifen, also an der Komplexitätsthese festhalten. Wir werden im nächsten Kapitel auch auf die dritte Option zu sprechen kommen, diese aber aus generellen Erwägungen heraus als unplausibel verwerfen. Daher wird es in den nächsten beiden Kapiteln primär um die Theorien gehen, die sich der vierten Option zuordnen lassen.

25 Zur Klarstellung: Wir akzeptieren dieses Prinzip um des Argumentes willen, d. h. deshalb, weil wir die erstpersönlich-einfache Theorie möglichst stark machen wollen.

26 Deshalb brauchen wir für unsere Beweisziele das Prinzip des Primats bezüglich der synchronen Einheit nicht zu problematisieren. Würde es uns um eine befriedigende Analyse des Selbstbewusstseins gehen, wäre dies anders.

27 Wir sind darauf aber auch nicht verpflichtet, da wir diese Prämissen nur um des Argumentes willen akzeptieren.

28 Auf der Grundlage dieser ontologischen Konzeption kann Leibniz dann das Zeugnis anderer als konstitutives Element in unserer Zurechnungs- und Bewertungspraxis anerkennen; vgl. Leibniz (1996: 405 ff. u. 419).

29 Darüber hinaus sollte jede Antwort auf die Frage nach der personalen Einheit von den im letzten Kapitel aufgewiesenen Schwächen der erstpersönlich-ein-

fachen Theorien frei sein. Dies sollte ohne spezifische Annahmen gelingen, deren einzige Legitimation darin besteht, die Schwierigkeiten der Bestimmung der personalen Einheit zu beheben bzw. unsere alltäglichen Intuitionen einzufangen.

30 Wir legen terminologisch fest, dass Analysen personaler ‚Identität' nur dann als komplexe Ansätze gelten, wenn sie an der Beobachterperspektive ausgerichtet sind. Theorien, welche die Teilnehmerperspektive verwenden, sollten als Antworten auf die praktische ‚Identität', d.h. als Analyse der Struktur der Persönlichkeit, verstanden werden; vgl. dazu Kapitel 7–10.

31 Ein zentrales Motiv, welches sich bei Anhängern dieser dritten Option wie z.B. Swinburne finden lässt, liegt darin, eine einfache Substanz als Grundlage personaler Einheit zu postulieren. Diese Einfachheit ist dann mit Unteilbarkeit und (zumindest klassischerweise) Unzerstörbarkeit verbunden. Auf dieser Grundlage lassen sich die im Folgenden diskutierten Fälle der Unterbestimmtheit durch Fusion oder Teilung ausschließen; überdies eröffnen sich auf diese Weise Möglichkeiten, bestimmten religiösen Vorstellungen über die Unsterblichkeit der Seele oder die Weiterexistenz der Person nach dem Tode ein metaphysisches Fundament zu geben; vgl. dazu Kapitel 10.2.

32 Meine Darstellung ist in einigen Passagen angelehnt an die Überlegungen von Perry, so etwa Abschnitt 1.1 an Perry (2002: Kapitel 5) und Abschnitt 1.3 an Perry (2002: Kapitel 6 und 7); allerdings folge ich ihm weder im Detail noch ziehe ich (in Abschnitt 2) die gleichen Konsequenzen aus dieser Debatte wie Perry.

33 Dabei werde ich nicht versuchen, ein umfassendes Bild der Gesamttheorie der jeweiligen Philosophen zu entwerfen, die im Folgenden behandelt werden. Vor allem mit Bezug auf Shoemaker ist dies eine nicht zu vernachlässigende Auslassung, die u.a. dazu führt, dass ich seine zeitlich spätere Entgegnung auf den Zirkularitätseinwand, mittels derer er ein wichtiges Argument zugunsten des Erinnerungskriteriums geliefert hat, vor dem Einwand behandele, mittels dessen er zeigen wollte, dass psychologische Kriterien keine guten Kandidaten dafür sind, die Einheit der Person zu konstituieren; vgl. zu dieser Schwierigkeit auch Perry (2002: 120 ff.).

34 Damit ist nicht ausgeschlossen, dass Erinnerungen und Antizipationen aus der Teilnehmerperspektive gesehen strukturell divergieren.

35 Damit vereinbar sind Ausnahmen, so etwa, wenn wir einzelne Individuen generell für unfähig oder weniger fähig halten, sich exakt zu erinnern. Denkbar ist auch, konkreten Individuen in einzelnen Situationen oder in bestimmten Arten von Situationen diese Fähigkeiten teilweise oder gänzlich abzusprechen.

36 Denkbar ist, dass ein solches Subjekt theoretisches Wissen von diesen Mechanismen erworben hat, wenn es z.B. die einschlägigen Theorien rezipiert hat.

37 Wir haben im letzten Kapitel alle von den erstpersönlich-einfachen Theorien in Anspruch genommenen Besonderheiten dieses ‚Habens' akzeptiert, solange erstens klar ist, dass dieses Haben immer präsentisch verfasst ist und zweitens nicht bestritten wird, dass ein Selbst, welches diese mentalen Episoden als die seinigen ‚hat', nicht mit einer menschlichen Person gleichgesetzt werden kann.

38 Eine Ausweichstrategie läge darin, Personen als fünfdimensionale Entitäten zu konzipieren, denen auch noch alle Eigenschaften zugeschrieben werden, die ihnen möglicherweise zukommen; vgl. für einen solchen Vorschlag Brennan (1988, Kapitel 5). Es ist evident, dass wir uns damit ebenfalls weit von unserem alltäglichen Vorverständnis entfernen. Auf die damit verbundenen Fragen hinsichtlich des ontologischen Status möglicher Entitäten können wir uns hier nicht einlassen.

39 Den zumindest problematischen Fall der Wiederauferstehung stelle ich bis zum Kapitel 10.2 zurück; vgl. für eine ausführliche Diskussion der empirischen Berichte und eine gute wissenschaftstheoretische sowie allgemein philosophische Interpretation Almeder (1992, Kapitel 1).

40 Allerdings müssen wir, um einige Varianten der Vorstellung einer Weiterexistenz über den Tod hinaus an dieser Stelle nicht auszuschließen, diese Voraussetzungen auf menschliche Personen beschränken; vgl. dazu Kapitel 10.2.

41 Eine Darstellung von Varianten dieses Problems, die schon in der zeitgenössischen Diskussion des lockeschen Vorschlags entwickelt wurden, findet sich bei Martin/Baressi (2000).

42 Unser Beispiel ist so gewählt, dass es für jede komplexe Theorie gilt, die mit einem Erinnerungs- oder einem verallgemeinerten psychologischen Kriterium oder mit der gängigen Variante des Teilkörperkriteriums arbeitet (also auch für alle komplexen Ansätze, die mit einem kombinierten Kriterium arbeiten; vgl. dazu im Folgenden 5.1.3). Aus diesem Grunde wird in diesem Abschnitt nicht weiter zwischen den verschiedenen Vorschlägen komplexer Theorien unterschieden.

43 Deshalb gehe ich hier auch nicht auf die Closest-Continuer-Theory von Nozick (1999) ein. Nozick entwickelt eine komplexe Theorie personaler Einheit, die als Kriterium eine mehrdimensionale Matrix von Bedingungen enthält, wobei er sogar noch Gewichtungsregeln für die einzelnen Dimensionen gegeneinander postuliert (allerdings ohne diese näher zu bestimmen). Diesen Ansatz können wir für den Moment vernachlässigen, da auch Nozick zugestehen muss, dass es Situationen geben kann, in denen zwei Kandidaten B und C als gleich gute Kandidaten dafür, mit A in der Relation personaler Einheit zu stehen, gewertet werden müssen. Für diese Patt-Situationen mündet Nozicks Theorie in die dritte Option; da sie weitere Schwächen aufweist (siehe dazu im Folgenden 5.1.3), behandele ich Nozicks Konzeption an dieser Stelle nicht ausführlicher.

44 Diese Option ist angelegt in Rovane (1998).

45 Anhänger der erstpersönlich-einfachen Theorie werden an dieser Stelle den umgekehrten Schluss ziehen: Weil die von komplexen Theorien postulierten Einheitsrelationen dem Nur-X-und-Y-Prinzip nicht genügen können, sind sie keine adäquaten Antworten auf die Frage nach der diachronen Identität von Personen. Dies ist ein schönes Beispiel dafür, dass etwas für den einen Philosophen ein modus ponens sein kann, was für einen anderen Philosophen ein modus tollens ist.

46 Dies scheint mir der sachliche Grund für die richtige Einschätzung Shoemakers zu sein, dass Amöben über einen anderen Begriff der Person (im Sinne unserer zweiten Grundfrage) verfügen müssten (vgl. Shoemaker 1999: 62 ff.). Ob dies wirklich der Fall wäre, hinge allerdings von weiteren Bedingungen ab. Denkbar wäre auch, dass eine solche amöbenartige personale Lebensform schlicht davon ausgeht, dass ihre Mitglieder nur eine sehr kurze Lebensspanne haben.

47 Bei genauerer Betrachtung ergibt sich, dass es letztlich nicht um den Körper, sondern um den Organismus (bzw. nicht um das Körperteil Gehirn, sondern um das funktional auf den Organismus bezogene Gehirn qua Organ) gehen muss; vgl. dazu das nächste Kapitel. In der gesamten gegenwärtigen Debatte wird, soweit ich sehe, das Kriterium für die transtemporale Einheit des Körpers einer (menschlichen) Person ohne weitere Explikation als unproblematisch vorausgesetzt, so z. B. auch von Williams (1978: 8).

48 Die umsichtigste und detaillierteste Analyse solcher Gedankenexperimente findet sich in Unger (1990).

49 Meine Rekonstruktion der Schwierigkeit setzt die Auflösung der Frage nach ‚*der* personalen Identität' in unsere drei Teilfragen voraus und ist insofern parteiisch. Die letztendliche Rechtfertigung für dieses Vorgehen ist erst dann geliefert, wenn für diese drei Teilfragen überzeugende Antworten entwickelt worden sind.

50 Dies gilt, wenn wir erstens plausible Antworten auf die Frage nach den Bedingungen der Personalität, welche z. B. menschliche Embryonen oder irreversibel komatöse Menschen nicht einschließen, voraussetzen, und wenn wir zweitens klar zwischen aktualen und potenziellen Personen unterscheiden.

[51] Dies impliziert, dass eine Naturalisierung evaluativer Eigenschaften oder Aussagen nicht zur Verfügung steht; meine Argumente für diese skeptische Prämisse habe ich dargelegt in Quante (2006a: Kapitel VII).

[52] Vgl. zu dieser Problematik der gesamten Diskussion um personale ‚Identität' Wilkes (1988); wir werden an späterer Stelle unsere skeptische Haltung gegenüber der Nützlichkeit von Gedankenexperimenten noch modifizieren; vgl. dazu Kapitel 7.3.

[53] Mit dieser konservativen Argumentation soll nicht gesagt werden, dass die Konstruktion eines modifizierten Erinnerungsbegriffs unmöglich ist. Wenn wir in unserer Gesellschaft z. B. *verlässliche* Techniken entwickeln würden, die es erlauben, Informationen über vergangene Erlebnisse von einem menschlichen Organismus auf einen anderen menschlichen Organismus zu übertragen (wie im Film *Total Recall* beschrieben), oder wenn wir sogar diese Informationen von einem (menschlichen) Organismus auf Artefakte (also z. B. einen Androiden wie Commander Data oder hoch entwickelte Computer) übertragen könnten, dann müssten wir zweifelsohne unseren bisherigen Begriff der Erinnerung revidieren (oder präzisieren und von diesen anderen, technisch induzierten Vorgängen terminologisch abgrenzen).

[54] Zur Philosophie der Biologie vgl. die Beiträge in Ruse (1989), Ereshefsky (1992), Allen/Bekoff/Lauder (1998) und Hull/Ruse (1998), sowie die Studien von Brandon (1996), McLaughlin (2001) und J. Wilson (1999).

[55] Eine angemessene Theorie muss nicht den Eindruck ihrer Unentscheidbarkeit beseitigen und eindeutige Antworten bereitstellen. Sie sollte aber zumindest erklären können, weshalb in diesen Ausnahmefällen Verwirrungen und nicht entscheidbare Problemkonstellationen entstehen.

[56] Ähnliches gilt mit Bezug auf Antizipationen, vgl. dazu Kapitel 8.

[57] Solche Phänomene (z. B. Zwillingsbildung) gibt es in den frühen Stadien des beginnenden menschlichen Lebens durchaus; allerdings sind dort die Bedingungen der Personalität noch nicht gegeben (vgl. dazu Quante 2002a: Kapitel 3). Es gibt die Teilung (und Fusion) menschlicher Organismen, aber keine Teilung (oder Fusion) menschlicher Personen.

[58] Ob das Problem damit wirklich endgültig ausgeräumt ist, hängt davon ab, ob es gelingt, die Bedingungen der Einheit für Menschen so zu bestimmen, dass ein Konflikt von Kriterien ausgeschlossen wird. Andernfalls verschiebt sich die Problemlage von Personen auf menschliche Organismen (wobei zu beachten ist, dass dieses Problem nur für menschliche Organismen, also hoch entwickelte Organismen, ausgeschlossen werden muss, nicht für alle Arten von Organismen). Dieser Frage können wir in unserer Untersuchung jedoch nicht nachgehen, da die Klärung der Bedingungen der Einheit von Organismen oder von Organismen bestimmter Arten in die Philosophie der Biologie und die Biologie gehört; vgl. dazu Buddensiek (2006), J. Wilson (1999) und R. A. Wilson (2005).

[59] Wir können für unsere Zwecke offen lassen, ob diese Bedingungen für den Menschen spezifisch sind oder auch für andere Organismen gelten. Da wir die zweite Grundfrage nur für menschliche Personen beantworten möchten, brauchen wir nicht zu untersuchen, ob diese Bedingungen möglicherweise auch auf andere Organismen (z. B. alle Säugetiere) zutreffen.

[60] Der biologische Ansatz lässt sich im Prinzip auf alle Arten von Personen anwenden, die zugleich Organismen und damit Mitglieder einer biologischen Spezies sind. Außerhalb seiner Reichweite liegen jedoch Personen, die nicht zugleich Organismen sind (also z. B. artifizielle Personen wie Commander Data sowie Engel oder Götter).

[61] Das aus philosophischer Sicht für unser Gesamtanliegen gravierendste Problem liegt in revisionären Aspekten, die sich der Tatsache verdanken, dass Organismen als Prozesse zu denken sind. Als solche bestehen sie aus zeitlichen Teilen, die in

nomologisch strukturierbarer Weise aufeinander folgen. Im Rahmen einer an den Naturwissenschaften orientierten Theorie ist dies unproblematisch. Diese ontologische These hat überdies den Vorteil, plausible Antworten auf die Fragen nach Lebensbeginn und Tod eines Organismus zu ermöglichen (vgl. dazu Quante (2002a: Kapitel 3 u. 4). Außerdem kann sie direkt an Lockes Einsicht anschließen, dass die Einheitsbedingungen für Körper und Organismen divergieren. Aber eine solche Analyse erfordert die Umdeutung zahlreicher alltäglicher Aussagen, da zeitliche Teile keine Ausdehnung haben und daher als solche auch keinen Veränderungen unterliegen können. Eine Aussage wie „Organismus O ist im letzten Jahr gewachsen" muss dann uminterpretiert werden (z.B. so, dass der zeitliche Teil a von O die Größe x und der zeitliche Teil b von O die Größe y hat, mit x kleiner y, wenn a zu t und b zu t+1). Da wir uns im Alltag aber, gemäß der hier vorgeschlagenen Gesamtkonzeption, nur implizit auf die Persistenzbedingungen menschlicher Organismen beziehen und es mir möglich zu sein scheint, unsere alltägliche Redeweise über Organismen entsprechend zu übersetzen, wenn wir uns im Kontext der Philosophie der Biologie bewegen, halte ich diese Konsequenz für akzeptabel. Wichtig ist zu betonen, dass dies nicht die Forderung impliziert, eine solche Übersetzung müsse geleistet werden, damit unsere alltägliche Praxis gerechtfertigt ist.

62 Vgl. zu diesem Problembereich van Inwagen (1990), der die ontologische Besonderheit des Lebendigen entwickelt. Zu den Voraussetzungen, die den Naturbegriff in diesem Zusammenhang betreffen, vgl. Quante (2006b).

63 Ich habe diesen Zusammenhang und die philosophischen Prämissen, die man investieren muss, um zu einer plausiblen Gesamtkonzeption zu kommen, an anderer Stelle entwickelt; vgl. Quante (2002a: Kapitel 3 u. 4).

64 Dies gilt zumindest so lange, wie der biologische Ansatz nicht um Prämissen erweitert wird, die besagen, dass die für Personalität notwendigen Eigenschaften und Fähigkeiten *de facto* nur Mitgliedern der Spezies Mensch zukommen. Es dürfte klar sein, dass unser Vorschlag, solange er nur als Antwort auf die zweite Grundfrage verstanden wird, keine solchen weitergehenden Behauptungen enthalten muss. Selbst dann wäre es immer noch möglich, den Unverträglichkeitseinwand mit der ersten Strategie zu entkräften.

65 An dieser Stelle sind zwei Anmerkungen erforderlich. Zum einen habe ich die Anhänger der komplexen Theorie, die ein physisches oder Körperkriterium personaler Einheit verteidigen, nicht erwähnt. Der Grund dafür liegt in einer fundamentalen Unklarheit der gesamten Debatte, die darin besteht, den Körper (oder das Gehirn) mit dem Organismus zu identifizieren. Genau genommen müssen auch Anhänger des Körperkriteriums die Analyse personaler Einheit als Einheit des menschlichen Organismus zurückweisen, da der Organismus nicht mit seinem Körper identisch ist (vgl. dazu 3.3 dieses Kapitels). Zum anderen ist es wichtig, die biologische Variante personaler Einheit von dem hier vorgeschlagenen biologischen Ansatz zu unterscheiden. Der zentrale Unterschied besteht darin, dass ersterer die spezifische Einheit der Person mittels des Begriffs des Menschen analysieren will, während der biologische Ansatz zugesteht, dass die menschliche Persistenz keine Einheitsbedingungen für Personen als solche bereitstellt (vgl. dazu ebenfalls 3.3 dieses Kapitels).

66 Die Selbstbezugnahme im Erste-Person-Plural scheint mir in dieser Hinsicht anders zu funktionieren.

67 Im allgemein metaphysischen Kontext kann „wesentlich" auch bedeuten, dass ein X nur dann von der Art F sein kann, wenn es die als „wesentlich" charakterisierten Eigenschaften aufweist. Dieser Zusammenhang gilt auch ohne die Annahme, dass X aktual als raum-zeitliches Individuum existiert.

68 Diese Prämisse, dass Identität absolut ist, muss eigens erwähnt werden, weil sie nicht unumstritten ist. Einige Philosophen vertreten die Ansicht, dass wir die Re-

lation der absoluten Identität aufgeben und durch die Relation der relativen Identität ersetzen müssen. Relative Identität meint dabei, dass die Identitätsrelation selbst eine verborgene Variable enthält, die durch eine entsprechende Hinsicht (z. B. eine Eigenschaft) ausgefüllt wird, wenn wir Identitätsaussagen machen. Dort, wo wir einfach „=" verwenden, müssen wir dann eigentlich „$=_{(f)}$" einsetzen, wobei wir die Variable *f* durch Angabe der entsprechenden Hinsicht ausfüllen. In unserem Beispiel gäbe es dann die Philosophisches-Buch-Autorin-Identität und die Roman-Autorin-Identität.

69 Ob unter a, a*, b und b* unterschiedliche Referenten oder nur unterschiedliche Kennzeichnungen zu verstehen sind, wird uns jetzt beschäftigen.

70 Auch die Eröffnung der Möglichkeit einer vorgeburtlichen personalen Existenz und vor allem der Möglichkeit einer Weiterexistenz von Personen nach dem biologischen Tode sind starke Motive für diese dualistische Position. Wir ignorieren hier die weitere Option, die darauf schließt, dass die Bedingungen der Personalität so zu interpretieren sind, dass menschliche Organismen zu allen Zeitpunkten ihrer Existenz als Personen gelten können. Da dies auf eine erneute Diskussion der ersten Grundfrage hinauslaufen würde, können wir diese Option im Rahmen unserer Erörterung der zweiten Grundfrage ausblenden.

71 Wir können dann immer noch sagen, dass ein Mensch a eine Person ist, wenn wir dies nicht als eine Identitätsaussage, sondern als Zuschreibung einer Eigenschaft verstehen. Und wir können auch sagen, dass a zu t_0 die gleiche menschliche Person ist wie b zu t_1, wenn wir dies so verstehen, dass die Wahrheitsbedingungen für diese transtemporale Identitätsaussage vom Begriff des Menschen bereitgestellt werden.

72 Mein Eindruck ist, dass viele Anhänger einer biologischen Antwort auf die Frage nach der Einheit der Person implizit davon ausgehen, dass nur Menschen Personen sein können; vgl. dazu die Diskussion zwischen Snowdon (1996) und Wiggins (1996).

73 Hier sind zwei Fälle zu unterscheiden: Eine schlafende menschliche Person verfügt aktual über die Eigenschaften und Fähigkeiten, die für Personalität gefordert sind, übt diese aber momentan nicht aus. Eine potenzielle menschliche Person verfügt nicht über diese Eigenschaften und Fähigkeiten, sondern verfügt über andere Eigenschaften und Fähigkeiten, aufgrund derer sie im Laufe einer Entwicklung die für Personalität geforderten Eigenschaften und Fähigkeiten bekommen bzw. ausbilden kann.

74 Wenn man Lockes Kriterium der Identität für Körper (gleiche Atome ungeachtet ihrer Konfiguration) und seine Annahme akzeptiert, dass ein Organismus den Austausch von Bestandteilen seines Körpers überstehen kann, dann wird sofort klar, dass ein Organismus nicht mit seinem Körper identisch sein kann. Der Fall Mensch-Körper ist dann analog zum Fall Mensch-Person zu analysieren.

75 Dieses Selbstverhältnis hat Hegel (1988: 144 ff.) in seiner *Phänomenologie des Geistes* in Gestalt des unglücklichen Bewusstseins analysiert.

76 Die Diskussionsbeiträge zu Parfits Vorschlag sind kaum überschaubar; vgl. zu seiner gesamten Theorie die Beiträge in Dancy (1997) und speziell zur Frage personaler Einheit Herrmann (1995) und Teichert (2000: Kapitel IV).

77 Auf diese Dimension von Parfits Argumentation können wir hier nicht näher eingehen, weil sie uns in die Fragekomplexe der allgemeinen Ethik führen würden. In der Fluchtlinie dieser Überlegungen liegt die Frage, ob es im ethischen Sinne gut ist, wenn Menschen ihr Leben als Personen zu führen versuchen. Diese Frage gehört in den Kontext einer allgemeinen Ethik sowie in die Explikation von personaler Autonomie und Verantwortung.

78 Ließe sich das Klonen eines menschlichen Individuums sinnvoll als Fall der Weiterexistenz zweier gleich gut geeigneter Nachfolger beschreiben, dann wären

diese Überlegungen möglicherweise für die ethische Erörterung des reproduktiven Klonens relevant; vgl. dazu Quante (1999).

79 Diese terminologischen Unterscheidungen sind nur für die Zwecke unserer Überlegungen in diesem Kontext gedacht. Wichtig ist zu beachten, dass alle diese Standpunkte innerhalb der Teilnehmerperspektive verbleiben. Damit ist vorausgesetzt, dass sich der Geltungssinn nicht naturalisieren lässt; meine Argumente dafür habe ich dargelegt in Quante (2006a: Kapitel VII).

80 Diese Differenzierung gilt nur unter der Voraussetzung, dass man ethische und moralische Einstellungen nicht auf aufgeklärtes Eigeninteresse reduzieren kann; vgl. dazu Quante (2006a, Kapitel IV).

81 Diese Charakterisierung ist für unsere Zwecke ausreichend, in systematischer Hinsicht aber nicht befriedigend, da sie auch von ästhetischen Urteilen erfüllt wird; es ist an dieser Stelle nicht möglich, die notwendigen Unterscheidungen zur Abgrenzung zu entwickeln (ich danke Dieter Birnbacher dafür, dass er mich auf dieses Problem hingewiesen hat).

82 Wir werden *diese* Frage in unserer Untersuchung nicht behandeln, da es sich letztlich um eine ethische Frage handelt. Unsere Diskussion in den nächsten beiden Kapiteln zielt nur auf eine Deskription der Grundstruktur personalen Lebens, nicht darauf, die Frage zu beantworten, ob es klug, ethisch oder moralisch geboten ist, sein Leben als Person zu führen. Soweit ich sehe, lässt sich die Grundstruktur personalen Lebens explizieren, ohne auf diese Frage eine Antwort geben zu müssen (vermutlich wird dies bei der Analyse personaler Autonomie oder bei der Klärung des Begriffs Verantwortung anders sein). Für erste Ansätze zur Beantwortung der Frage, ob es klug oder gut ist, sein Leben als Person zu führen, vgl. Quante (2002b).

83 Allerdings müssen auch Gedankenexperimente, die auf diese Weise eingesetzt werden, weitere Adäquatheitsbedingungen wie z.B. die explizite Beschreibung der relevanten Merkmale und die kontrollierte Variation derselben erfüllen.

84 Die Debatte um den Zusammenhang von Determinismus, Freiheit und Verantwortung ist ein weiteres Anschauungsbeispiel dafür, welche Auswirkungen diese generellen Hintergrundannahmen bei der Entwicklung von Antworten auf spezielle philosophische Fragestellungen haben (können).

85 Wir haben schon gesehen, dass das Nur-X-und-Y-Prinzip auch im Kontext der Einheitsproblematik letztlich keine plausible Rahmenbedingung ist, sondern seine Anfangsplausibilität allein den Intuitionen bezüglich numerischer Identität verdankt.

86 Vgl. zur dabei zugrunde gelegten Konzeption von Intrinsität Quante (2004a und 2006a: Kapitel VI).

87 Dies zeigt sich nicht nur in Handlungen von Menschen, die sich für eine bessere Welt aufopfern, ohne an ein Weiterleben nach dem Tode zu glauben; ihnen hat bekanntlich Camus in seinem Roman *Die Pest* ein Denkmal gesetzt. Die sich hier zeigende Fähigkeit ist übrigens auch ganz konkret relevant im Kontext der Frage, ob es rational sein kann, getötet werden zu wollen; vgl. dazu für den Bereich des Lebensendes Siep/Quante (1999) und den Kontext des Lebensbeginns Quante (2003).

88 Der auf diese Weise gewonnene begriffliche Gestaltungsraum kann letztlich nur durch evaluative Überlegungen ausgefüllt werden, die wir hier nicht durchführen können; für erste Ansätze dazu vgl. Quante (2002a: Kapitel 6 und 7).

89 Diese Formulierung deutet ein komplexes Verhältnis von deskriptiver und präskriptiver Selbstbezugnahme an, welches wir im nächsten Kapitel ein Stück weit explizieren werden. Gemeint ist damit zum einen, dass Personen Überzeugungen darüber haben, wer sie faktisch sind, und evaluative Einstellungen darüber, wer sie sein wollen, die auf vielfältige Weise miteinander interagieren und in eine biografische Einheit gebracht werden. Zum anderen gehören, aus der Teil-

nehmerperspektive gesprochen, auch die evaluativen Einstellungen zu den Merkmalen, die eine Persönlichkeit wesentlich ausmachen. Mit anderen Worten: In den Augen der Anderen gehören auch meine evaluativen und volitionalen Einstellungen zum deskriptiven Bestand meiner Persönlichkeit. Ich danke Tim Henning für den Hinweis, diese Komplexität an dieser Stelle zumindest zu benennen.

90 Wir verwenden „Anerkennung" im Folgenden als Oberbegriff für unterschiedliche evaluative Relationen, ohne dass wir hier auf diese spezifischeren Relationen im Einzelnen eingehen können. Da jedes Anerkennen ein „erkennen" impliziert, können solche Anerkennungen (oder auch Nichtanerkennungen) auf ihre Berechtigung hin befragt werden; vgl. dazu ausführlicher Quante (a).

91 Wenn wir die Frage nach der Weiterexistenz über den Tod hinaus erörtern, werden wir diese Bedingung wieder außer Kraft setzen (vgl. Kapitel 10.2).

92 Dabei darf sie nicht als Identifikation mit einem zukünftigen Selbst im Sinne der Bezugnahme auf das eigene zukünftig existierende Selbst konzipiert werden. Dies wäre mit unseren Analysen der Funktionsweise von „ich" unverträglich; vgl. dazu Kapitel 4.2.

93 Eine neutrale Identifikation mit ist dann als Enthaltung eines evaluativen Urteils zu verstehen im Unterschied zu einer Identifikation als, bei der evaluative Urteile gar keine Rolle spielen (ich danke Dieter Birnbacher dafür, dass er mich auf den Grenzfall einer neutralen Identifikation mit hingewiesen hat).

94 Diese Möglichkeit ergibt sich zumindest dann, wenn personale Autonomie weder der einzige noch der stets dominante ethische Wert ist, sondern durch andere Werte in ethisch akzeptabler Weise überstimmt werden kann; vgl. für eine solche pluralistisch angelegte Konzeption Siep (2004).

95 Zur Rolle der Wahrnehmung in der Ethik und den damit verbundenen metaethischen Implikationen vgl. Vieth/Quante (2001).

96 An dieser Stelle sind zwei Klärungen notwendig. Zum einen ist nicht gefordert, dass diese Einheitsarbeit explizit intendiert und Ausdruck eines artikulierten Lebensplans sein muss. Zweitens ist das Beispiel einer Person, die sich z.B. aus ethischen oder religiösen Gründen dafür entscheidet, ihr Leben nicht aktiv zu gestalten, sondern geschehen zu lassen, kein Einwand, da diese Entscheidung selbst als aktiv evaluatives Selbstverhältnis interpretiert werden kann.

97 Wir lassen hier offen, ob sich die Charakterisierung der Entscheidung als „eigene" kompatibilistisch oder inkompatibilistisch explizieren lässt; vgl. dazu Mele (1995 und 2006).

98 Aus stilistischen Gründen vermeide ich im Folgenden die korrekte, aber umständliche Redeweise von „Wahrheitsbedingungen für transtemporale Identitätsaussagen über die Persönlichkeit eines menschlichen Individuums" und ersetze sie durch die Wendung „Identitätsbedingungen für Persönlichkeit". Gemeint ist damit aber stets der in der umständlichen Formulierung zum Ausdruck gebrachte Zusammenhang.

99 Handlungstheoretische Feinheiten müssen wir an dieser Stelle ignorieren; für diese wäre z.B. die Differenzierung zwischen Wunsch und Intention entscheidend; vgl. dazu Mele (1992, 2003 u. 2006: Kapitel 2).

100 Ließe sich ein solcher Verzicht nicht z.B. mit Bezug auf andere ethische Werte oder religiös begründen? Das ist möglich, setzt aber dann z.B. den höherstufigen Wunsch voraus, nur gottgefällige Wünsche zu haben (oder die Überzeugung, dass ein solches Geschehenlassen insgesamt klüger oder ethisch besser ist als der Versuch, aktiv gestaltend einzugreifen).

101 Ich werde in dieser Untersuchung offen lassen, ob man aus dieser allgemeinen Bestimmung biografischer Einheit spezifischere Anforderungen in Form einer narrativen Konzeption entwickeln kann; vgl. dazu Henning (2007).

102 Handelt es sich hierbei um reversible Prozesse, dann kann die veränderte Persönlichkeit dann wieder als die eigene Persönlichkeit dieses Menschen verstan-

den werden, wenn er beginnt, sich mit dieser zu identifizieren und sie dadurch aktiv umzugestalten oder zu affirmieren.

103 Die Rede von ‚Träger' ist irreführend, da in ihr die Dynamik, die zwischen dem menschlichen Individuum und seiner Persönlichkeit besteht, nicht zum Ausdruck kommt.

104 Damit ist nicht gesagt, dass die in der Persönlichkeit von X sich manifestierende biografische Kohärenz notwendigerweise für *alle* anderen Subjekte, welche in der Lage sind, die Teilnehmerperspektive einzunehmen, verstehbar sein muss. Die oben formulierte Intersubjektivitätsbedingung ist schwächer und lässt z. B. die Möglichkeit offen, dass es eine abgeschlossene soziale Welt gibt, innerhalb derer ihre Mitglieder wechselseitig die Teilnehmerperspektive einnehmen können, diese soziale Praxis aber für Nichtmitglieder nicht zugänglich ist. Ob eine solche Inkommensurabilität konsistent entwickelt werden kann, oder ob universelle Verstehbarkeit eine Seinsbedingung für soziale Praxen ist, kann ich an dieser Stelle nicht diskutieren.

105 Eine umfassende Analyse der narrativen Struktur dieser Identifikations- und Interpretationsleistungen wird entwickelt von Henning (2007).

106 Die Charakterisierung „Einzigartigkeit" ist m. E. treffender als „Einmaligkeit", weil mit ersterer zum Ausdruck gebracht wird, dass es nicht nur um die Einmaligkeit eines jeden *tokens* geht, sondern eine emphatische Bedeutung von Einmaligkeit gemeint ist.

107 Damit ist weder gesagt, dass eine Ethik, in der kein Bezug auf Personalität oder Persönlichkeit genommen wird, inkonsistent oder vollkommen unplausibel sein muss (auch wenn sie gegenüber unserem weit geteilten ethischen Vorverständnis massiv revisionär ausfallen wird). Noch wird damit die These vertreten, dass nur Personalität oder Persönlichkeit als Normen (oder Werte) fungieren können (nicht einmal die schwächere These, dass diese beiden die zentralen, unabwägbaren oder stets dominierenden ethischen Normen (oder Werte) sind, wird durch unsere Behauptung impliziert).

108 In diesem Abschnitt steht „Wunsch" für Wünsche erster Stufe und „Volition" steht paradigmatisch für alle höherstufigen praktischen Einstellungen (dies ist gegenüber der Terminologie Frankfurts eine Vereinfachung, die für unsere Zwecke aber ausreicht). Die Beziehung zwischen einer Volition und dem ihr korrespondierenden Wunsch ist die Identifikation. Eine Identifikation ist positiv, wenn die Person in der Volition das Haben des entsprechenden Wunsches bejaht („ich will, dass dieser Wunsch mein Wille wird"), und negativ, wenn sie das Haben des entsprechenden Wunsches ablehnt („ich will, dass dieser Wunsch nicht mein Wille wird"). Die Redewendung „dass dieser Wunsch (nicht) mein Wille wird" soll den Fall mit abdecken, dass eine Person wünscht, dass sie einen entsprechenden Wunsch (nicht) erwirbt; Letzteres ist eine weitere Abweichung von Frankfurts Verwendung des Begriffs der Volition (sie beziehen sich bei ihm nur auf Wünsche, die ein Subjekt faktisch bereits hat).

109 Da es hier nur um den Ertrag dieser Diskussion für unsere Analyse der Persönlichkeit geht, behandele ich im Folgenden nur den Aspekt der Autonomie und ignoriere die auf Verantwortung bezogenen Aspekte der Debatte gänzlich.

110 Zur Erinnerung: Im Folgenden stelle ich nur die Aspekte der Diskussion dar, die für unsere Fragestellung relevant sind. Neben den oben vorgestellten ist Frankfurt mit einigen weiteren Einwänden konfrontiert worden, die hier nicht behandelt werden können; vgl. dazu Quante (2002b) sowie die Beiträge in Fischer (1986), Fischer/Ravizza (1993), Christman (1989), Buss/Overton (2002) und Betzler/Guckes (2000). Auch die im Folgenden behandelten Einwände werden nur soweit thematisiert, wie es für die Klärung biografischer Kohärenz hilfreich ist. Es wird also nicht beansprucht, mit den obigen Ausführungen eine plausible Analyse von Autonomie oder Verantwortung bereitzustellen.

111 Ich habe Überzeugungen, die in der hier dargestellten Debatte keine direkte Rolle spielen, mit aufgenommen, weil sich eine Persönlichkeit von X auch durch die Überzeugungen von X auszeichnet (man denke etwa an politische, religiöse oder andere weltanschauliche Überzeugungen, die sich nicht auf evaluative Einstellungen reduzieren lassen). Die Frage, ob es eine der Identifikation entsprechende Relation zu Überzeugungen gibt, kann ich hier nicht diskutieren, da sie auf die Frage führt, ob man sich dazu entscheiden kann, einen Sachverhalt für wahr zu halten (und letztlich auf das Verhältnis von theoretischer und praktischer Vernunft hinausläuft). Wichtig für unsere Zwecke sind jedoch zwei Punkte: Erstens darf man die fragliche ‚Identifikation' mit einer Überzeugung nicht gleichsetzen mit der Identifikation mit der Eigenschaft, eine bestimmte Überzeugung zu haben. Sich mit seinen Eigenschaften oder Fähigkeiten zu identifizieren, ist charakteristisch für das evaluative Selbstverhältnis einer Person (und liegt z.B. dem Stolz oder der Scham zugrunde). Es ist plausibel, die Möglichkeit zuzulassen, dass X sich damit identifiziert, bestimmte Überzeugungen zu haben (z.B. die marxsche Analyse der kapitalistischen Gesellschaft für wahr zu halten oder die Theoreme der kantischen Philosophie). Zweitens impliziert unsere Konzeption der Persönlichkeit nicht, dass nur solche Elemente zur Persönlichkeit von X gehören, mit denen sich X identifiziert (oder im Prinzip identifizieren kann). Technisch gesprochen: Der Gegenstandsbereich der Kohärenz erzeugenden Einheitsarbeit überlappt sich nur teilweise mit dem Gegenstandsbereich der Identifikation mit.

112 Mit diesem Ergebnis ist vereinbar, dass Al zu t autonom *handeln* kann.

113 Mit der Beschränkung auf menschliche Personen möchte ich an dieser Stelle daran erinnern, dass wir offen lassen können, ob diese Form der biografischen Kohärenz auch ein notwendiges Strukturmerkmal für nichtmenschliche Personen ist (in der Folge lasse ich diesen qualifizierenden Zusatz weg).

114 Dies schließt nicht aus, dass in manchen Fällen andere diachrone Komponenten hinreichend sein können, um den Verlust der Autonomie zu erklären. Außerdem implizieren die obigen Aussagen nicht, dass Personalität und Persönlichkeit personale Autonomie implizieren.

115 An dieser Stelle komme ich der Anregung von Tim Henning nach, klarzustellen, dass für personale Autonomie nicht nur die richtige kausale Vorgeschichte, sondern auch eine geeignete Selbstdeutung der jeweiligen Person notwendig ist.

116 Davon zu unterscheiden ist die Redeweise von einer starken Persönlichkeit in dem Sinn, dass X es schafft, ihre Persönlichkeit in einem sozialen Umfeld gegen Widerstände und konkurrierende Interessen durchzusetzen. Im obigen Sinne geht es um die aktive Ausprägung und Bildung, die ein gewisses Maß an Durchsetzungsfähigkeit erfordert und in einer dominanten Persönlichkeit resultieren kann.

117 Die doppelte Einsetzung der Kennzeichnung „menschliche Person" ist für den obigen Beispielsatz nicht zwingend erforderlich, macht aber deutlich, dass wir nicht über Fälle sprechen, in denen es z.B. um die Wiederauferstehung einer menschlichen Person nach dem biologischen Tod geht, oder in denen wir (wie in manchen Märchen oder Fantasy-Filmen) zulassen, dass Individuen ihre Artzugehörigkeit wechseln. Auch die Kennzeichnung „menschliche Person" ist nicht in allen Fällen die korrekte Ergänzung, da wir gelegentlich auch transtemporale Identitätsaussagen über X machen, die Zeitpunkte betreffen, zu denen X noch nicht (oder nicht mehr) zur Menge der Personen gehört. Wenn wir X zu ihrem 18. Geburtstag ein Ultraschallbild zeigen, auf dem X als sechs Monate alter Embryo zu sehen ist, dann müsste die transtemporale Identitätsaussage: „Das ist ein Bild von X, die heute ihren 18. Geburtstag feiert." um die Kennzeichnung „menschliches Individuum" ergänzt werden.

118 Auch für diesen Fall gelten die in der letzten Fußnote ausgeführten kontextuellen Einschränkungen.

119 Es ist mit den obigen Überlegungen nicht behauptet, dass das Träger-Eigenschafts-Modell für alle Phänomene oder Bereiche der Philosophie angemessen ist (zur Analyse des Selbstbewusstseins ist es m. E. beispielsweise nicht geeignet).

120 Im nächsten Kapitel müssen wir diese Voraussetzung zur Diskussion stellen, da wir die Möglichkeit der individuellen Weiterexistenz nach dem biologischen Tod diskutieren werden.

121 Damit ist auch der Fall ausgeschlossen, dass die Persönlichkeit P eines menschlichen Individuums X auf eine Entität Y übertragen werden kann, die selbst kein menschliches Individuum ist. Solche Fälle werden in den Gedankenexperimenten der analytischen Philosophie diskutiert, wenn es um den Transfer des psychologischen Gesamtzustands einer Person X von einem menschlichen Gehirn auf einen Computer geht. Wir sind skeptisch, dass sich Bedingungen der Einheit für Personen als solche finden lassen, und dieser Fall wird durch unsere Konzeption der biologischen Persistenz ausgeschlossen.

122 Diese Aussage ist noch unpräzise, da wir nicht festgelegt haben, ob X zu einem Zeitpunkt t genau eine Persönlichkeit haben muss, um zu t Personalität zu haben. Wir werden diese Unterbestimmung gleich beheben können.

123 Da wir Persönlichkeit als Eigenschaft auffassen, liegt an dieser Stelle ein metaphysischer Einwand nahe: Eigenschaften können sich nicht ändern. Als types sind sie invariant und die token haben keine zeitliche Ausdehnung, sodass wir bei der scheinbaren Veränderung einer Eigenschaft den Fall vorliegen haben, dass das fragliche type in unterschiedlichen token instantiiert ist. Wir können diese Fragen der allgemeinen Ontologie, welche die Identitätsbedingungen von Eigenschaften sowie die Bestimmung des Verhältnisses von Universale und Instantiierung betreffen, hier nicht weiter behandeln. Ich möchte nur darauf hinweisen, dass diese Probleme nicht auf die vorgeschlagene Konzeption der Persönlichkeit beschränkt, sondern allgemeiner Natur sind. Wir sprechen zum Beispiel auch davon, dass die Farbe von Pias heiß geliebter Jeans verblasst ist. Solche Prozesse können sogar konstitutiv sein für die ästhetische Qualität von Kunstwerken, wie die Restauration von Gemälden immer wieder zeigt.

124 Im Grenzfall kann dies sogar in die nur scheinbar paradoxe Aussage münden, dass X sich gerade darin treu geblieben ist, seine Persönlichkeit permanent zu verändern und keine Stetigkeit in seiner Biografie zuzulassen. Damit behaupten wir dann, dass gerade die Maxime, keine Stetigkeit der eigenen Persönlichkeit zuzulassen, das Interpretationsschema liefert, mittels dessen wir die biografische Einheit der Persönlichkeit von X verstehen können.

125 Fälle, in denen die kausale oder funktionale synchrone Einheit des Subjekts strittig ist, lasse ich hier unberücksichtigt. Viele Philosophen haben die so genannten split-brain-Patienten, bei denen aufgrund einer epileptischen Erkrankung die beiden Großhirnhälften getrennt wurden, als Menschen mit zwei getrennten Bewusstseinssphären gedeutet; vgl. dazu Marks (1981).

126 Ich werte hierbei die Weigerung des betroffenen Subjekts, die fraglichen Episoden als ‚eigene' anzuerkennen, als hinreichende Bedingung dafür, dass auch die interpretierenden Personen nicht in der Lage sind, diese Episoden als Teile der Persönlichkeit dieses Subjekts im Sinne biografischer Kohärenz zu integrieren. Andernfalls müsste man diskutieren, wie die Eigen- und die Fremdperspektive zueinander gewichtet werden müssen. Hier gehe ich davon aus, dass die fundamentale Nichtidentifikation hinreichend dafür ist, dass keine biografische Kohärenz, sondern ein Störfall vorliegt. Eine metaphysisch und ethisch umfassende philosophische Deutung von Persönlichkeitsstörungen wird an dieser Stelle wesentlich differenzierter argumentieren müssen.

127 Die dem Personenverstehen eingeschriebene Annahme biografischer Einheit ist so tief verankert, dass eine Interpretation, die auch angesichts dieser Störfälle weiterhin die Teilnehmerperspektive einnimmt, zu der Deutung greift, es han-

dele sich hierbei um verschiedene Persönlichkeiten (diese Interpretation kann von dem fraglichen Subjekt selbst, aber auch von den anderen Personen vorgenommen werden). Vgl. zu diesem Zusammenhang von massiver Irrationalität und Dissoziation des Subjekts die Beiträge in Elster (1986).

128 Damit ist die Unterbestimmtheit (vgl. Anm. 122) beseitigt.

129 Solche Störungen können in unterschiedlichem Ausmaß vorliegen. Je geringer sie ist, desto größer wird der Rest von biografischer Kohärenz sein, der bei dem fraglichen Subjekt verbleibt. Liegt bei X eine Störung in dem Maße vor, dass X als psychisch krank eingestuft wird, zugleich aber noch ein genügendes Maß an biografischer Kohärenz gegeben ist, dann wird man X nicht in der Beobachter-, sondern in einer therapeutischen Perspektive zu helfen versuchen. Diese therapeutische Perspektive ist eine Sonderform der Teilnehmerperspektive und schließt an die verbleibende biografische Kohärenz an. Da Letztere insgesamt graduierbar ist, gibt es auch einen Grad von Störung, den wir nicht als pathologisch deuten, sondern zu den mehr oder weniger normalen oder tolerierbaren Merkmalen menschlicher Personen rechnen (solche marginalen Störungen erleben wir als Randbereiche der Psyche einer Person, als Ticks, Absonderlichkeiten u. ä. und versuchen über diese Interpretationsstrategien, sie unserem Gesamtbild von der fraglichen Person hinzuzufügen, obwohl sie sich nicht in die biografische Einheit einfügen lassen).

130 Indem wir die Differenz zwischen Persönlichkeitsveränderung und Persönlichkeitswechsel an die Identifikation seitens des fraglichen Subjekts binden, ist klar, dass Antizipationen und Erinnerungen notwendige, aber keine hinreichenden Bedingungen für den Ausschluss von Persönlichkeitswechsel sind. Dass Paulus sich später an seine Einstellungen und Handlungen erinnern kann, die er als Saulus entwickelt und vollzogen hat, ist daher kein Argument gegen die Deutung dieses Falles als Persönlichkeitswechsel. In ideologiekritischer Perspektive kann man sich auf den Standpunkt stellen, dass Paulus und die anderen Berichterstatter theologische Motive für diese Darstellung gehabt haben mögen.

131 Konflikte dieser Art brechen z. B. dann auf, wenn Medikamente persönlichkeitsverändernde Auswirkungen haben, die vom Patienten als Befreiung des eigenen Ich, von der sozialen Umwelt dagegen als inakzeptable Nebenwirkungen eingeschätzt werden. Die Frage, was denn nun das eigentliche Ich des Patienten sei, ist, wenn unsere These der Verschränkung von Ich und Wir akzeptiert wird, nicht als ontologische, sondern als ethische Frage zu verstehen (vgl. Quante 2002a: Kapitel 7).

132 Da wir hier aus Gründen der Komplexitätsreduktion vorausgesetzt haben, dass X zu allen Zeitpunkten, an denen X eine Persönlichkeit hat, auch über Personalität verfügen muss, konnten die Fälle des erstmaligen Erwerbs von Personalität und der erstmaligen Ausbildung einer Persönlichkeit (in der Adoleszenz) und des schleichenden oder rapiden Verlusts der Persönlichkeit (bei Demenzerkrankungen beispielsweise) nicht behandelt werden. Auch hier spielt die zeitliche Ausgerichtetheit der biografischen Kohärenz eine entscheidende Rolle. So gewähren wir der heranreifenden Persönlichkeit gewisse Schutzrechte, um ihren eigenen Weg zu finden, und in den Fällen des graduellen Verlusts der Persönlichkeit wirkt die personale Integrität auf verschiedene Weisen fort.

133 An dieser Stelle liegt folgender Einwand nahe: Wenn man die These vertritt, dass Persönlichkeit ein zentrales Prinzip unserer ethischen Praxis ist, dann ist es nicht akzeptabel, dieses Prinzip selbst in dem Maße kontextvariant und ‚flexibel' zu konzipieren, wie dies hier geschehen ist. Denn, so der Einwand, auf diese Weise wird unsere gesamte ethische Praxis auf ein schwankendes Fundament gebaut. Eine ausführliche Erwiderung auf diesen Einwand kann nur im Rahmen einer ethischen und metaethischen Untersuchung entwickelt werden. An dieser

Stelle möchte ich nur darauf hinweisen, dass dieser Einwand erstens voraussetzt, dass eine Ethik ein festes Fundament haben muss, und zweitens davon ausgeht, dass in ihr allgemeine und fixe Prinzipien als Grundlage bereitgestellt werden müssen. Beide Annahmen lassen sich mit guten Gründen zurückweisen; vgl. dazu Quante (2006a: Kapitel IX). Außerdem wird von uns nicht behauptet, dass Persönlichkeit das einzige oder das immer dominierende Prinzip in unserer ethischen Praxis ist, sodass auch die Möglichkeit besteht, es um andere, weniger kontextvariable und flexible Prinzipien zu ergänzen.

134 Es stimmt allerdings, dass wir in unserer Gesamtargumentation gegenüber dem Problem der Einheit der Person als solcher eine gemäßigte therapeutische Haltung einnehmen, weil wir die Schwierigkeiten aufweisen, die sich durch diese Art der Problemstellung ergeben, und eine Alternative vorschlagen, die das meiste von dem, was eine Konzeption personaler Einheit leisten sollte, einlösen kann, ohne mit deren spezifischen Schwierigkeiten belastet zu sein. Gemäßigt ist diese therapeutische Haltung, weil hier nicht der Anspruch erhoben wird nachgewiesen zu haben, dass die Bedingungen der Problemformulierung zugleich hinreichende Bedingungen dafür sind, dass das solchermaßen konstituierte Problem nicht gelöst werden kann; vgl. zum Konzept der therapeutischen Philosophie Willaschek (1998) und Quante (2004b).

135 Für eine alternative Gesamtkonzeption, die dem Phänomen des personalen Lebens von menschlichen Personen in seiner Komplexität Rechnung trägt, vgl. Sturma (1997).

136 Die erstpersönliche Perspektive haben wir dagegen als zentralen Bestandteil der Teilnehmerperspektive aufgefasst und auf diese Weise in unseren Ansatz integriert.

137 Dass wir uns nicht nur als einheitlich erleben, sondern in einem fundamentalen Sinne auch eine Einheit sind, wird bei unserem Vorgehen übrigens vorausgesetzt, weil wir die Frage nach dem Zusammenspiel beider Perspektiven bzw. Aspekte des personalen Lebens menschlicher Personen nur formulieren können, indem wir sie aufeinander beziehen. Der Frage, welchen Standpunkt wir als Philosophen einnehmen, wenn wir diese Verbindung herstellen, kann ich an dieser Stelle nicht weiter nachgehen (wenn ich richtig sehe, finden sich in Hegels Analyse der Reflexionsbegriffe (1999: 13-24) in seiner *Wissenschaft der Logik* Elemente zur Beantwortung dieses Problems, welches ins Zentrum einer Metaphysik der Subjektivität führt).

138 Ermöglichungsbedingungen können die kausale oder funktionale Basis für Eigenschaften und Fähigkeiten sein, die zu den Bedingungen der Personalität gehören oder zur Ausbildung derselben bzw. von Persönlichkeit notwendig sind. Es handelt sich nur um notwendige Bedingungen, da Personalität und Persönlichkeit zusätzlich einer geeigneten sozialen Umwelt als Konstitutionsbedingung bedürfen.

139 Vgl. dazu ausführlicher die am Beispiel der Xenotransplantation entwickelte Analyse dieser Relation in Vieth/Quante (2005). Auch wenn die obigen Ausführungen die Implikation enthalten, dass die Natur-Kultur-Unterscheidung niemals vollständig außerhalb der Teilnehmerperspektive erfasst werden kann, folgt daraus nicht, dass diese Verschränkungen nicht in Teilen als „empirische Fragen, die sich mit wissenschaftlichen Methoden und mit intersubjektiv verbindlichen Resultaten untersuchen lassen" (so die von Birnbacher (2006: 16) geäußerte Kritik an unserem Vorschlag), konzeptualisiert werden können. Ich hoffe, dass die Ausführungen in dieser Untersuchung zeigen, dass Birnbachers Einwand nicht stichhaltig ist.

140 Für eine umfassende Analyse dieser Prozesse muss unterschieden werden zwischen den Veränderungen, die durch technische Handlungsoptionen möglich werden, auf der einen Seite sowie den kulturellen Deutungsmustern dieser Op-

tionen und den von diesen Optionen in Frage gestellten bisherigen Konstanten auf der anderen Seite. Offensichtlich lassen sich hier viele verschiedene Konstellationen ausmachen. (Ich danke Dieter Birnbacher für seine Anregung, diese Komplexität zumindest zu erwähnen.)

141 So formuliert bleibt meine Aussage auch dann gültig, wenn man technisch induzierte Eigenschaften oder Fähigkeiten nicht zu den physischen oder biologischen Eigenschaften oder Fähigkeiten rechnen möchte. Unter dieser Voraussetzung besteht die Verschiebung darin, dass der physische und biologische Aspekt des menschlichen Personseins zurückgedrängt wird. Auch dies lässt sich als eine Veränderung der Beziehung zwischen dem Mensch- und dem Personsein des Menschen beschreiben.

142 An dieser Stelle seien noch zwei Nebenbemerkungen hinzugefügt. Zum einen schlägt sich die Kontingenz dieser Verschränkung auch darin nieder, dass die Zugehörigkeit zur Spezies Mensch keine Bedingung der Personalität darstellt (was nicht bedeutet, dass unser Verständnis davon, was es heißt, eine Person zu sein, unabhängig davon sein muss (oder kann), dass wir de facto menschliche Personen sind). Zum anderen ist mit den obigen Überlegungen nichts zu der Frage gesagt, ob solche technisch induzierten Veränderungen aus ethischer Sicht zulässig sind oder nicht.

143 Allgemein erheben wir die Forderung, dass sich Menschen vorausschauend und vorsorgend mit ihren im Alter sich verändernden Möglichkeiten auseinandersetzen. Hierbei zeigt sich die Verschränkung innerhalb unserer alltäglichen Konzeption von Antizipation und Identifikation (wenn wir z. B. erwarten, dass Menschen sich mit den optischen Veränderungen im Alter abfinden, anstatt durch massiven Einsatz von Schönheitschirurgie einem vermeintlichen Ideal ewiger Jugend nachzulaufen).

144 Wenn ich richtig sehe, war Hegel (1988: Kapitel V.A) der erste, der in seiner *Phänomenologie des Geistes* sowohl die beiden Arten der Verschränkung als Gegenstand der beobachtenden Vernunft herausgearbeitet als auch die Grenzen der beobachterperspektivischen Erklärungsmöglichkeiten mit Bezug auf das Mentale aufgezeigt hat; vgl. dazu Quante (b).

145 Wir sind dieser Grundhaltung zu Beginn unserer Untersuchung in Gestalt des Instrumentalismus von Dennett begegnet (vgl. Kapitel 2.3) und haben uns dort bereits auf die Prämisse festgelegt, zwischen naturwissenschaftlich postulierten und irreduziblen, in der Lebenswelt zentral verankerten Phänomenen keine ontologische Abstufung zuzulassen. Unbestreitbar ist die Annahme der Existenz des Mentalen für unser lebensweltliches Selbstverständnis fundamental und unhintergehbar.

146 Eine ausführliche Analyse der Dialektik dieser verschiedenen Positionen habe ich vorgelegt in Quante (2000).

147 Da solche Störungen zumeist als pathologisch wahrgenommen werden, hat sich hier eine Disziplin der philosophischen Psychopathologie etabliert; vgl. dazu Graham/Stephens (1994).

148 Da zu den Standardbedingungen auch ein geeignetes soziales Umfeld gehört, lassen sie sich nicht vollständig in der Beobachterperspektive erfassen.

149 Eine ähnliche Situation liegt vor bei der Ermittlung genetischer Defekte, die dazu führen, dass ein menschlicher Organismus sich nicht in normaler Weise entwickeln und Personalität ausbilden kann.

150 Das Projekt einer philosophischen Anthropologie wird, wie ich ausdrücklich anmerken möchte, nicht gegenstands- oder wertlos, wenn man bestreitet, dass es eine menschliche Essenz im Sinne einer invarianten Deutung des biologischen Aspektes in der Teilnehmerperspektive gibt. Weder die Kontingenz der biologischen Basis, noch die Kontingenz der kausalen und funktionalen Bezüge, noch die Variabilität der Ausdeutungen dieser Beziehungen in der Teilnehmer-

perspektive schließen eine philosophisch und empirisch erhellende Anthropologie aus.

151 Kafkas literarische Figur des Gregor Samsa zeigt die dramatischen Verschiebungen in der Selbstwahrnehmung eines Menschen, wenn diese allgemeine Ausrichtung innerhalb der speziellen Verschränkung in der Teilnehmerperspektive aus den Fugen gerät. Paradigmatisch für den philosophischen Protest gegenüber den Göttern aufgrund der Tatsache, ein Mensch zu sein, sei hier auf Nietzsche oder Camus hingewiesen.

152 Mit den obigen Ausführungen soll nicht bestritten werden, dass die individuelle Interpretation oder Evaluation selbst wieder unter dem Einfluss sozialer Vorgaben erfolgt. Schönheitsideale, Vorgaben sozialer Rollen und Lebenspläne sowie Natürlichkeits- und Angemessenheitsvorstellungen bilden ein Geflecht evaluativer Vorgaben, innerhalb dessen eine menschliche Person sich zu ihrer allgemeinen und spezifischen menschlichen Verfasstheit verhält und verhalten kann. Da wir die Teilnehmerperspektive als eine Verschränkung von Ich und Wir begreifen, müssen wir den individuellen und den sozialen Aspekt dieses Selbstverhältnisses nicht gegeneinander ausspielen. Dies gilt zumindest für die Zwecke unserer jetzigen Untersuchung, in der wir die Verschränkung von Mensch- und Personsein sichtbar machen wollen. Im Rahmen einer Explikation von personaler Autonomie und Verantwortung mögen die Dinge anders liegen.

153 Wir setzen voraus, dass die fragliche Behinderung oder Krankheit damit vereinbar ist, dass X Personalität und eine Persönlichkeit zukommen.

154 Vgl. für einen Überblick die Beiträge in Donnelly (1994), Edwards (1997), Fischer (1993) und Jäger (1998).

155 Damit ersparen wir uns unter anderem die Frage, ob die Allmacht Gottes seine Fähigkeit einschließt, gegen die Gesetze der Logik oder der Moral zu handeln.

156 Die Prämisse, dass die Raumzeitstelle das Individuationsprinzip darstellt, bezieht sich nur auf raum-zeitlich ausgedehnte Entitäten, sodass sie für immaterielle Seelen möglicherweise nicht gilt.

157 Annahmen über die Unsterblichkeit können daher weitere Motive für die These bilden, dass alle Menschen zu allen Zeitpunkten als Personen zu gelten haben.

158 Aus diesem Grunde hatten wir sie als mögliche Option zu Beginn des fünften Kapitels ausgeschlossen. Substanzdualistische Konzeptionen des Mentalen können daher zwar eine Basis für Unsterblichkeit bereitstellen und damit für sich beanspruchen, durch einen Teil unserer religiösen oder metaphysischen Überzeugungen gestützt zu werden. Sie können aber keine befriedigende Explikation der *personalen* Weiterexistenz liefern.

159 „Leiblich“ soll hier nicht ausschließen, dass es sich um den Organismus einer anderen Art handelt. Wie sich gleich noch zeigen wird, kann man sogar noch liberaler sein und nur eine raum-zeitliche Existenz fordern, sodass z. B. auch eine artifizielle Existenzform denkbar ist.

160 Die Erörterung dieser beiden Optionen erfordert, dass wir eine Prämisse unserer Überlegungen in den letzten beiden Kapiteln außer Kraft setzen müssen. Dort hatten wir die Identität des menschlichen Organismus als notwendige Bedingung für die Identität der Persönlichkeit eines menschlichen Individuums gefordert.

161 Vgl. hierzu die Arbeiten von Rohs (1992 und 1996).

Literatur

Allen, Colin/Marc Bekoff/George Lauder (Hrsg.) (1998): *Nature's Purposes*, Cambridge: MIT Press.

Almeder, Robert (1992): *Death and Personal Survival: The Evidence for Life after Death*, Lanham: Rowman & Littlefield Publishers.

Betzler, Monika/Barbara Guckes (Hrsg.) (2000): *Autonomes Handeln*, Berlin: Akademie Verlag.

Birnbacher, Dieter (2006): *Natürlichkeit*, Berlin u. New York: Walter de Gruyter.

Brandon, Robert N. (1996): *Concepts and Methods in Evolutionary Biology*, Cambridge: Cambridge University Press.

Brennan, Andrew (1988): *Conditions of Identity*, Oxford: Clarendon Press.

Buddensiek, Friedemann (2006): *Die Einheit des Individuums*, Berlin u. New York: Walter de Gruyter.

Buss, Sarah/Lee Overton (Hrsg.) (2002): *Contours of Agency*, Cambridge: The MIT Press.

Butler, Joseph (1836): *The Whole Works*, Band 1, London: Thomas Tegg & Son.

Chisholm, Roderick M. (1986): „Self-Profile", in: Radu J. Bogdan (Hrsg.), *Roderick M. Chisholm*, Dordrecht: Reidel Publishing Company, 3–77.

Christman, John (Hrsg.) (1989): *The Inner Citadel*, New York: Oxford University Press.

Dancy, Jonathan (Hrsg.) (1997): *Reading Parfit*, Oxford: Blackwell Publishers.

DeGrazia, David (2005): *Human Identity and Bioethics*, Cambridge: Cambridge University Press.

Dennett, Daniel C. (1976): „Conditions of Personhood", in: Amélie Rorty (Hrsg.), *The Identities of Persons*, Berkeley, Los Angeles u. London: University of California Press, 175–196.

Donnelly, John (Hrsg.) (1994): *Language, Metaphysics, and Death*, New York: Fordham University Press.

Dworkin, Gerald (1988): *The Theory and Practice of Autonomy*, Cambridge: Cambridge University Press.

Edwards, Paul (Hrgs.) (1997): *Immortality*, Amherst: Prometheus Books.

Elster, Jon (Hrsg.) (1986): *The multiple self*, Cambridge: Cambridge University Press.

Ereshefsky, Marc (Hrsg.) (1992): *The Units of Evolution*, Cambridge: MIT Press

Fichte, Johann Gottlieb (1971): „Zur Rechts- und Sittenlehre II" (1. Aufl. 1796), in: *Werke*, Band 4, Immanuel H. Fichte (Hrsg.), Berlin u. New York: Walter de Gruyter.

Fischer, John Martin (Hrsg.) (1986): *Moral Responsibility*, Ithaca u. London: Cornell University Press.

Fischer, John Martin (Hrsg.) (1993): *The Metaphysics of Death*, Stanford: Stanford University Press.

Fischer, John Martin/Mark Ravizza (Hrsg.) (1993): *Perspectives on Moral Responsibility*, Ithaca u. London: Cornell University Press.

Foster, John (1979): „In *self*-defence", in: G.F. MacDonald (Hrsg.), *Perception and Identity*, London: The Macmillan Press LTD, 161–185.

Frankfurt, Harry G. (1988): *The Importance of What We Care About*, Cambridge: Cambridge University Press.

Gosepath, Stefan (1992): *Aufgeklärtes Eigeninteresse*, Frankfurt am Main: Suhrkamp Verlag

Graham, George/G. Lynn Stephens, (Hrsg.): *Philosophical Psychopathology*, Cambridge: MIT Press.

Grice, H. Paul (1975): „Personal Identity“, in: John Perry (Hrsg.), *Personal Identity*, Berkeley und Los Angeles: University of California Press, 73–95.

Grice, H. Paul (1979a): „Intendieren, Meinen, Bedeuten“, in: Georg Meggle (Hrsg.), *Handlung, Kommunikation, Bedeutung*, Frankfurt am Main: Suhrkamp Verlag, 2–15.

Grice, H. Paul (1979b): „Sprecher-Bedeutung und Intentionen“, in: Georg Meggle (Hrsg.), *Handlung, Kommunikation, Bedeutung*, Frankfurt am Main: Suhrkamp Verlag, 16–51.

Halbig, Christoph & Michael Quante (2000): „Absolute Subjektivität“, in: Franz Gniffke/Norbert Herold (Hrsg.), *Klassische Fragen der Philosophiegeschichte, Band II: Neuzeit und Moderne*, Münster: LIT-Verlag, 83–104.

Hegel, Georg Wilhelm Friedrich (1988): *Phänomenologie des Geistes*, Hamburg: Felix Meiner Verlag.

Hegel, Georg Wilhelm Friedrich (1999): *Wissenschaft der Logik. Die Lehre vom Wesen* (1813), Hamburg: Felix Meiner Verlag.

Henning, Tim (2007): *Person sein und Geschichten erzählen*, Inauguraldissertation Universität zu Köln.

Herrmann, Martina (1995): *Identität und Moral*, Berlin: Akademie Verlag.

Hull, David L./Michael Ruse (Hrsg.) (1998), *The Philosophy of Biology*, Oxford: Oxford University Press.

Hume, David (1978): *Ein Traktat über die menschliche Natur, Buch I: Über den Verstand*, Hamburg: Felix Meiner Verlag.

Jäger, Christoph (Hrsg.) (1998): *Analytische Religionsphilosophie*, Paderborn: Schöningh Verlag.

Johnston, Mark (2003): „Human Concerns without Superlative Selves“, in: Raymond Martin/John Barresi (Hrsg.), *Personal Identity*, Oxford: Blackwell Publishers, 260–291.

Korsgaard, Christine M. (1999): „Personale Identität und die Einheit des Handelns: eine kantianische Antwort auf Parfit“, in: Michael Quante (Hrsg.), *Personale Identität*, Paderborn: Schöningh Verlag, 195–237.

Leibniz, Gottfried Wilhelm (1958): *Metaphysische Abhandlung*, Hamburg: Felix Meiner Verlag.

Leibniz, Gottfried Wilhelm (1996): *Neue Abhandlungen über den menschlichen Verstand*, Band 1, Frankfurt am Main: Suhrkamp Verlag.

Lewis, David (1983): „Überleben und Identität“, in: Ludwig Siep (Hrsg.), *Identität der Person*, Basel: Schwabe & Co., 68-95.

Locke, John (1981): *Versuch über den menschlichen Verstand*, Band 1, Hamburg: Felix Meiner Verlag.

Lund, David H. (1994): *Perception, Mind and Personal Identity*, Lanham: University of America Press.

Madell, Geoffrey (1981): *The Identity of the Self*, Edinburgh: Edinburgh University Press.

Marks, Charles E. (1981): *Commissurotomy, Consciousness and Unity of Mind*, Cambridge: MIT Press.

Martin, Raymond/John Barresi (2000): *Naturalization of the Soul: Self and Personal Identity in the Eighteenth Century*, London: Routledge.

Martin, Raymond (2003): „Fission Rejuvenation“, in: Raymond Martin/John Barresi (Hrsg.), *Personal Identity*, Oxford: Blackwell Publishers, 216–237.

McLaughlin, Peter (2001): *What Functions Explain*, Cambridge: Cambridge University Press.

Meggle, Georg (1983): *Grundbegriffe der Kommunikation*, Berlin u. New York: Walter de Gruyter.
Mele, Alfred R. (1992): *Springs of Action*, New York: Oxford University Press.
Mele, Alfred R. (1995): *Autonomous Agents*, New York: Oxford University Press.
Mele, Alfred R. (2003): *Motivation and Agency*, New York: Oxford University Press.
Mele, Alfred R. (2006): *Free Will and Luck*, New York: Oxford University Press.
Nagel, Thomas (1984): *Über das Leben, die Seele und den Tod*, Meisenheim: Anton Hain.
Nagel, Thomas (1992): *Der Blick von Nirgendwo*, Frankfurt am Main: Suhrkamp Verlag.
Noonan, Harold (1989): *Personal Identity*, London: Routledge.
Nozick, Robert (1999): „Personale Identität in der Zeit", in: Michael Quante (Hrsg.), *Personale Identität*, Paderborn: Schöningh Verlag, 155–181.
Olson, Eric T. (1997): *The Human Animal. Personal Identity without Psychology*, New York u. Oxford: Oxford University Press.
Parfit, Derek (1989): *Reasons and Persons* (reprinted with corrections), Oxford: Clarendon Press.
Parfit, Derek (2003): „The Unimportance of Identity", in: Raymond Martin/John Barresi (Hrsg.), *Personal Identity*, Oxford: Blackwell Publishers, 292–317.
Parfit, Derek (1999): „Personale Identität", in: Michael Quante (Hrsg.), *Personale Identität*, Paderborn: Schöningh Verlag, 71–99.
Perry, John (1999): „Kann das Ich sich teilen?", in: Michael Quante (Hrsg.), *Personale Identität*, Paderborn: Schöningh Verlag, 121–154.
Perry, John (2002): *Identity, Personal Identity and the Self*, Indianapolis: Hackett Publishing Company.
Quante, Michael (1995): „Rationalität – Zement des Geistes? Die pragmatische Rettung des Mentalen bei D.C. Dennett", in: Axel Wüstehube (Hrsg), *Pragmatische Rationalitätstheorien*, Würzburg: Königshausen & Neumann, 223–268.
Quante, Michael (1999): „ ‚Aber Dich gibt's nur einmal für mich!' Gefährdet klonieren die Identität der Person?", in: Rainer Paslack/Hilmar Stolte (Hrsg.), *Gene, Klone und Organe – Neue Perspektiven der Biomedizin*, Frankfurt am Main: Peter Lang Verlag, 109–124.
Quante, Michael (2000): „Manifest versus Scientific Worldview: Uniting the Perspectives", in: *Epistemologia* 23, 211–242.
Quante, Michael (2002a): *Personales Leben und menschlicher Tod*, Frankfurt am Main: Suhrkamp Verlag.
Quante, Michael (2002b): „Personale Autonomie und biographische Identität", in: Jürgen Straub/Joachim Renn (Hrsg.), *Transitorische Identität*, Frankfurt am Main: Campus Verlag, 32–55.
Quante, Michael (2003): „Wessen Würde? Welche Diagnose? – Bemerkungen zur Verträglichkeit von Präimplantationsdiagnostik und Menschenwürde", in: Ludwig Siep/Michael Quante (Hrsg.), *Der Umgang mit dem beginnenden menschlichen Leben*, Münster: LIT Verlag, 133–152.
Quante, Michael (2004a): „Which Intrinsicness for Weak Moral Realism?", in: Jussi Kotkavirta/Michael Quante (Hrsg.), *Moral Realism*, Helsinki: Acta Filosofica Fennica (Volume 76), 171–187.
Quante, Michael (2004b): „Spekulative Philosophie als Therapie?", in: Christoph Halbig/Michael Quante/Ludwig Siep (Hrsg.), *Hegels Erbe*, Frankfurt am Main: Suhrkamp Verlag, 324-350.
Quante, Michael (2006a): *Einführung in die Allgemeine Ethik*, Darmstadt: Wissenschaftliche Buchgesellschaft.
Quante, Michael (2006b): „Ein stereoskopischer Blick?", in: Dieter Sturma (Hrsg.), *Philosophie und Naturwissenschaften*, Frankfurt am Main: Suhrkamp Verlag, 124–145.

Quante, Michael (2007): „The social nature of personal identity", in: *Journal of Consciousness Studies* 14, 56–76.
Quante, Michael (a): „Autonomy for Real People", in: Christoph Lumer (Hrsg.), *Intentionality, Deliberation and Autonomy – The Action-Theoretic Basis of Practical Philosophy*, Aldershot: Ashgate Publishing Ltd, (im Erscheinen).
Quante, Michael (b): „ ‚Reason (…) apprehended irrationally': Hegel's Critique of Observing Reason", in: Dean Moyar/Michael Quante (Hrsg.), *Hegel's ‚Phenomenology of Spirit': A Critical Guide*, Cambridge: Cambridge University Press: Cambridge, (im Erscheinen).
Reid, Thomas (1983): *Inquiries and Essays*, Indianapolis: Hackett Publishing Company.
Rohs, Peter (1992): „Die Zeitlichkeit von Leib und Seele", in: Forum für Philosophie Bad Homburg (Hrsg.), *Zeiterfahrung und Personalität*, Frankfurt am Main: Suhrkamp Verlag, 207–230.
Rohs, Peter (1996): *Feld–Zeit–Ich*, Frankfurt am Main: Vittorio Klostermann.
Rorty, Amélie (Hrsg.) (1976): *The Identities of Persons*, Berkeley, Los Angeles u. London: University of California Press.
Rovane, Carole (1994): „The Personal Stance", in: *Philosophical Topics* 22, 397–409.
Rovane, Carole (1998): *The Bounds of Agency*, Princeton: Princeton University Press.
Ruse, Michael (Hrsg.) (1989): *What the Philosophy of Biology is*, Dordrecht: Kluwer Academic Publishers.
Schramme, Thomas (2000): *Patienten und Personen*, Frankfurt am Main: Fischer.
Searle, John (1983): *Sprechakte*, Frankfurt am Main: Suhrkamp Verlag.
Shoemaker, Sydney (1963): *Self-Knowledge and Self-Identity*, Ithaca: Cornell University Press.
Shoemaker, Sydney (1999): „Personen und ihre Vergangenheit", in: Michael Quante (Hrsg.), *Personale Identität*, Paderborn: Schöningh Verlag, 31–70.
Siep, Ludwig (2004): *Konkrete Ethik*, Frankfurt am Main: Suhrkamp Verlag.
Siep, Ludwig/Michael Quante (1999): „Ist die aktive Herbeiführung des Todes im Bereich des medizinischen Handelns philosophisch zu rechtfertigen?", in: Adrian Holderegger (Hrsg.), *Das medizinisch assistierte Sterben*, Freiburg: Herder Verlag, 37–55.
Snowdown, P.F. (1996): „Persons and Personal Identity", in: Sabina Lovibond/S.G. Williams (1996), *Identity, Truth and Value*, Oxford: Blackwell Publishers, 33–48.
Sosa, Ernest: „Surviving Matters", in: Raymond Martin/John Barresi (Hrsg.), *Personal Identity*, Oxford: Blackwell Publishers, 199–215.
Sturma, Dieter (1997): *Philosophie der Person*. Paderborn: Schöningh.
Sturma, Dieter (Hrsg.) (2001): *Person. Philosophiegeschichte – Theoretische Philosophie – Praktische Philosophie*, Paderborn: mentis.
Swinburne, Richard (1986): *The Evolution of the Soul*, Oxford: Clarendon Press.
Taylor, Charles (1988): „Was ist menschliches Handeln?", in: Charles Taylor, *Negative Freiheit?* Frankfurt am Main: Suhrkamp Verlag, 9–51.
Teichert, Dieter (2000): *Personen und Identitäten*, Berlin u. New York: Walter de Gruyter.
Thiel, Udo (2001): „Person und persönliche Identität in der Philosophie des 17. und 18. Jahrhunderts", in: Dieter Sturma (Hrsg.), *Person. Philosophiegeschichte – Theoretische Philosophie – Praktische Philosophie*, Paderborn: mentis, 79–101.
Unger, Peter (1979a): „I Do not Exist", in: G.F. MacDonald (Hrsg.), *Perception and Identity*, London: The Macmillan Press LTD, 235–251.
Unger, Peter (1979b): „Why there Are no People", in: *Midwest Studies in Philosophy* IV, 177–222.
Unger, Peter (1990): *Identity, Consciousness and Value*, New York: Oxford University Press.

Van Inwagen, Peter (1990): *Material Beings*, Ithaca u. London: Cornell University Press.
Vieth, Andreas/Quante, Michael (2001): „Wahrnehmung oder Rechtfertigung? Zum Verhältnis inferenzieller und nicht-inferenzieller Erkenntnis in der partikularistischen Ethik", in: *Jahrbuch für Wissenschaft und Ethik* 6, 203–234.
Vieth, Andreas/Quante, Michael (2005): „Chimäre Mensch?", in: Kurt Bayertz (Hrsg.), *Die menschliche Natur*, Paderborn: Mentis Verlag, 192–218.
Wiggins, David (1967): *Identity and Spatio-Temporal Continuity*, Oxford: Basil Blackwell.
Wiggins, David (1996): „Reply to Paul Snowdon", in: Sabina Lovibond/S.G. Williams (1996), *Identity, Truth and Value*, Oxford: Blackwell Publishers, 244–248.
Wiggins, David (2001): *Sameness and Substance Renewed*, Cambridge: Cambridge University Press.
Wilkes, Kathleen V. (1988): *Real People. Personal Identity without Thought Experiments*, Oxford: Clarendon Press.
Willaschek, Marcus (1998): „Was ist ‚schlechte Metaphysik'?", in Uwe J. Wenzel (Hrsg.), *Vom Ersten und Letzten*, Frankfurt am Main: Fischer, 131–151.
Williams Bernard (1978): *Probleme des Selbst*, Stuttgart: Philipp Reclam jun. Verlag.
Wilson, Jack (1999): *Biological individuality*, Cambridge: Cambridge University Press.
Wilson, Robert A. (2005): *Genes and the Agents of Life*. Cambridge: Cambridge University Press.
Wollheim, Richard (1984): *The Thread of Life*, Cambridge: Harvard University Press.

Literatur zum Vorwort zur zweiten Auflage

Gasser, Georg (2009): „Rezension von Michael Quante: Person". In: *Zeitschrift für katholische Theologie* 131, S. 192–197.

Gunnarsson, Logi (2008): „Review of Michael Quante: Person". In: *Medicine, Health Care and Philosophy* 11, S. 367–368.

Heinrichs, Jan-Hendrik (2007): „Rezension von Michael Quante: Person". In: *Philosophischer Literaturanzeiger* 60, S. 343–346.

Lessing, Hans-Ulrich (2009): „Rezension von Quante/Michael: Person". In: *Zeitschrift für Didaktik der Philosophie und Ethik*. 31, S. 314–316.

Meincke, Anne Sophie (2009): „Rezension von Michael Quante: Person". In: *Philosophisches Jahrbuch* 116, S. 221–225.

Pawlik, Michael (2008): „Scharfsinn im Kleinen, Blindheit im Großen". In: *Frankfurter Allgemeine Zeitung* vom 18. 2. 2008, S. 37.

Quante, Michael (2007): „Autonomy for Real People", in: C. Lumer & S. Nannini (Hrsg.): *Intentionality, Deliberation and Autonomy – The Action-Theoretic Basis of Practical Philosophy*. Aldershot: Ashgate Publishing Ltd, 209–226.

Quante, Michael (2008a): „'Reason (…) apprehended irrationally': Hegel's Critique of Observing Reason". In: D. Moyar & M. Quante (Eds.): *Hegel's 'Phenomenology of Spirit': A Critical Guide*. Cambridge University Press: Cambridge, S. 91–111.

Quante, Michael (2008a): „Warum (und in welchem Sinne) gibt es keine personale Identität?" In: *Deutsche Zeitschrift für Philosophie* 56 (2008), S. 555–567.

Quante, Michael (2010a): *Menschenwürde und personale Autonomie*. Meiner Verlag: Hamburg.

Quante, Michael (2011a): „Identifikation in Relation: Anmerkungen zum evaluativen Selbstverhältnis menschlicher Personen". In: C. F. Gethmann (Hrsg.): *Lebenswelt und Wissenschaft*. Hamburg: Meiner, S. 603–620.

Quante, Michael (2011b): *Die Wirklichkeit des Geistes*. Suhrkamp Verlag: Frankfurt am Main.

Quante, Michael (2011c): „Die Bedeutung des Personenbegriffs für den moralischen Status der Person". In: E. Klein & C. Menke (Hrsg.): *Der Mensch als Person und Rechtsperson*. Berlin: Berliner Wissenschaftsverlag, S. 69–87.

Namenregister

Sachregister